Die Internet-Plattform für
digitale Fotografie und Bildbearbeitung

Reinhard Wagner

2. überarbeitete Auflage

Profibuch HDR-Fotografie

Reinhard Wagner

2. überarbeitete Auflage

Profibuch
HDR-Fotografie

Mit 299 Abbildungen

FRANZIS

Bibliografische Information der Deutschen Bibliothek

Die Deutsche Bibliothek verzeichnet diese Publikation in der Deutschen Nationalbibliografie;
detaillierte Daten sind im Internet über http://dnb.ddb.de abrufbar.

Herrausgeber: Ulrich Dorn
Satz & Layout: www.buch-macher.de
art & design: www.ideehoch2.de
Druck: Himmer AG, Augsburg
Printed in Germany

ISBN 978-3-645-**60099-6**

Vorwort

Der spezielle Look von HDR-Bildern ist Allgemeingut geworden. Fast alle aktuellen Bildbearbeitungsprogramme haben Funktionen eingebaut, um HDR-Bilder - oder zumindest deren Optik - zu erzeugen.

HDR ist aber wesentlich mehr als die Erzeugung von Bildern mit den schon bekannten Eigenschaften, beispielsweise harten Details und gesättigten Farben. HDR ist eine andere Art, mit Bildinformationen umzugehen. Dieses Buch soll Ihnen helfen, HDR zu verstehen, sodass Sie die HDR-Technologie in Ihrer täglichen Arbeit mit der Kamera einsetzen können.

Da es nahezu unmöglich ist, auf die HDR-Funktionen aller auf dem Markt befindlichen Programme einzugehen - zudem wird gerade fleißig an der HDR-Funktionalität auch von Open-Source-Programmen gebastelt -, beschränkt sich dieses Buch auf die Programme Photomatix Pro und Adobe Photoshop zur Herstellung von HDR-Dateien und für das folgende Tone Mapping. Die dort zugrunde liegenden Mechanismen finden sich so oder ähnlich auch in anderen entsprechenden Programmen.

Den Hauptteil dieses Buchs bilden die technischen Grundlagen des HDR und die fotografischen Techniken zur Herstellung von HDRs. Denn eines ist trotz aller Technik klar: Die Grundlage eines HDR - soweit es nicht vollständig aus einer 3-D-Rendering-Software stammt - bilden immer noch die Bilder aus der Kamera. Wenn das Rohmaterial nicht stimmt, kann auch die beste Software der Welt keine guten Bilder mehr daraus zaubern.

Reinhard Wagner

INHALT

INHALT

INHALT

1

HDR BACK-STAGE

1

HDR Backstage

Das Bild zeigt den Doppelscheinwerfer eines alten Chryslers; rechts sehen Sie das entwickelte JPEG, links das RAW mit dem überlagerten Bayer-Muster und ein vergrößerter Ausschnitt, der das Bayer-Muster deutlich macht.

1 HDR Backstage

Folgendes wird hier vorausgesetzt: Sie können mit Ihrer Kamera umgehen, wissen, was eine Blende ist, können die Belichtungszeit einstellen sowie Ihr Stativ und Ihren Stativkopf bedienen. Zudem sind Ihnen die Grundlagen der Bildgestaltung bekannt. Sie besitzen außerdem eine Digitalkamera, bei der Sie Blende und Belichtungszeit von Hand einstellen können.

■ Prinzipiell kann man HDRs auch mit analogen Bildern erzeugen, die dann digitalisiert werden, und mancher Diascanner hat bereits ein Exposure Blending eingebaut, aber die Verschiebungen der unterschiedlich belichteten Bilder beim Digitalisieren sind nur mit etwas Nervenaufwand in den Griff zu bekommen. Einfacher ist es auf jeden Fall mit einer Digitalkamera. Zusätzlich benötigen Sie ein stabiles Stativ und für Panoramen einen Panoramakopf.

Das HDR-Missverständnis

Die HDR-Fotografie wurde vor einigen Jahren durch Veröffentlichungen von typisch bunten, überscharfen Fotos in das Bewusstsein der Öffentlichkeit gerückt. Die HDR-Technologie ist aber schon Jahrzehnte alt und bereits Tausende Male in Kinofilmen eingesetzt worden, ohne dass jemand außerhalb des engen Kreises der Spezialisten davon irgendwie Kenntnis genommen hätte. Erst dadurch, dass Bilder auf den Markt kamen, die eigentlich „falsch" berechnet waren und die durch diesen Fehler einen bisher nicht gesehenen Effekt zeigten, fand das Thema HDR eine breitere Öffentlichkeit. Heute wird HDR fast synonym mit „bonbonbunt und überschärft" verwendet. Mit HDR hat das aber nur so viel zu tun wie ein Kochlöffel mit einem Bœuf Stroganoff. Man braucht ihn, um das Ragout umzurühren, aber niemand würde später am Esstisch den Inhalt der Schüssel als Kochlöffel bezeichnen.

HDR ist pure Mathematik

HDR - High Dynamic Range - ist eigentlich pure Mathematik. HDR ist ein mathematisches Modell, um die Beschränkungen herkömmlicher Fotografie aufzuheben. Prinzipbedingt kann weder ein Film noch ein Sensor oder irgendein anderes Medium die Wirklichkeit komplett einfangen, und ein Monitor kann sie auch nicht naturgetreu wiedergeben. Während sich Dunkelheit noch als recht einfach erweist, ist eine naturalistische Wiedergabe einer Kerze schon eine recht heiße Sache und die naturgetreue Darstellung der Sonne schlicht unmöglich - wobei natürlich auch die Darstellung echter Dunkelheit ein Ding der Unmöglichkeit ist.

Es ist bereits ein Kunststück, wirklich schwarzes Schwarz zu drucken, mit echter Dunkelheit hat das jedoch noch gar nichts zu tun. Selbst wenn Sie Ihren Monitor ausschalten, sehen Sie ihn noch. In einem wirklich stockdunklen Raum sehen Sie aber nicht einmal mehr den Bildschirm. HDR bedeutet nicht weniger als die Darstellung dieser Unmöglichkeiten, zumindest im mathematischen Bereich. Das bedeutet, Sie haben einen mathematischen Wert für die Dunkelheit und für gleißende Helligkeit. Nun hängt es nur noch davon ab, was Sie daraus machen.

HDR wurde seinerzeit nicht dafür entwickelt, bonbonbunte, überschärfte Bilder zu ermöglichen, sondern diente dazu, künstliche Realitäten zu schaffen, die mit realen Szenerien verrechnet werden konnten, sodass die resultierende Szene trotz der darin vorkommenden digitalen grünen Männchen völlig realistisch wirkte, weil sich auf dem Helmvisier des grünen Männchens sogar die reale Umgebung der Szene korrekt widerspiegelte. Dabei dient das HDR nicht nur als bunter Hintergrund (Textur), sondern auch als Beschreibung der Lichtsituation (Lightmap), bei der man Belichtungsstärken direkt aus dem Bild ablesen kann.

Nicht anders wird es bei vielen Abbildungen in der Fahrzeugwerbung gemacht. Dort sind die Fahrzeuge oft nur noch detaillierte 3-D-Vektorkonstrukte, die digital in ein natürliches HDR-Panorama gerendert werden. BMW erzeugt mittlerweile ganze Werbeclips rein digital vor einer Lightmap, in die dann zum Schluss nur noch Personen einmontiert werden, die vor einem Greenscreen gefilmt wurden.

Um zu verstehen, wie HDR funktioniert, sollte man zumindest grob den technischen Hintergrund der Sache kennen. Nur dann kann man auch die Beschränkungen des HDR-Verfahrens bei der Erstellung der Fotografien berücksichtigen.

Unsere Wahrnehmung

Unsere Wahrnehmung ist in den allermeisten Fällen nicht linear, sondern logarithmisch, weil unsere Sinne sonst von jedem stärkeren Ereignis hoffnungslos überfordert wären. Fangen wir mit der Lautstärke an. Jeder weiß, dass man mit 5-Watt-Lautsprechern schon ganz nett Krawall machen kann. Mit 10 Watt wird es ein bisschen lauter, aber damit es ordentlich schallt, braucht man schließlich 50 Watt - die zehnfache Leistung. Diese ergibt, den Wirkungsgrad der Lautsprecher mal außen vor gelassen, die doppelte Lautstärke.

Ausflug in die Akustik

Um nun noch mal doppelt so laut zu werden, benötigt man schon 500 Watt. Und mit 5.000 Watt kann man dann seine Musik immerhin achtmal lauter hören als mit 5 Watt. Einziges Problem dabei: Wenn die Bässe mit 5.000 Watt dröhnen, wird das Klingeln des Handys in der Hosentasche leicht überhört. Was auf den ersten Blick selbstverständlich ist, führt uns zu einer interessanten Betrachtung: Das Handy macht nämlich eigentlich ganz schön Lärm - wenn man es in einer ruhigen Umgebung klingeln lässt. Warum hören wir es dann nicht bei einem Rockkonzert?

Unser Gehör kann nicht dauernd den gesamten Bereich zwischen Raketenstart und Vogelzwitschern ans Gehirn weitermelden, sondern passt sich an die Anforderungen an. Etwa 40 db(A) beträgt der Bereich, den der normale Mensch gleichzeitig wahrnimmt. Er hört also immer nur in einem „Fenster" einen Ausschnitt aus dem tatsächlichen Geräuschspektrum, der sich nach dem lautesten Schallereignis richtet.

Dass der Schalldruck nicht höher als 194 db(A) steigen kann, liegt übrigens daran, dass die entsprechende Schallwelle dann mit einem Druck von 2 Bar in der Spitze ankommt und dementsprechend auf der Rückseite der Schallwelle bereits ein Vakuum erzeugt. Diese extremen Druckunterschiede sind auch der Grund dafür, dass derartige Lautstärken tödlich sind.

Schallwellen sind, im Gegensatz zu elektromagnetischen Wellen - z. B. Licht -, sogenannte Longitudinalwellen, bei denen sich ein Überdruckereignis durch das Medium fortpflanzt. Das ist bei großen Lautsprechern sehr schön zu beobachten.

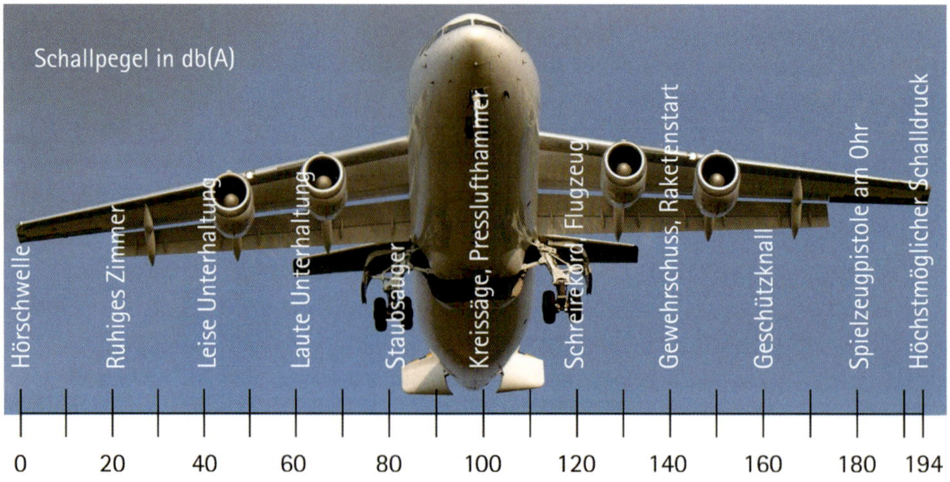

Die Lautstärketabelle zeigt den Schallpegel von der Hörschwelle bis zum höchstmöglichen Schalldruck.

Wie oben bereits erwähnt, hängt hinter der Größe „Schallpegel" eine rasant steigende Leistung. Um von der Hörschwelle auf 194 dB(A) zu kommen, muss man die Leistung des Lautsprechers nicht etwa ver194-fachen, sondern mit 25.118.864.315.095.720.000 multiplizieren. Die Punkte sind dabei keine Dezimalpunkte, sondern nur der Übersichtlichkeit halber eingefügt. Es sind 25,1 Trillionen.

Da die Zahl ziemlich schwer erfassbar ist, wählen wir einen anderen Bereich, der eher zu unserer alltäglichen Erfahrung passt. Der handelsübliche CD-Player vom Discounter erzeugt mit 5 Watt ca. 80 dB(A), also etwa den Lärm eines Staubsaugers. Wollte der Player den Lärm eines Geschützes in unmittelbarer Nähe realistisch wiedergeben, bräuchte er bei ansonsten gleichen Bedingungen 500 Megawatt Leistung.

Diese absurden Zahlen sind im täglichen Gebrauch natürlich etwas unhandlich, deshalb wird zur Darstellung von Schallpegeln die logarithmische Schreibweise mit dB(A) verwendet, die sich eher an unseren Sinnen orientiert. dB(A) ist der entsprechend der Empfindlichkeit des Ohrs für verschiedene Frequenzen bewertete Schalldruckpegel eines Ereignisses in Dezibel, was wiederum keine eigene Einheit ist, sondern lediglich 1/10 Bel.

Und auch wenn das Bel nach Alexander Graham Bell, dem Gründer der Bell Telephone Company, benannt ist, hat es von Haus aus gar nichts mit der Akustik zu tun, sondern ist einfach der dekadische Logarithmus des Verhältnisses zweier gleichartiger Energiegrößen. Ob das nun Schallenergie ist oder elektromagnetische Energie (Licht), ist uninteressant. Auch in einigen Bereichen der Optik, zum Beispiel bei MTF-Charts, wird mit Dezibel gerechnet. Und damit endet auch schon dieser kurze, zugegebenermaßen ungenaue Ausflug in die Akustik.

i

DER LOGARITHMUS

Der Logarithmus wurde im zweiten Jahrhundert v. Chr. von den Indern entdeckt und bis in die Barockzeit weiterentwickelt. Die damals entwickelten Logarithmentafeln waren bis zum Aufkommen der Computer die meistgedruckten Bücher der Welt. Eine der Definitionen des Logarithmus ist: „Der Logarithmus zur Basis b ist die Umkehrfunktion der allgemeinen Exponentialfunktion zur Basis b." Oder, etwas einfacher ausgedrückt: Logarithmieren macht Exponenzieren rückgängig. Ein simples Beispiel: 2^8 ist 256. Wenn Sie 8 Bit haben, können Sie 256 Stufen darstellen. Wenn Sie umgekehrt wissen, dass Sie 65.536 Stufen benötigen, können Sie mit dem Logarithmus $\log_2 65536$ (Logarithmus von 65536 zur Basis 2) = 16 feststellen, dass Sie dafür 16 Bit benötigen.

Lichtwert und Kontrast

Das Auge funktioniert ähnlich wie das Ohr, zumindest was die Behandlung von Extremen angeht. Genauso wie das Ohr kann sich das Auge an extreme Bedingungen anpassen – es kann also adaptieren. Ebenfalls analog zum Ohr kann sich das Auge dadurch an niedrige oder hohe Signalpegel anpassen. Zudem sorgt eine lineare Zunahme des Lichts nicht für eine lineare Zunahme des Helligkeitseindrucks. Um das in einer Einheit auszudrücken, gibt es den Lichtwert, auf Englisch „Exposure Value", die Abkürzungen lauten entsprechend LW bzw. EV.

i

DAS AUGE

Das Auge hat einen fünfstufigen Helligkeitsregler, um mit dem Kontrastumfang der Natur von $1:10^{11}$ zurechtzukommen. Die Pupille ist die erste Stufe. Sie kann ihren Durchmesser zwischen 1 und 8 mm variieren, benötigt dazu zwischen 0,3 und 0,8 Sekunden und kann damit 5 Blendenstufen abblenden
Die nächste Stufe im Auge sind die Rezeptoren, die Stäbchen und Zapfen. Wie auch der Sensor in der Digitalkamera besitzt der Mensch drei verschiedene Zapfen, die in unterschiedlichen Frequenzbereichen des Lichts empfindlich sind. Sobald es zu dunkel wird, verlieren die Zapfen ihre Funktion, und die Stäbchen werden aktiviert. Diese haben eine andere Empfindlichkeit als die Zapfen und produzieren eine Art blaugrünen Farbstich; Mondlicht erscheint uns dadurch kalt, obwohl es eigentlich Sonnenlicht ist. (Auch wenn es hierfür als Eselsbrücke taugt - die Bezeichnung „Zapfenstreich" rührt natürlich nicht aus der Physiologie, sondern aus der Welt der Landsknechte: Damals wurde zum Zeichen der Nachtruhe und der Beendigung des Ausschanks auf den Zapfhahn geschlagen.)
Um jedoch auch extrem helle Situationen zu meistern, bedient sich das Auge zweier zusätzlicher Tricks, und zwar einerseits einer fotochemischen Regulierung der Neubildung des Sehfarbstoffs und andererseits eines regelbaren Widerstands in der Signalleitung. Der Sehfarbstoff zerfällt bei Lichteinfall, und die Zerfallsprodukte lösen einen Reiz aus. Damit nicht irgendwann der Sehfarbstoff aufgebraucht ist, wird er kontinuierlich neu gebildet: Je stärker der Lichteinfall ist, desto geringer wird die Farbstoffkonzentration. Das Auge legt also selbsttätig gewissermaßen einen Film mit passender Empfindlichkeit ein. Das dauert allerdings etwas, höhere Empfindlichkeiten etwa bis zu 40 Minuten. Umgekehrt ist die Adaption auf helles Licht in wenigen Sekunden erledigt.
Gegen Lichtblitze hat das Auge noch den einstellbaren Signalwiderstand. Wenn die Reizstärke an der Sehzelle den gerade eingestellten Bereich kurzfristig überschreitet, etwa durch einen Elektronenblitz, wird innerhalb von maximal fünf Hundertstelsekunden der Pegel am Ausgang der Nervenzelle stark begrenzt. Nach Ende des Helligkeitsereignisses kann es dann über eine Sekunde dauern, den Pegel wieder auf den vorherigen Wert „hochzufahren". In dieser Zeit ist das Auge auf den hellen Pegel des Blitzes eingestellt und geblendet. Über diese Begrenzung der Verstärkung wird der Hauptteil der Adaption des Auges durchgeführt, denn nur damit ist das Auge schnell genug, die großen Kontraste einer Szene wahrzunehmen. Das Auge kann über diese elektrische Lösung in 0,2 Sekunden 5 Blenden ausgleichen.
Wenn es noch heller wird, gibt es eine fünfte Möglichkeit: den Lidschlussreflex - quasi ein vorschaltbarer Graufilter. Damit kann einerseits der langsame Pupillenreflex vorübergehend ersetzt und andererseits die Lichtmenge selbst bei geschlossener Pupille durch eine vorgesetzte Schlitzblende verringert werden.

Helligkeit wird natürlich durch die Anzahl der Lichtteilchen bestimmt, die auf eine bestimmte Fläche, in dem Fall unser Auge, in einer bestimmten Zeit fallen - je mehr, desto heller. Da das Auszählen der Photonen aber etwas mühsam ist, wird auch hier, ähnlich wie in der Akustik, ein Verhältnis gebildet, nämlich der Kontrast. Das eine Motiv hat eine bestimmte und das danebenliegende eine hundertmal höhere Helligkeit: Der Kontrast zwischen den beiden Motiven ist also 100:1.
Der Lichtwert wird folgendermaßen berechnet:

$$\mathbf{LW = \log_2(Kontrastverhältnis)}$$

Es ergibt sich für das Kontrastverhältnis von 100:1 ein Lichtwert von 6,6439. Auch hier gibt es wieder eine kleine Tabelle, die die Bedeutung der Einheit Lichtwert verdeutlichen soll. Als Nullpunkt der Skala wurde der Lichtwert vereinbart, der bei einer hypothetischen Kamera mit Blende 1, einer Sekunde Belichtungszeit und ISO 100 eine 18-%-Graukarte korrekt belichtet. Wird es dunkler, geht der Lichtwert ins Negative.
Im Gegensatz zur Lautstärketabelle ist die Lichtwertetabelle nach unten und oben offen. Dabei darf aber eines nicht vergessen werden: Der in der Fotografie übliche Lichtwert, der auch in der Tabelle dargestellt ist, ist immer der Wert, auf den die Kamera eingestellt wird, also die Kombination aus Blende, Belichtungszeit und Filmempfindlichkeit. Er gibt nicht den hellsten oder den dunkelsten Punkt im Bild an, sondern, so die Kamera korrekt belichtet hat, den Wert des 18-%-Graus im Bild.
Das Bild einer Digitalkamera kann durchaus 8 oder sogar 10 Lichtwerte vom dunkelsten zum hellsten Punkt umfassen. Es hat damit, bei 10 Lichtwerten Umfang, einen Kontrast von 2^{10}:1, also von 1.024:1. Die Aufnahme während einer dunklen Neumond-

nacht mit 8 Lichtwerten Kontrast hat daher in den dunklen Stellen einen Lichtwert von -10 und in den hellen Stellen einen Lichtwert von -2.

Ein Kontrastumfang von 8 Lichtwerten, also 2^8:1, ist bei vielen Motiven normal, bei diffusem Licht kann ein ganzes Motiv, soweit es keine spiegelnden Flächen enthält, sogar nur einen Kontrastumfang von 5 Lichtwerten haben, also einen Kontrast von 32:1.

Da es hier aber um das Gegenteil geht, also um Bilder von Motiven mit hohem Kontrastumfang, kann man anhand der Grafik in etwa abschätzen, welcher Kontrastumfang für das extremste denkbare Motiv nötig wäre. Man könnte beispielsweise auf die Idee kommen, die Sonne als rot glühenden Ball abzubilden, wie sie gerade in eine finstere Höhle scheint, und dabei auch das Innere der Höhle zu zeigen.

Die hellste Stelle der untergehenden Sonne liegt bei etwa 20 Lichtwerten, die dunkelste Stelle in einer Höhle, in die die Abendsonne scheint, etwa bei 0 Lichtwerten. Der maximal benötigte Kontrastumfang liegt also bei

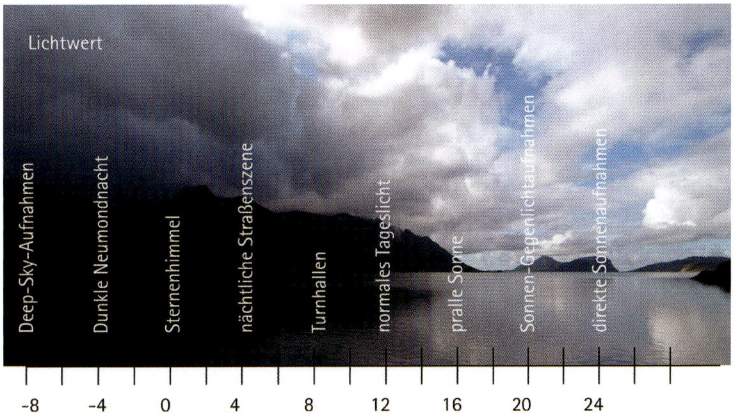

Lichtwertetabelle: Wird es dunkler, geht der Lichtwert ins Negative, wird es heller, geht der Lichtwert ins Positive.

20 Lichtwerten oder bei einem Kontrast von 2^{20}:1. Umgerechnet ist das ein Kontrast von 1.048.576:1.

Da 20 Lichtwerte sehr einfach in 20 Blendenstufen umzurechnen sind und sich ein Kontrast von einer Million zu eins zwar eindrucksvoller anhört, aber schwerer greifbar ist, wird in Zukunft der logarithmische Lichtwert verwandt.

DYNAMISCHER UND STATISCHER KONTRAST

Bei der Beschreibung von Monitoren und hier insbesondere TV-Geräten ist oft vom dynamischen Kontrast die Rede. Dabei handelt es sich um den Kontrast zwischen einem völlig schwarzen Bild und dem hellsten darstellbaren Punkt. Dieser Wert ist dann von Interesse, wenn man sich eine Wohnzimmerbeleuchtung kaufen will. Tatsächlich wichtig ist jedoch der maximale statische Kontrast, der bei der Darstellung eines Bilds erreicht wird, also der Kontrastumfang, der innerhalb eines Bilds dargestellt werden kann. Und auch dieser Wert wird in seiner Bedeutung überschätzt: Die TV-Sender begrenzen seit Jahren den ausgestrahlten Kontrast rigoros, um auch auf durchschnittlichen Endgeräten ein brauchbares Bild abzuliefern.

Ansel Adams Zonensystem

HDR ist prinzipiell nichts Neues. Bereits die ersten Fotografen hatten das Problem, dass Bilder nicht den ganzen Kontrastumfang abbilden konnten, den der Fotograf sah. Der Erste, der die Sache dann wissenschaftlich anging, war Fred Archer in den späten 30er-Jahren des vorigen Jahrhunderts. Er formulierte in einer Artikelserie ein Zonensystem, um bereits bei der Aufnahme die technischen Gegebenheiten der späteren Filmentwicklung mit in die Überlegungen einbeziehen und den maximalen Kontrast abbilden zu können. Ansel Easton Adams entwickelte das System weiter und war vor allem einer seiner erfolgreichsten Anwender.

Später wurde neben der Filmentwicklung auch der Abzug in das System integriert. Sinn und Zweck des Zonensystems war es, das Motiv so gründlich zu analysieren, dass man quasi im Geist bereits die Möglichkeiten der Filmentwicklung und des Abzugs bei der Belichtung berücksichtigte. Das Ergebnis waren Bilder, die buchstäblich die damals vorhandene Chemie bis an ihre Grenzen ausreizte.

Mithilfe des Zonensystems konnte der abbildbare Kontrast um gut drei Lichtwerte gesteigert werden - was einer Revolution gleichkam. Um das Maximum aus dieser Technologie herauspressen zu können, reichte es jedoch nicht, einfach nur korrekt zu belichten und Film, Entwicklung und Abzug aufeinander abzustimmen. Mindestens ebenso wichtig war es, Motive zu wählen, die den abbildbaren Kontrastumfang auch aufwiesen - und zwar möglichst genau. Adams brachte es in dieser Disziplin zu unerreichter Meisterschaft.

Durch die digitale Bildoptimierung - auch analoge Farbfilme werden heutzutage digitalisiert, und erst vom digitalen Bild wird der Abzug belichtet - ist das Zonensystem heute etwas in Vergessenheit geraten. Für Spezialisten, die nach wie vor mit Planfilmkameras und Schwarz-Weiß-Filmen arbeiten, ist es jedoch immer noch unentbehrlich.

Im Farbbereich, und wenn es um digitale Weiterverarbeitung geht, ist das moderne HDR dem Zonensystem technisch aber meilenweit überlegen. Trotzdem ist einer der größten Irrtümer geblieben: Weder HDR noch Zonensystem ergeben gute Fotos, wenn das Motiv nicht zur verwendeten Technik passt.

Bildformate, Bits und Bytes

Um ein Bild zu speichern, benötigt man für jeden Punkt des Bilds, für jedes Pixel, eine Zahl, die die Farbe und die Helligkeit des Bildpunkts angibt. Dafür hat es sich eingebürgert, drei Werte für die drei Grundfarben Rot, Grün und Blau, abgekürzt RGB, zu verwenden. Mit diesen drei Farben kann man schon sehr viele Farben darstellen - prinzipiell unendlich viele -, aber der Speicherplatz, der für ein einzelnes Pixel zur Verfügung steht, setzt der Farbenpracht ein Limit.

JPEG-Format

Im weitverbreiteten JPEG-Format hat man für jedes Pixel 3 Byte reserviert. In einem Byte sind 8 Bit enthalten, also acht Zustände, die entweder 0 oder 1 sein können. Das gibt pro Byte insgesamt 256 verschiedene Zustände oder eben Helligkeiten. Da im JPEG pro Farbkanal 8 Bit zur Verfügung stehen, spricht man von einem 8-Bit-Farbformat. Um ein 8-Bit-Farbformat ohne Kompression zu speichern, benötigen Sie für ein 10-Megapixel-Bild also 30 MByte (Megabyte). Das ist ein bisschen viel, und deshalb wird JPEG meist stark komprimiert.

JPG ist die „Drei-Buchstaben-Dateinamenserweiterungsabkürzung" von JPEG, das wiederum die Abkürzung für „Joint Photographic Experts Group" ist. Festgelegt ist das, was allgemein als JPEG bezeichnet wird, in der Norm ISO/IEC 10918-1, die viele verschiedene Kompressionsmethoden beschreibt – nicht nur verlustbehaftete.

Verbreitet ist jedoch lediglich das 8-Bit-Huffmann-kodierte JPEG.

JPEG ist in Wirklichkeit allerdings kein RGB-Farbmodell, sondern ein YCbCr-Farbmodell, das nicht auf den Rot-Grün-Blau-Komponenten eines Pixels basiert, sondern auf Grundhelligkeit, Abweichung von Grau in Richtung Blau oder Gelb und Abweichung in Richtung Rot oder Türkis.

Nach der Umrechnung von RGB in YCbCr werden die beiden Kanäle Cb und Cr komprimiert, was den ersten verlustbehafteten Schritt bedeutet. Dies geschieht durch „Downsampling", was nichts anderes heißt, als dass nur noch jede Farbänderung gespeichert wird. Bis hierhin wird die Helligkeit des einzelnen Pixels nicht angetastet. Die Helligkeit des Pixels entspricht also noch dem Ursprungsbild, die Farbe des Pixels in einem Farbverlauf stimmt jedoch nur noch bei jedem zweiten Pixel. Bei einer 4.4.2.-Kodierung geschieht das lediglich in waagerechter Richtung, bei 4.2.2. waagerecht und senkrecht.

Anschließend wird das JPEG-Bild in Blocks mit 8 x 8 Pixeln aufgeteilt, und diese Blocks werden nun „quantisiert" – was vereinfacht gesagt bedeutet: Bei maximaler Komprimierung legt das Pixel links oben die Farbe und Helligkeit des gesamten Blocks fest. JPEG verwendet nun eine festgelegte Matrix je nach Kompressionsgrad. Dabei wird innerhalb dieses Blocks die Farbe jedes zweiten, jedes dritten oder jedes achten Pixels maßgeblich für den jeweiligen Rest der Pixel verwendet – entsprechend der Matrix. Da diese Matrix innerhalb der 8 x 8 Pixel starr ist, kommt es bei größeren Kompressionen zu den typischen JPEG-Artefakten mit scharfen Kanten an den Blockgrenzen.

JPEG wurde für natürliche Bilder entwickelt. Für Bilder im technischen Bereich, einen Siemensstern oder irgendwelche Fokustestcharts ist JPEG ungeeignet, da speziell im kritischen Bereich auf Pixelebene die scharfen Schwarz-Weiß-Kontraste ausgeglichen werden. Bei Bildern in freier Natur dagegen ist JPEG das Format der Wahl. Hier ist der Verlust durch die Kompression bis zu einer Rate von 1:10 nicht zu sehen.

JPEG hat drei Verarbeitungsschritte, die grundsätzlich verlustbehaftet sind: Die Umrechnung von RGB in YCbCr erzeugt Rundungsfehler, das Downsampling gleicht scharfe Kontraste aus, und die Quantisierung ersetzt die tatsächlich vorhandene Pixelstruktur durch eine Matrix. Selbst bei höchster Qualitätseinstellung bedeutet also die mehrfache Speicherung eines JPEG grundsätzlich einen Qualitätsverlust. JPEGs aus der Kamera sollten daher generell unbearbeitet bleiben. Weiterbearbeitete Bilder sollten grundsätzlich in einem verlustfreien Bildformat gespeichert werden.

RAW-Format

Die meisten digitalen Kameras, mit denen man HDR-Bilder machen kann, haben zusätzlich noch ein RAW-Format im Angebot. Beim RAW-Format belegt ein 10-Megapixel-Bild zwischen 10 und 15 MByte. Trotzdem kann das RAW-Format einen höheren Kontrastumfang speichern als das JPEG – meistens zwischen 12 und 14 Bit, also einen Kontrast von 4.096:1 oder sogar 16.384:1. Da ein RAW keine RGB-Daten enthält, sondern für jedes Pixel nur einen Wert speichern muss – die Farbinformationen werden erst bei der Entwicklung des RAW hinzugefügt –, ist das

Die Fassade der Nürnberger St. Lorenzkirche – rechts das entwickelte JPEG, links das RAW, allerdings bereits mit dem überlagerten Bayer-Muster. Links oben in dem vergrößerten Ausschnitt erkennt man das Bayer-Muster sehr genau. Das RAW ohne das Bayer-Muster ist ein etwas fleckiges Graustufenbild, da die Grauwerte der einzelnen Pixel durch die Farbfilter auf dem Sensor beeinflusst werden. Da auf ein RAW noch keine Gammakorrektur angewendet ist, wäre das Original sehr dunkel, es wurde deshalb für den Druck deutlich aufgehellt.

RAW sogar kleiner als ein entsprechendes unkomprimiertes 8-Bit-Bild.

Da ein RAW-Bild aber nicht direkt zu betrachten ist – es würde je nach Betrachtungsabstand entweder einem Schottenkaro oder einem grünstichigen Graustufenbild ähneln –, wird aus dem RAW eben ein JPEG oder auch ein TIFF entwickelt.

TIFF-Format

Manche Kameras bieten auch noch TIFF (Tagged Image File Format) an, ein Containerformat, das unter diesem Label sehr unterschiedliche Bildformate transportieren kann. Einige RAW-Formate haben ebenfalls einen TIFF-Header. Die TIFF-Formate der Kameras sind meistens 16-Bit-Formate, können also theoretisch einen Kontrast von

65.536:1 speichern. Leider kann der Sensor der Kamera diesen Kontrast nicht liefern, sodass der maximal vorhandene Kontrast von meistens 2.000:1 nur in einer höheren Auflösung verarbeitet wird. Das kann ganz sinnvoll sein, da die Helligkeitsinformation linear gespeichert wird.

Helligkeitsstufen

Wie oben bereits gezeigt, wird Helligkeit aber logarithmisch wahrgenommen. Die Folge ist, dass für die verschiedenen Helligkeitsstufen unterschiedliche Mengen an Werten zur Verfügung stehen. Angenommen, ein Bild hat einen Kontrastumfang von 8 Blenden und wird in JPEG gespeichert, dann stehen für die niedrigste Helligkeitsstufe genau zwei Werte zur Verfügung.
Die zweite Helligkeitsstufe hat bereits vier Helligkeitsabstufungen, und die hellste Stelle hat immerhin 128 verschiedene Stufen. Hellt man ein solches Bild auf, kommt es sehr schnell zu Tonwertabrissen: Die aus den dunklen Stellen hervorgeholten Details besitzen nur wenige Farben. Wo sollen sie auch herkommen – bei nur vier Helligkeiten pro Kanal können in der zweitdunkelsten Stufe lediglich 256 verschiedene Farben gespeichert werden.
Beim zugrunde liegenden RAW mit 12 oder 14 Bit ist aus den dunklen Stellen deutlich mehr zu holen, einfach weil noch mehr Farbinformationen und Helligkeitsstufen vorhanden sind.
Aber auch RAW-Bilder leiden an dem bereits weiter oben erwähnten Problem: Sie können nicht mehr speichern, als der Sensor an Kontrastumfang hergibt, und der Kontrastumfang aller handelsüblichen Sensoren liegt bei maximal zehn Lichtwerten. Diese zehn Lichtwerte werden mit 12 oder 14 Bit als RAW abgespeichert und bei der RAW-Entwicklung auf ein 8-Bit-JPEG komprimiert.

Ein ganz wesentlicher Unterschied zwischen RAW und allen anderen Formaten ist, dass das RAW-Format noch die linearen Sensordaten enthält, während TIFF und JPEG bereits mittels einer Gammakurve an unsere logarithmische Wahrnehmung angepasst ist. Dieser Umstand wird später bei der HDR-Erstellung wichtig.

HDR-Format

Um nun Bilder mit höherem Kontrastumfang überhaupt abspeichern zu können, war ein neues Dateiformat notwendig, das sich weder um die zugrunde liegenden Sensoren noch um eine Darstellbarkeit auf Monitoren und schon gar um den kleinstmöglichen Speicherplatz kümmern musste. Es wurde klar, dass weder 8 noch 16 Bit ausreichten, um den Kontrastumfang auch nur eines simplen Sonnenuntergangs einzufangen. Erst 32 Bit versprachen ein Ende des Dilemmas.
1987 entwickelte Greg Ward aus völlig anderen Gründen ein Dateiformat, das endlich jeden denkbaren Kontrastumfang abbilden konnte: das Radiance-Format mit der Dateinamenserweiterung *.hdr.* Da 1987 TByte-(Terabyte-)Festplatten noch Science-Fiction waren, verwendete Greg Ward einen mathematischen Trick, um nicht 32 Bit pro Farbkanal speichern zu müssen. Er verwendete vier Kanäle, drei davon mit 8 Bit und einen vierten mit einem Exponentialfaktor, der auf die drei RGB-Kanäle angewendet wird.
Das Ergebnis ist eine Gleitkommazahl für jeden Kanal, die einen Wert zwischen 0 und 2.128 annehmen kann. 2^{128} sind grob eine 34 mit 37 Nullen dahinter. Tatsächlich darstellbar sind allerdings pro Kanal „nur“ 65.536 Farben, mithin insgesamt also 281.474.976.710.656 unterschiedliche Farben.

Obwohl das wunderbar klingt, ist der praktische Nutzen dieser möglichen Farben etwas beschränkt: Die meisten Farben entfallen auf Helligkeiten, die jene der Sonnenoberfläche bei Weitem überschreiten, oder auf Dunkelheiten, die nicht einmal im Inneren eines geschlossenen Kühlschranks erreicht werden.

Das Radiance-Format kann nämlich einen Kontrastumfang von 253 Lichtwerten speichern - der Unterschied zwischen der Helligkeit an der Sonnenoberfläche und einer Deep-Sky-Galaxie liegt bei etwa 44 Lichtwerten. Im fotografischen Alltag kommt man kaum in die Verlegenheit, mehr als 20 Blendenstufen in einem Bild verarbeiten zu müssen.

Das HDR-Format ist also die berühmte Kanone, die die Spatzen aufs Korn nimmt und dabei leider vergisst, dass neben schierer Kraft auch die Präzision von Bedeutung ist. Wenn es um exakte Farbdarstellung geht, hat das RGB-Format nämlich seine Schwächen: Der Farbraum ist arg beschränkt.

EXR-Format

Als Alternative zu Radiance wurde im Jahr 2000 das EXR-Fomat entwickelt und 2003 als Open Source freigegeben. EXR hat zwar prinzipbedingt nur 10 Bit pro Farbkanal, also 1.024 Werte, aber diese hat es für jeden der darstellbaren 32 Lichtwerte. Da ein Punkt immer nur einen Lichtwert haben kann, muss man also nicht unglaubliche Zahlenräume freihalten, stattdessen gibt man nur noch Hellblau und Lichtwert 16 an, und schon hat man die Farbe des Sommerhimmels.

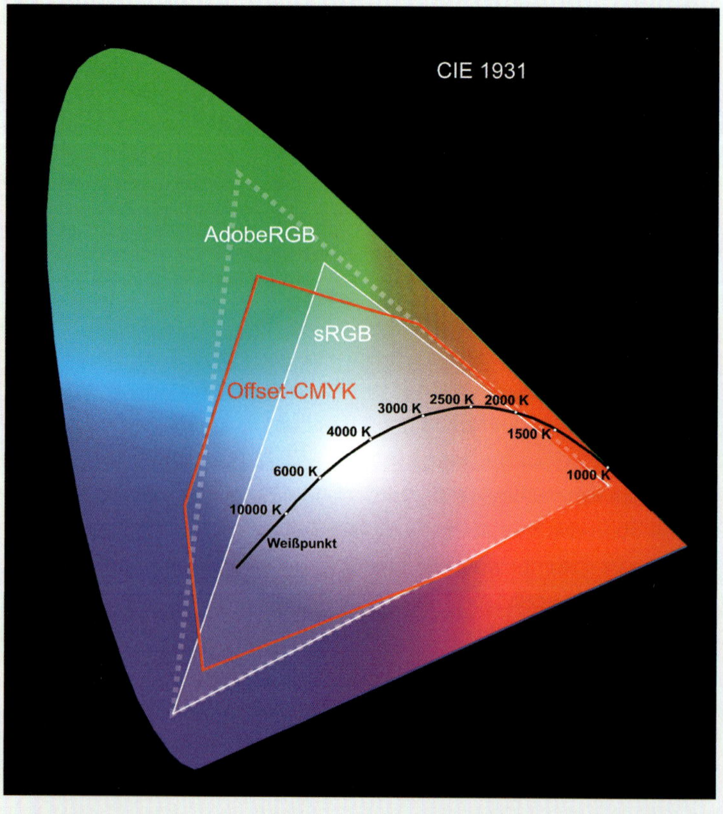

Das CIE-Chart zeigt den Farbraum der wahrnehmbaren Farben im Vergleich zu den darstellbaren Farben bei Adobe RGB, sRGB und im CMYK-Offsetdruck. Zudem ist der Verlauf des Weißpunkts bei verschiedenen Farbtemperaturen eingezeichnet. Adobe RGB hat einen deutlich größeren Farbumfang, aber nicht mehr Farben als sRGB. Die zusätzlich im grünen Bereich darstellbaren Farben werden durch eine größere Rasterung im blauen Bereich erkauft. In diesem Chart können aber, bedingt durch das Druckverfahren, nicht einmal alle sRGB-Farben dargestellt werden. Es handelt sich lediglich um eine grobe Veranschaulichung.

Da ein gut belichtetes Bild 8 Blenden umfasst, hat man also pro Bild rund 8 Milliarden Farben zur Verfügung (1 Milliarde pro Lichtwert). Das reicht im fotografischen Alltag aus, und auch die 32 Lichtwerte darstellbarer Kontrastumfang sind für alles, was an Alltagsbelichtungen auf einen zukommt, mehr als ausreichend.

EXR wurde seinerzeit für die digitale Bearbeitung von Kinofilmen entwickelt, es sollte damit möglich sein, sowohl digitale Renderings als auch beliebige Effekte in das Kinobild hineinzurechnen. EXR ist zwar prinzipiell ebenfalls ein RGB-Format, aber es ist jederzeit durch einen vierten Kanal erweiterbar, der nahezu beliebige weitere Informationen enthalten kann.

Das EXR-Format kann auf mehrere Arten komprimiert werden: RLE (Run Length Encoding), ZIP, PIZ, PXR24 und B44. Von Bedeutung sind vor allem die beiden verlustfreien Kompressionsmethoden ZIP und PIZ - letzteres ist eine Wavelet-Kompression, die vor allem bei körnigen Bildern bessere Kompressionsraten ergibt. Diese beiden Algorithmen werden auch von Photomatix angeboten.

Fließkomma-TIFF

Ein drittes Dateiformat für HDR-Dateien ist das Fließkomma-TIFF oder auch Floatingpoint-TIFF. TIFF ist eine Art Dinosaurier unter den Dateiformaten: Dinosaurier sind groß, es gibt sie in allen möglichen Formen, kaum einer kennt alle - und manchmal werden sie verwechselt. Beim TIFF ist es nicht anders. Da TIFF nahezu alles kann, kocht sich fast jede Software ihr eigenes TIFF-Süppchen, und beim Austausch kommt es regelmäßig zu überraschenden Effekten, soweit die Formate überhaupt lesbar sind.

Unkomprimiertes Fließkomma-TIFF beherrschen zwar die meisten Programme, die überhaupt mit HDR-Dateien umgehen können, aber das Format hat noch einen weiteren Nachteil: Es ist absurd groß. Es speichert volle 32 Bit pro Kanal - und das als Fließkomma -, erlaubt zusätzliche Kanäle, jeden nur denkbaren Farbraum, 253 Lichtwerte Dynamikumfang und 4,7 Trillionen Farben pro Lichtwert.

Das hat seinen Preis. Ein 10-Megapixel-HDR hat im Radiance-Format 30 MByte, im OpenEXR-Format 20 MByte und im TIFF-Format 110 MByte. Ein HDR-Panoramabild in TIFF kann schnell mehrere GByte (Gigabyte) groß werden.

Für den Heimanwender ist Fließkomma-TIFF darum eher uninteressant. Es kommt dann zum Zuge, wenn allerhöchste Ansprüche an die Farbtreue auch nach vielen Bearbeitungen gestellt werden. Da TIFF gnadenlos die Fließkommawerte speichert, kann es nicht zu Rundungsfehlern kommen, wie etwa bei Radiance oder OpenEXR. Über die Sichtbarkeit dieser Rundungsfehler gibt es allerdings unterschiedliche Auffassungen. Da OpenEXR auch von Hollywoodstudios verwendet wird, kann man wohl behaupten, dass die entsprechenden Fehler eher in wenigen Ausnahmefällen störend wirken. Und wenn solche Probleme überhaupt auftreten, dann nur bei gerenderten Computergrafiken. Im fotografischen Bereich sind sie irrelevant.

In der täglichen Arbeit sollte die Auswahl des Dateiformats nach der zur Verfügung stehenden Software getroffen werden. Unterstützt die Software alle Formate, ist sicher OpenEXR die ökonomischste Lösung.

Photomatix Pro-Radiance-Format

Bei Photomatix Pro liegt die Sache etwas anders: Photomatix Pro arbeitet intern mit dem Radiance-Format und konvertiert lediglich zum Abspeichern in OpenEXR. Diese Konvertierung ist verlustbehaftet, sodass OpenEXR-Files aus Photomatix Pro zwar auf den ersten Blick identisch mit der Radiance-Datei aussehen, aber sobald man sich die jeweiligen Histogramme ansieht, stellt man fest, dass die Werte grob unterschiedlich sind.

Aus Gründen der möglichst weitgehenden Erhaltung der Originaldaten ist es also zu empfehlen, bei Photomatix Pro auf Radiance zu setzen und auch HDR-Dateien als Radiance abzuspeichern. Nur in Ausnahmefällen, wenn andere Programme mit dem Radiance-Format von Photomatix Pro nicht zurechtkommen, sollte man zu OpenEXR konvertieren.

Fließkommazahlen

Oben ist ein neuer Begriff aufgetaucht: Fließkommazahlen. Das sind Zahlen, die nicht nur Abstände von 1 kennen, sondern auch alle Zwischenwerte, also 1,3 oder 14,7895. Der Vorteil des Rechnens mit Fließkommazahlen bei Bildern liegt darin, dass Bildbearbeitungen wesentlich genauer werden. Wird beispielsweise ein Bild aufgehellt, kann es bei ganzen Zahlen passieren, dass in den hellen Bereichen genug Werte vorhanden sind, um die Aufhellung gleichmäßig umzusetzen, in den dunklen Bereichen aber die Helligkeit sprunghaft ansteigt.

Bei der Fließkommaberechnung kann der aufgehellte Bereich nicht nur die Werte 4 oder 5 annehmen, sondern auch den Wert 4,2. Da das auf alle Bildpunkte zutrifft, kann mit Fließkommaberechnung das Bild sehr viel feiner justiert werden. Diese feine und genaue Bearbeitung ist speziell für HDR-Bilder notwendig, da hier sehr umfangreiche Rechenoperationen am ursprünglichen Bild vorgenommen werden. Würden nur ganze Zahlen zur Verfügung stehen, würden sich die zwangsläufig ergebenden Rundungsfehler zu haarsträubenden Artefakten und Tonwertabrissen summieren.

Nicht vergessen sollte man bei der Betrachtung: Ein falscher Wert sorgt im fertigen Bild für eine falsche Farbe, und eine Linie von drei oder vier gleichen Werten, die aus irgendwelchen Gründen durch Rundungsfehler entstehen, ist im fertigen Bild sofort als störendes Artefakt zu erkennen. Durch die Verwendung von Fließkommazahlen ist ein solches Problem so gut wie ausgeschlossen.

Die Gammakorrektur

Ein weiterer Vorteil, den HDR-Dateien haben, ist, dass sie nicht auf ein Ausgabegerät bezogen sind. Sie speichern quasi das Motiv und alles, was das Motiv ausmacht, und wenn jemand das Bild ansehen oder ausdrucken will, muss er es erst für das vorgesehene Ausgabegerät interpretieren. JPEG-Dateien sind im Gegensatz dazu bereits für das Ansehen auf dem Monitor oder den Ausdruck optimiert. Dies geschieht dadurch, dass beim ursprünglichen Bild die mittleren Tonwerte stark angehoben werden.

Man nennt das Gammakorrektur. Diese Gammakorrektur verändert das Bild und verursacht damit einen Verlust an Originaldaten. Wird nun ein gammakorrigiertes Bild erneut verändert, gehen immer mehr Farbwerte verloren, es kommt zu Farbstufen, ausgefressenen Lichtern und abgesoffenen Schatten. Das gammakorrigierte 8-Bit-JPEG ist schlicht nicht dafür gebaut, noch verändert zu werden.

Auch die Notwendigkeit der Gammakorrektur hat ihren Ursprung wieder im menschlichen Auge. Das hat nämlich ebenfalls eine Gammakorrektur eingebaut, und zwar etwa mit dem Faktor 0,4. Das Auge hebt also die

Mitteltöne an, dadurch kann es Details in dunklen Bereichen besser wahrnehmen.
Ein Monitor dagegen bildet eigentlich linear ab, nur nehmen wir das aufgrund unserer eingebauten Gammakorrektur nicht wahr. Damit nun das Bild auf dem Monitor unseren Sehgewohnheiten entspricht, werden heutzutage alle Monitore vom Betriebssystem mit einem zum ungefähren Wert 0,4 reziproken Wert betrieben: 2,2. Selbst Apple ist mit der neuesten Version des Betriebssystems Mac OS X Snow Leopard vom Wert 1,8 auf 2,2 umgeschwenkt.
Da es sich bei der Gammakorrektur um eine Funktion handelt, die auf die vorher gültige Tonwertkurve angewendet wird, bedeuten die Werte der Gammakorrektur nicht absolute Werte, sondern lediglich die Veränderung gegenüber der vorherigen Kurve. Leider haben einige Grafiktreiber die Faktoren in ihrer Anzeige vertauscht, sodass Sie beim Verändern des Gammas Ihres Monitors unter Umständen in die falsche Richtung regeln.

Das Tone Mapping

Ein HDR ist nicht gammakorrigiert, die Korrektur für das Ausgabegerät findet erst beim sogenannten Tone Mapping statt. Ein HDR ist, wenn man so will, das ultimative RAW für ein Bild. Und genau aus diesem Grund verwendet man zur Erstellung eines HDR sinnvollerweise gleich eine RAW-Datei. Die unter Verlust gammakorrigierten JPEGs müssen nämlich vom Programm zur HDR-Erstellung erst wieder zurückgerechnet werden, was ein gewisses Vabanquespiel dahin gehend beinhaltet, wie das Bild vor der Korrektur gewesen sein könnte. Die RAWs, die nicht korrigiert sind, ersparen der Software das Rätselraten und enthalten zudem auch noch mehr Daten.

Tone Mapping in Photomatix Pro

Einer der Vorteile des HDR-Formats ist, dass man aus diesem Abbild der Wirklichkeit gleichsam beliebige Scheiben ausschneiden kann, also gewissermaßen mit einer virtuellen Kamera losziehen und beliebige Belichtungstests machen kann, ohne auch nur einmal die warme Stube zu verlassen. Es ist für die Software kein Problem, aus dem HDR ein Bild mit einer speziellen Belichtungszeit, also einem bestimmten Lichtwert, zu extrahieren, das in Wirklichkeit nie aufgenommen wurde. Photomatix Pro erlaubt das bereits während der Betrachtung schlicht durch die [F11]- und [F12]-Taste.

Ein OpenEXR-Bild eines Sonnenuntergangs. Die Kontraste sind brutal, die Mitteltöne viel zu schwach. Das HDR-Bild ist jedoch nicht dazu gedacht, betrachtet zu werden, sondern dient quasi als Datenbank, aus der man jederzeit die für das beabsichtigte Bild notwendigen Daten extrahieren kann. Das Bild hat einen Dynamikumfang von 12.837:1, also 13,5 Lichtwerten.

Praktischerweise ist man bei diesem „Belichtungs-Hopping" nicht auf die bereits bei der Erstellung angefertigten Bilder angewiesen, sondern kann jede beliebige Zwischenstufe sichtbar machen - wenngleich auch nicht in Photomatix Pro.

Das gleiche Bild in einer überbelichteten Version, in der allerdings der untere Bereich auf einmal ein Motiv zeigt.

Wird die Aufnahme vier Stufen geringer belichtet, gibt Photomatix Pro dieses Bild aus.

HDR- und Tone Mapping-Einstellungen

Zurück zum Begriff Tone Mapping, der bereits mehrfach auftauchte. Während die Erstellung eines HDR eigentlich recht einfach ist - ein Bild wird einfach in ein anderes Datenformat umgerechnet -, ist der umgekehrte Weg deutlich komplexer. Ein HDR mit im Extremfall 25 Lichtwerten, also 25 Blendenstufen, Kontrastumfang in ein Bild umzurechnen, das auf Papier mit 6 Blendenwerten Kontrastumfang gut aussieht, ist nicht trivial. Zu diesem Zweck muss die Software die hellen Stellen gewaltig abdunkeln, die dunklen Stellen aufhellen und den ganzen Rest brutal komprimieren, ohne dabei Details zu verlieren oder einen unnatürlichen Eindruck hervorzurufen. Genau dieses Abbilden eines hohen Kontrastumfangs auf einen niedrigen Kontrastumfang nennt man Tone Mapping, weil dabei die Farbtöne des Bilds übertragen werden.

Die einfachste Möglichkeit eines Tone Mapping ist es, einen 6 Blenden breiten Ausschnitt aus dem HDR herauszupicken und diesen abzubilden. Da im HDR alle Lichtdaten gespeichert sind, ist das ganz leicht möglich. Man sucht sich eine bevorzugte Belichtungssituation heraus und exportiert sie als 8-Bit-JPEG. Fertig. Man hat auf einmal ein Bild, das man so nie fotografiert hat, das man aber fotografiert hätte haben können, wenn man damals diese Blende-Zeit-Kombination eingestellt hätte. Beispiele für diese Vorgehensweise sind die obigen Bilder.

So beeindruckend diese Möglichkeit ist, im Allgemeinen wird das Tone Mapping verwendet, um JPEG-Bilder zu erstellen, die scheinbar einen höheren Kontrastumfang abbilden. Wichtig ist dabei das „scheinbar", da sie das natürlich nicht tun. Es sind immer noch Low-Dynamic-Resolution-Bilder, kurz LDR-Bilder. Und wie alles, was nur so „aussieht, als ob", ist die Herstellung eines LDR aus einem HDR keine exakte Wissenschaft, sondern eine höchst ungenaue Angelegenheit, die viel mit dem Können und dem Wollen des Künstlers zu tun hat.
Die in diesem Buch verwendete Software Photomatix Pro 4 hat für die Erstellung des HDR lediglich fünf Schalter, für das Tone Mapping aber insgesamt 22 Schieberegler. Während die Erstellung eines HDR eine rein mathematische Angelegenheit ist, hat das Tone Mapping also sehr viel mit persönlichem Geschmack zu tun. Prinzipiell gibt es beim „Mappen" des Bilds zwei Ansätze: einen möglichst natürlichen Eindruck oder einen hyperrealistischen oder dramatischen Effekt zu erzielen.
Um eine natürliche Anmutung des Bilds zu erreichen, wird meistens lediglich der Kontrastumfang komprimiert und das Ergebnis gammakorrigiert. Die Kurve kann man noch anpassen und bestimmte Bereiche aufhellen oder abdunkeln sowie den Mikrokontrast – also den Kontrast innerhalb von Bildteilen – verstärken. Da bei dieser Maßnahme natürlich Datenmaterial des HDR-Originals verloren geht, sollte man sorgfältig vorgehen, eine spätere Bearbeitung der gemappten Datei ist schlechter möglich. Den Ergebnissen sieht meistens nur noch der Kenner an, dass er ein aus einem HDR gemapptes LDR vor sich hat.
Bekannter sind die eher künstlerisch angehauchten Mapping-Ergebnisse. Diese komprimieren nicht nur den Dynamikumfang des Bilds, sondern kehren den Kontrast in Teilen des Bilds um: Eigentlich helle Wolken werden dunkler als die darunterliegende Landschaft – der Effekt ist dramatisch. Der Hintergrund der Kontrastumkehr ist eigentlich eine Beschränkung des im 8-Bit-Format darstellbaren Kontrastumfangs: Wird ein Bild mit mehr als 16 Lichtwerten Kontrastumfang in ein 8-Bit-Bild konvertiert, reichen die verfügbaren Farbtöne nicht mehr aus, um selbst komprimiert das Bild in allen Details darzustellen. Um nun die Details nicht zu verlieren, wird eine lokale Kontrastumkehr vorgenommen – es werden also Farben verfälscht, um überhaupt noch Mikrokontraste darstellen zu können: Der typische HDR-Look ist geboren.
Diese Methode kann natürlich auf jedes 8-Bit-Bild angewendet werden, um den Look zu erzeugen, wichtig ist nur, dass das zugrunde liegende Bild keine rein weißen oder rein schwarzen Stellen hat, da in dem Fall diese Kontrastumkehr nicht mehr funktioniert. Es entstehen dann typische neutralgraue Flächen. Mit High Dynamic Range hat das natürlich nichts zu tun, dies fällt in den Bereich „künstlerische Effektfilter" und wird mittlerweile inflationär in Bildbearbeitungsprogrammen und sogar in einigen neueren Kameras verwendet.
Auch eine andere verwandte Methode zur Erhöhung des abbildbaren Kontrastumfangs soll kurz erwähnt werden: das „Exposure Blending". Dabei werden mehrere Bilder einer Belichtungsreihe so zusammengerechnet, dass Bereiche ohne Zeichnung im einen Bild durch entsprechend anders belichtete Bereiche aus anderen Bildern ersetzt werden. Das Ergebnis ist ähnlich dem eines aus einem HDR mit einfachem Mapping erzeugten Bilds, es liegt ihm jedoch kein HDR zugrunde – das Bild ist, obwohl es einen höheren Kontrastumfang als das einzelne Ursprungsbild zeigt, immer noch ein LDR-Bild.

Das Resultat ist auch ein typisches Beispiel dafür, dass ein gemapptes HDR-Bild nicht notwendigerweise dramatischer wirkt als das Original aus der Kamera – es zeigt eben nur mehr von der tatsächlichen Szene.

Bei dieser Version kam der **Details Enhancer** *von Photomatix Pro zum Einsatz. Das Bild erhält den typischen hyperrealen HDR-Look, und selbst das Profil der Reifen ist erkennbar. Oft werden solche Bilder noch übersättigt und überschärft, um den künstlichen Eindruck zu verstärken.*

Tone Compressor und Details Enhancer

Das Bild wurde mit dem *Tone Compressor* von Photomatix Pro erstellt, der tatsächlich „nur" den Dynamikbereich des HDR-Bilds in den Dynamikbereich des JPEG hineinpresst. Das ergibt oft ein recht natürliches Bild, für den coolen HDR-Look ist eher der *Details Enhancer* zuständig. Dieser kümmert sich weniger um die tatsächliche Beleuchtungssituation, sondern sorgt vielmehr dafür, dass wirklich alle Details des Bilds sichtbar werden, auch solche, die man in der realen Szene nie gesehen hätte, weil sie im Schatten gelegen hätten.

Unentbehrlich: das Histogramm

Eines der unentbehrlichen Hilfsmittel für das Tone Mapping und überhaupt für den ganzen Prozess der HDR-Erstellung ist das Histogramm. Ein Histogramm ist die grafische Darstellung der Häufigkeit von Messwerten. Im Bereich der Fotografie wird damit die Grafik zur Verteilung der Helligkeitswerte eines Bilds bezeichnet. Was auf den ersten Blick etwas spröde klingt, ist bei genauerer Betrachtung erstaunlich intuitiv.

Taucht in allen drei Farbkanälen am rechten Rand des Histogramms ein Anstieg auf, gibt es im Bild weiß ausgebrannte Lichter. Weiß deshalb, da RGB ein additives Farb-

Das Histogramm zeigt für jeden der RGB-Kanäle getrennt die Häufigkeit der verschiedenen Helligkeitswerte. Beim gezeigten 8-Bit-JPEG kann jeder einzelne Farbkanal 256 verschiedene Werte annehmen. Obwohl das Bild insgesamt sehr grün ist, sind die Werte für Rot und Blau sehr häufig, allerdings eher in den dunkleren, also linken Bereichen präsent. Auffallend der kleine Anstieg am rechten Ende. Das bedeutet, dass Teile des Bilds bereits so hell sind, dass sie keine Detailzeichnung mehr beinhalten, sondern nur noch einen einzigen Wert, nämlich 255, enthalten. 255 Werte, weil sie nicht bei 1, sondern bei 0 beginnen.

Das Bild des Steintürmchens hat nicht mehr als 6 Blenden Dynamikumfang. Sowohl der Waldweg als auch der Kieselturm sind mit dem Kontrastumfang einer herkömmlichen Kamera und dem JPEG-Format demnach problemlos abbildbar. Schwieriger wird es bei Schlagschatten und in Gegenlichtsituationen.

Der Klassiker: Sonnenuntergang hinter einem Hügel. Schon am Histogramm ist zu erkennen, dass sowohl in den Schatten als auch in den Lichtern nichts mehr zu retten ist. In den wenigen Mitteltönen dominieren Grün- und Blauwerte. Sobald ein Histogramm diese typischen Ausreißer oben oder unten zeigt, ist das Bild ein Kandidat für ein HDR-Bild.

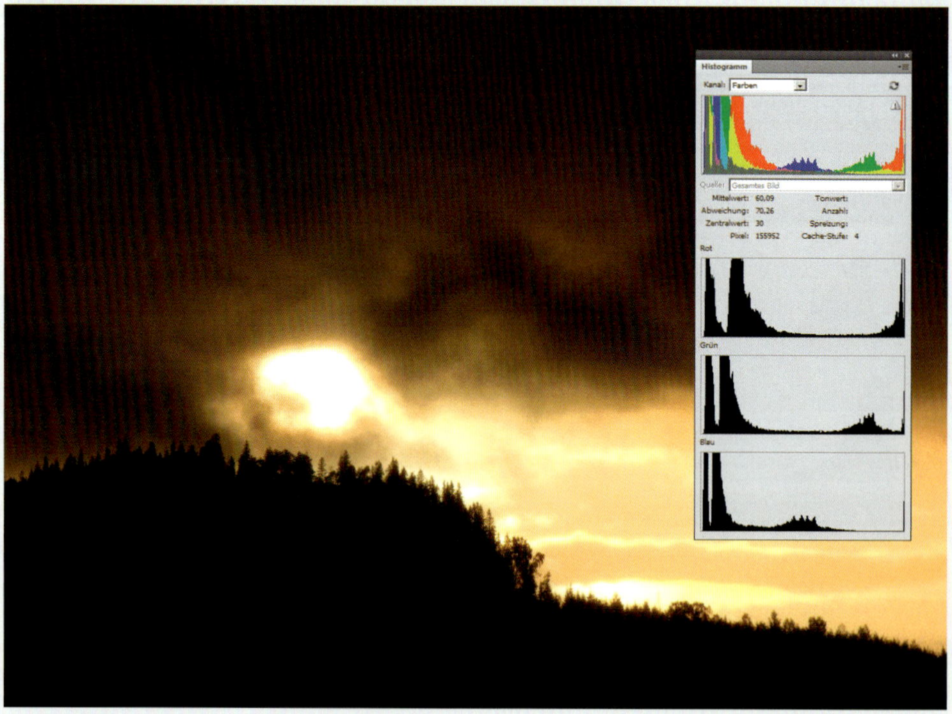

modell ist, was bedeutet, dass Rot und Grün und Blau nicht wie im Wasserfarbkasten ein schmutziges Dunkelbraun, sondern Weiß ergeben.

Demzufolge beschreibt ein RGB-Histogramm, bei dem alle drei Farben deckungsgleiche Histogramme aufweisen, im Allgemeinen ein Graustufenbild. Das Histogramm eines JPEG-Bilds kann, wie bereits erwähnt, nur 256 verschiedene Stufen haben und damit einen Kontrastumfang von 8 Lichtwerten abbilden. Beim abgebildeten Waldweg reicht das gerade so aus, die kleinen Ausrisse kann man als Spitzlichter durchgehen lassen. Es gibt allerdings auch Bilder, bei denen der Dynamikumfang von Haus aus die 8 Lichtwerte, die JPEG darstellen kann, nicht erreicht.

Warum ist nun aber das Histogramm so wesentlich für das Tone Mapping? Die Grundlage für das HDR sind Reihen von mehreren Bildern des Motivs, die unterschiedlich belichtet werden. Diese Belichtungsreihen werden bei der HDR-Erstellung zusammengerechnet, und dabei werden aus den verschiedenen Bildern immer die Teile verwendet, die Zeichnung haben. Um nun ein vollständiges HDR zu bekommen, benötigen Sie als Grundlage Bilder, die in Summe den gesamten Belichtungsbereich des Motivs abdecken.

Daher muss jeder einzelne Bildpunkt mindestens einmal, besser zweimal, in seiner natürlichen Farbe auftauchen, das Histogramm muss also schrittweise durch den gesamten Bereich wandern, sodass zum Schluss mindestens eine Aufnahme dabei ist, bei der kein Licht ausgefressen, und eine, bei der kein Schatten in Schwarz abgesoffen ist. Während die Schatten meistens nur dann Probleme machen, wenn man keine Möglichkeit hat, lange genug zu belichten, wird das mit den Lichtern oft genug problematisch, wenn die Sonne noch mit aufs Bild soll. Vor allem tagsüber haben viele Kameras nicht die Möglichkeit, kurz genug zu belichten, um die Sonne anders als als weißen Fleck abzubilden.

Solange diese weißen Bereiche jedoch nur das Zentrum von extremen Lichtquellen darstellen, sind sie tolerierbar. Über das Histogramm kann man die Größe der ausgefressenen Bereiche bereits bei der Aufnahme kontrollieren, sofern die Kamera ein Histogramm anzeigt, und die Belichtungsreihen danach ausrichten.

Im praktischen Betrieb sieht das dann so aus wie bei dieser Belichtungsreihe der Stabkirche von Borgund, bei der ein Kontrastumfang von 94.000:1 abgebildet wurde, also etwa 17,5 Lichtwerte.

Additive Farbmischung aus den drei Grundfarben Rot, Grün und Blau.

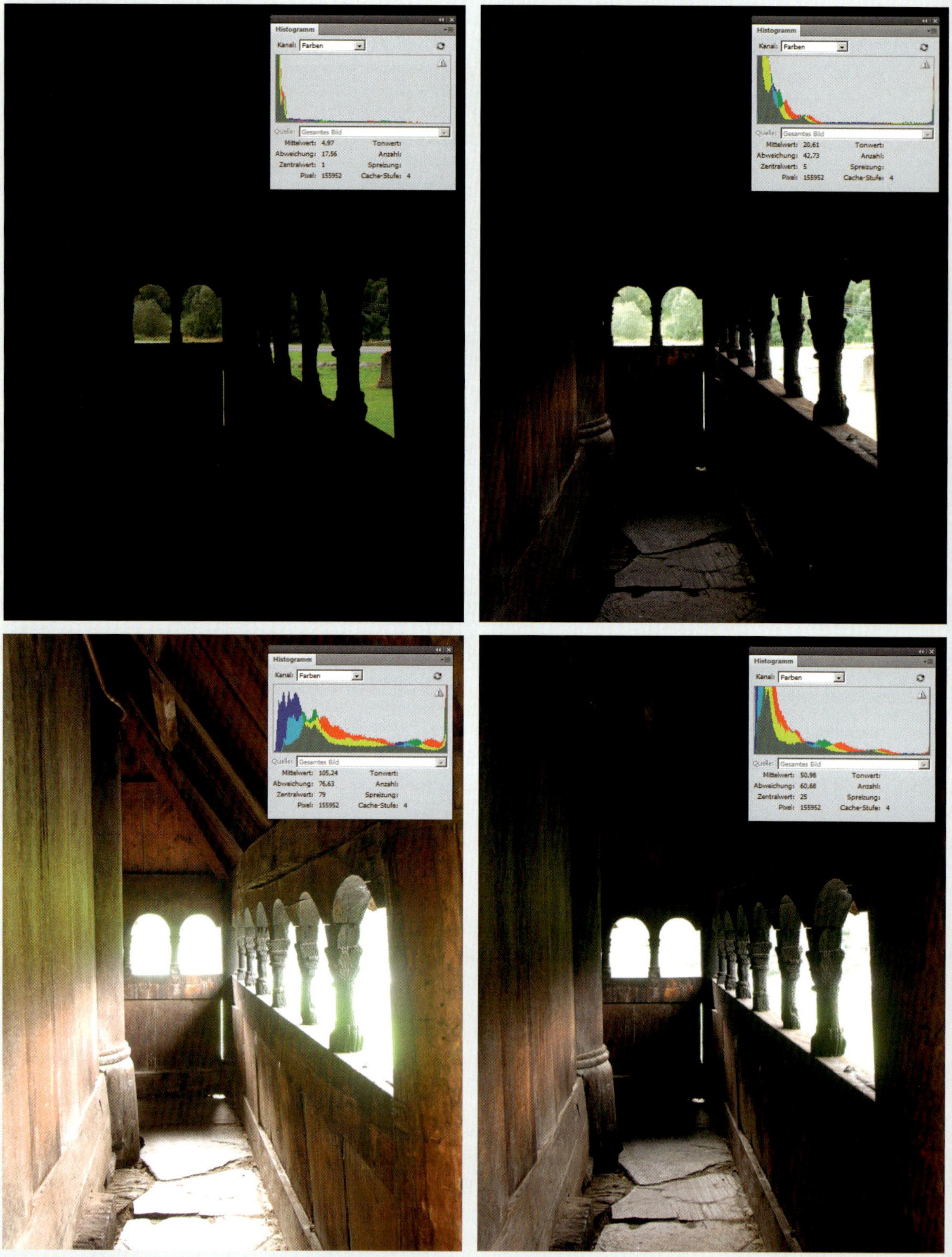

An den Histogrammen ist zu sehen, dass bei allen Bildern Bereiche entweder zu dunkel oder zu hell sind. Insgesamt ist aber jeder Bereich des Bilds einmal korrekt abgebildet. Das resultierende HDR ist in Ordnung, das kontrastkomprimierte Bild einwandfrei.

Der in diesem Bild verarbeitete Kontrast ist bereits deutlich größer als der vom Auge wahrnehmbare. Die Innenstrukturen des Dachs sind vor Ort erst nach längerer Adaption des Auges zu erkennen, da das Auge von der Helligkeit außerhalb geblendet wird. Das Bild wurde mit Photomatix Pro und dem **Details Enhancer** *gemappt und etwas an die natürliche Lichtsituation angepasst. Durch entsprechende Einstellungen könnten die Strukturen des Holzes noch deutlich heller abgebildet werden, was aber dem Eindruck vor Ort nicht gerecht würde.*

Exposure Blending: LDR

Exposure Blending – oder *Fusion*, wie es bei Photomatix heißt – arbeitet anders: Dabei wird nicht etwa ein 32-Bit-HDR errechnet, das nachträglich zusammengepresst wird, es werden lediglich die unterschiedlichen Belichtungen zusammengerechnet, um ausgefressene oder unterbelichtete Bereiche durch korrekt belichtete Bereiche aus anderen Bildern zu ersetzen. Irrtümlicherweise wird dieser Effekt oft mit HDR gleichgesetzt.

Genau das ist es aber nicht. Es ist ein auf den 8-Bit-Bildern beruhendes Verfahren, das durchaus sehr ansehnliche, naturalistische Ergebnisse erzielt, aber eben kein HDR ist. Das Ergebnis eines Exposure Blending ist ein normales 8-Bit-JPEG mit allen Limitierungen, die dieses Format mit sich bringt. Während ein HDR als Rohmaterial für eine ganze Reihe interessanter Arbeiten dienen kann, ist das Ergebnis eines Exposure Blending ein fertiges Bild mit niedrigem Dynamikumfang – ein LDR (Low Dynamic Range).

Während dieser Unterschied in früheren Photomatix-Versionen noch sehr deutlich war – man hatte unterschiedliche Importdialoge –, ist er seit Version 4.0 unter der Oberfläche versteckt. Man sollte aus der ähnlichen Behandlung von Tone Mapping und Fusion aber nicht schließen, dass den beiden Verfahren die gleiche Datenbasis zugrunde liegt. Aus einem HDR kann man bei Photomatix Pro kein Exposure Blending mehr erzeugen, wird das Zwischenergebnis HDR abgespeichert und wieder aufgerufen, sind die Fusion-Einstellungen nicht erreichbar.

Theoretisch wäre es natürlich möglich, aus dem HDR Einzelbelichtungen zu extrahieren und diese wiederum per Exposure Blending zu montieren, aber Photomatix bietet eben keine Extraktion von Belichtungsscheiben an.

Trotz der angesprochenen Beschränkungen ist das Exposure Blending oft das Mittel der Wahl, wenn es darum geht, einen natürlichen Eindruck zu erzielen, und die erweiterten Möglichkeiten des HDR nicht notwendig sind.

◀ *Das Ergebnis der Funktion* **Fusion** *auf derselben Datenbasis ergibt ein deutlich anderes Bild. Schatten und Lichter sind naturgetreuer, dunkle Ecken bleiben dunkle Ecken. Aber bereits am Histogramm ist zu erkennen, dass im Bild der komplette Dynamikumfang des JPEG-Formats ausgereizt ist. Eine Weiterverarbeitung des Bilds ist nur noch begrenzt möglich. Photomatix Pro kann das Bild zwar auch als 16-Bit-TIFF speichern, am Dynamikumfang des Bilds ändert das aber nichts.*

[2]

BELICHTUNGS-REIHEN

2

Belichtungsreihen

Pont Du Gard, Remoulins, Westseite, aufgenommen mit Fisheye-Objektiv. Links ein Bild der Belichtungsreihe aus drei Bildern, in der Mitte ein Tone Mapping mit noch natürlicher Anmutung, rechts ein extremes Tone Mapping mit der Photomatix Pro-Vorgabe **Grunge**.

2 Belichtungsreihen

Da die handelsüblichen Kameras von sich aus keine HDR-Bilder erzeugen können, ist es notwendig, mehrere LDR-Bilder anzufertigen, die dann von der HDR-Software in ein HDR-Bild umgerechnet werden. Diese Bilder nennt man Belichtungsreihen, da sie aus einer Reihe von Bildern bestehen, die mit unterschiedlichen Belichtungseinstellungen angefertigt wurden.

■ Diese Belichtungsreihen werden bei der HDR-Erstellung zusammengerechnet, und dabei werden aus den verschiedenen Bildern immer die Teile verwendet, die Zeichnung haben. Um nun ein vollständiges HDR zu bekommen, benötigen Sie als Grundlage Bilder, die in Summe den gesamten Belichtungsbereich des Motivs abdecken. Daher muss jeder einzelne Bildpunkt mindestens einmal, besser zweimal, in seiner natürlichen Farbe auftauchen, das Histogramm muss also schrittweise durch den gesamten Bereich wandern, sodass zum Schluss mindestens eine Aufnahme dabei ist, bei der kein Licht ausgefressen, und eine, bei der kein Schatten in Schwarz abgesoffen ist.

Belichtungszeiten festlegen

Es gibt mehrere Möglichkeiten, unterschiedlich belichtete Bilder von ein und demselben Motiv anzufertigen. Die klassische Methode ist natürlich die Variation der Belichtungszeit. Dabei wird die Blende an der Kamera fixiert und lediglich die Belichtungszeit von Bild zu Bild geändert. Es gibt Kameras, die solche Belichtungsreihen (englisch: Bracketing) von

Haus aus beherrschen. Nicht immer sind diese aber für ein HDR auch tatsächlich benutzbar. Bei vielen Kameras sind lediglich Belichtungszeitvariationen um plus/minus einen Lichtwert möglich, für HDR zu wenig, aber immerhin besser als gar nichts. Ideal sind Kameras, die fünf Belichtungen im Abstand von jeweils zwei Lichtwerten zulassen.

Unbrauchbar sind Abstände von 0,7 Lichtwerten. Mittlerweile gibt es einige Kameras, die sieben Belichtungen mit diesem Abstand anbieten. Das ist für HDR uninteressant.

Der Abstand von zwei Lichtwerten wird plausibel, wenn man sich die Histogramme ansieht. Erst durch diesen Abstand verschiebt sich der Belichtungsabstand so signifikant, dass neue Informationen für die HDR-Erstellung zur Verfügung stehen. Größere Mengen an Belichtungen mit geringeren Abständen sorgen nicht für eine genauere oder bessere HDR-Erstellung, sondern im Gegenteil für eine höhere Fehlerquote. Zudem steigt der Anteil der Mitteltöne im Vergleich zu den Tönen am unteren und oberen Rand, da ja bei jeder neuen Belichtung die bisherigen Mitteltöne nochmals abgelichtet werden – und zwar in einem Bereich, der als korrekt durchgehen kann. Die Software hat also das Problem, zu entscheiden, welche der im Zweifelsfall drei oder vier Belichtungen der Mitteltöne nun korrekt ist oder eben nicht.

Hat die Kamera die entsprechende Funktion nicht, wird es etwas schwieriger. In diesem Fall muss die Belichtungszeit von Hand eingestellt werden. Das Problem ist dabei nicht etwa, die Belichtungszeit zu verstellen, sondern die Kamera möglichst nicht zu bewegen. Freihand-HDRs sind mit solchen Kameras nicht möglich.Derzeit gibt es folgende Kameras am Markt, die Belichtungsreihen mit mehr als drei Belichtungen mit jeweils 2 Lichtwerten Abstand beherrschen:

EV-UMFANG	KAMERA
12 EV (7*2 EV)	Canon 1D MKII/MKIII/MKIV, Canon 1DS MKII/MKIII
8 EV (5*2 EV)	Leica M9, Pentax K7, Pentax K10D, Pentax K20D, Samsung GX10, Samsung GX20, Olympus E-5

Außerdem gibt es noch eine Reihe von Kameras, die zwar acht Lichtwerte Gesamtumfang beherrschen, aber nur einen Lichtwert Einzelabstand: Fuji S5Pro, Nikon D200, D300, D300S, D700, D2H, D2X/D2Xs, D3, D3X.

Belichtungsreihen nur mit Stativ

Dies führt zur nächsten Voraussetzung für gute HDRs: ein gutes Stativ. Photomatix Pro kommt zwar auch mit gewissen Differenzen in den Bildern zurecht und kann sie ausgleichen, trotzdem ist das immer mit Schärfeverlust in den Details verbunden. Selbst die schnellsten Kameras benötigen für eine Belichtungsreihe mit fünf Bildern und jeweils zwei Lichtwerten Abstand etwa eine Sekunde - das ist aus der Hand nicht mehr verwacklungsfrei zu halten, selbst wenn man die längeren Belichtungszeiten um 1/8 Sekunde oder noch länger vielleicht dank interner Stabilisatoren noch bewältigen kann.
Ein Stativ zeichnet sich dadurch aus, dass es die Kamera stabilisiert. Sparen Sie also nicht daran. Schwere Stative haben den Vorteil, auch bei Wind stabil zu stehen und bei Manipulationen an der Kamera nicht nachzuschwingen. Je schwerer und stabiler ein Stativ ist, desto besser. Das große Problem an schweren Stativen ist jedoch, dass die Motivation, das Stativ auch immer dabeizuhaben, mit jedem zusätzlichen Kilo sinkt. Den passenden Kompromiss zwischen Stabilität, Gewicht und Preis muss man natürlich selbst finden, wobei die Stabilität immer an erster Stelle stehen sollte.

- Ein instabiles, leichtes, billiges Stativ nützt Ihnen gar nichts. Wenn Sie nicht mit einer Kompaktkamera oder einer PEN unterwegs sind, sondern Ihre HDRs mit einer ausgewachsenen DSLR machen, sollten Sie auch auf die Belastbarkeit des Stativs und des Stativkopfs achten. Rechnen Sie das Gewicht Ihrer schwersten Linse und der Kamera zusammen und multiplizieren Sie das Ergebnis mit zwei; Sie erhalten dann das Gewicht, für das Stativ und Kopf mindestens ausgelegt sein müssen.
- Vernachlässigen Sie auf keinen Fall den Stativkopf. Es gibt Köpfe, die sich während einer Belichtungsreihe langsam, aber sicher der Schwerkraft unterwerfen, und Wechselplatten, die gar nicht so straff anzuziehen sind, dass sie im Hochformat nicht nachgeben. Selbstverständlich sollten Sie regelmäßig Stativ und Kopf warten und alle Schrauben und Schräubchen nachziehen.
- Wenn Sie mit einem leichten Karbonstativ unterwegs sind und trotzdem heftigen Winden trotzen müssen, können Sie zwischen die Beine des Stativs einen Rucksack oder eine schwere Fototasche zur Stabilisierung hängen - sofern das Stativ eine entsprechende Vorrichtung hat und Sie darauf achten, dass das Gewicht nicht frei schwingen kann.
- Generell gilt natürlich auch beim Stativ: Was abfallen kann, wird abfallen - und das im Allgemeinen im ungünstigsten, weil unbemerkten Moment. Achten Sie also darauf, dass Ihr Stativ keine Kleinteile hat, die leicht zu verlieren sind - oder dass sie wenigstens, falls unentbehrlich, nachzukaufen sind. Das trifft vor allem auf Stativwechselplatten zu, die ausgesprochen gern verschwinden. Die kleinen Madenschrauben, die bei der Manfrotto-Wechselplatte 200PL-14 das Verdrehen der Kamera verhindern, sind ebenfalls notorische Kandidaten für die Verlustliste.
- Die bei normalen Fotos durchaus brauchbaren Bastellösungen, wie Schnurstative und Bohnensäckchen, sind bei HDRs nicht zu verwenden. Die Wahrscheinlichkeit, beim Verstellen der Belichtungszeit das Bohnensäckchen zu verrutschen, ist recht hoch.

- Berücksichtigen Sie auch, dass Sie selbst auf einem hochauflösenden VGA-Display der Kamera ein Verrutschen des Bildausschnitts erst dann erkennen können, wenn es bereits etwa 20 Pixel erreicht hat. Eine Kontrolle der Belichtungsreihe durch den Sucher verbietet sich von selbst. Die Gefahr, dabei die Kameraposition zu verändern, ist zu groß.

Falle: Auslöser und Autofokus

Die nächste Falle lauert beim Auslöser. Unterschätzen Sie nicht die Vibrationen, die Sie durch das Drücken dieses Knöpfchens verursachen. Dabei geht es gar nicht um den berühmt-berüchtigten Spiegelschlag bei DSLR-Kameras, sondern tatsächlich darum, dass Sie durch das Drücken des Auslösers am Stativ herumschubsen. Die entsprechenden Vibrationen sind um ein Vielfaches stärker als ein Spiegelschlag, und bei Kameras ohne Spiegel wirkt sich der Druck noch stärker aus – diese Kameras sind nämlich üblicherweise kleiner und leichter und reagieren damit nochmals empfindlicher auf die ausgeübte Kraft.

Verwenden Sie also entweder einen Fernauslöser oder, falls das nicht geht, eine Spiegelvorauslösung mit mindestens zwei Sekunden Verzögerung. Bei einigen Kameras finden Sie diese Funktion unter *Anti-Schock* – interessanterweise sogar bei Kameras ganz ohne Spiegel. Wenn Sie weder Spiegelvorauslösung noch Fernauslöser zur Verfügung haben, aktivieren Sie den Selbstauslöser mit einer möglichst kurzen Zeit. Auch damit können Sie die Kameraauslösung wirkungsvoll verzögern, bis sich die Schwingungen des Stativs gelegt haben.

Eine weitere Gefahr wartet ebenfalls am Auslöser: der Autofokus. Es gibt prinzipiell zwei Autofokusarten: den Kontrastautofokus und den Phasendetektionsautofokus. Manche Kameras haben beide eingebaut, manche nur jeweils einen. Beide AF-Versionen haben aber einen prinzipiellen Nachteil: Es kann passieren, dass Sie bei mehrmaligem Scharfstellen an unterschiedlichen Schärfepunkten landen. Der Unterschied kann so gering sein, dass Sie ihn am Display nicht sehen und erst später bei der Bildbearbeitung feststellen, dass da etwas nicht passt. Stellen Sie also bei Belichtungsreihen einmal scharf und schalten Sie dann den Autofokus ab. Haben Sie eine Kamera, die bei Belichtungsreihen im Serienmodus Schärfe und Belichtung speichert und auf alle Bilder anwendet, dann nutzen Sie diesen Komfort – soweit Ihr Stativ das erlaubt.

Fokus und Schärfentiefe

Das Fokusproblem führt uns direkt zum nächsten Punkt: der Schärfentiefe. Als Schärfentiefe wird der Bereich in einem Motiv bezeichnet, der auf dem Bild scharf abgebildet wird. Sie wird in Metern als Abstand von der Film- oder Sensorebene gemessen.

Faktoren für die Schärfentiefe

Die Schärfentiefe wird bestimmt durch folgende Faktoren: Blende, Abstand zum Motiv, Brennweite des Objektivs und Zerstreuungskreisdurchmesser. Während die ersten drei Parameter kein größeres Problem darstellen, ist der Zerstreuungskreisdurchmesser eine ausgesprochen diffizile Angelegenheit.

Rein physikalisch betrachtet, gibt es keine Schärfentiefe. Entweder ein Bild ist scharf, da genau fokussiert, oder der Brennpunkt liegt vor oder hinter dem Sensor. „Ein biss-

chen unscharf" stört aber nicht, da unser Auge, genau wie der Sensor, nur eine begrenzte Auflösung hat. Und wenn nun der Bildpunkt eben kein Punkt, sondern ein größerer Fleck ist, weil er unscharf ist, macht das gar nichts, solange der Fleck nicht in das Pixel oder in die Sehzelle daneben störend „hineinragt".
Aufgrund der Eigenschaften des Auges - Bildwinkel 50°, Auflösung 1 Winkelminute - wird der maximal zulässige Zerstreuungskreis bei 1/1500 der Bilddiagonalen gesehen.

Berechnen der Schärfentiefe

So weit ganz einfach. Das funktioniert auch wunderbar, solange man sich das Bild immer im Ganzen anschaut - also mit einem Betrachtungsabstand, der mindestens der Bilddiagonalen entspricht.
Problematisch wird es, wenn man, wie in diesem Fall, das Bild digital weiterverarbeiten will. Das Programm bearbeitet jedes Pixel, und wenn es unscharf ist, ist es dem Programm egal, ob man das im optimalen Betrachtungsabstand nun sieht oder nicht.

Allgemein gilt zur Berechnung der Schärfentiefe:

g = Entfernung zum Motiv ab Sensor; Gegenstandsweite

f = Brennweite

k = Blendenzahl

z = Zerstreuungskreisdurchmesser

Nahpunktformel:

$$gnah = (f^2 * g) / (f^2 + k * z * (g - f))$$

Fernpunktformel:

$$gfern = (f^2 * g) / (f^2 - k * z * (g - f))$$

Was dazwischenliegt, ist scharf.
Zu beachten dabei ist, dass der zulässige Zerstreuungskreisdurchmesser in diesem Fall nicht von der Sensordiagonalen abhängt, sondern vom Pixelabstand. Wird die „normale" Formel mit einem 1/1500 der Bilddiagonalen verwendet, besitzt das resultierende Bild eine Effektivauflösung von etwa 4 Megapixeln. Speziell bei HDR-Bildern ist aber genau das meist nicht gewünscht. Man möchte maximale Schärfe und Detailzeichnung erreichen, und genau dies ist nur dann möglich, wenn die Schärfentiefe korrekt berechnet wird.
Die folgende Tabelle listet für verschiedene Sensorgrößen und Auflösungen die zulässigen Zerstreuungskreisdurchmesser *z* auf:

SENSORGRÖSSE	MM	AUFLÖSUNG	Z IN MM	AUFLÖSUNG	Z IN MM	AUFLÖSUNG	Z IN MM
1/2,33"	6,1 x 4,6	6 MP	0,00432	10 MP	0,00335	14 MP	0,00283
1/1,7"	7,6 x 5,6	6 MP	0,00534	10 MP	0,00414	14 MP	0,0035
FourThirds	17,3 x 13	8 MP	0,01061	10 MP	0,00949	14 MP	0,00802
APS-C	22,4 x 14,9	10 MP	0,01157	14 MP	0,00977	18 MP	0,00862
APS-N (DX)	23,6 x 15,8	10 MP	0,01221	14 MP	0,01031	18 MP	0,0091
Kleinbild	36 x 24	12 MP	0,01697	18 MP	0,01386	24 MP	0,012

Alle diese Berechnungen gelten nur, wenn die Brennweite gegenüber dem Abstand zum Motiv klein ist. Bei Makros gelten andere Gesetze.

Die Zunahme der Unschärfe, also die Art, wie die Unschärfe nach dem Schärfebereich stärker wird, hängt übrigens von der Brennweite ab. Je größer die Brennweite, desto softer ist die Zunahme der Unschärfe. Aus diesem Grund ist die Unschärfezunahme besonders „schön" bei Mittelformataufnahmen, da hier die Brennweiten deutlich größer sind. Eine Mittelformatnormalbrennweite liegt bei 85 mm.

Elementar: die Hyperfokaldistanz

Elementar wichtig ist im Zusammenhang mit HDR-Bildern die Hyperfokaldistanz. Wenn auf diesen Punkt scharf gestellt wird, ist alles von der Hälfte der Distanz bis unendlich scharf. Die Formel dafür lautet:

$$gHyper = f^2 / k * z$$

Alle diese Berechnungen gelten nur, wenn die Brennweite gegenüber dem Abstand zum Motiv klein ist. Bei extremen Makros kann die Gegenstandsweite durchaus in die Nähe der Brennweite rücken. Dann wird aber normalerweise sowieso millimeterweise von Hand scharf gestellt.

SCHÄRFENTIEFE UND TIEFENSCHÄRFE

Die Schärfentiefe ist etwas anderes als die Tiefenschärfe. Während die Schärfentiefe exakt mess- und berechenbar ist, ist die Tiefenschärfe eine Bezeichnung für die Qualität des Bereichs vor und hinter dem Schärfebereich. Eine hohe Tiefenschärfe bedeutet, dass der Hintergrund des Motivs vergleichsweise scharf ist (wobei er eben nicht wirklich scharf, sondern nur nicht völlig unscharf ist), eine geringe Tiefenschärfe bedeutet, dass der Hintergrund sehr stark verschwimmt. Die Tiefenschärfe ist aus diesem Grund nicht exakt messbar, sondern ein recht schwammiger Begriff, ähnlich wie die Bewegungsunschärfe. Die Schärfentiefe zu reduzieren, ist nur eine Möglichkeit, eine kleinere Tiefenschärfe zu bekommen. Ein anderer Weg ist beispielsweise, den Hintergrund weiter vom Motiv entfernt zu wählen. Das reduziert nicht die Schärfentiefe, wohl aber die Tiefenschärfe.

Da man im Allgemeinen bei HDRs auf die Hyperfokaldistanz scharf stellt, finden Sie hier eine Tabelle mit Hyperfokaldistanzen zu verbreiteten Brennweiten und Sensoren. Verwendet werden dabei die tatsächlichen Brennweiten der Objektive und keine Äquivalenzbrennweiten. Um eine gewisse Vergleichbarkeit zu bieten, sind die jeweils für dieses Aufnahmeformat verfügbaren kleinsten Brennweiten, eine Normalbrennweite und ein Tele aufgeführt. Es fehlen die Fisheye-Objektive, die anders gerechnet werden.

HYPERFOKALDISTANZEN ZU VERBREITETEN BRENNWEITEN UND SENSOREN

Sensor	Abmessungen	Megapixel	Pixelabstand in mm	Brennweite/ Bildwinkel	Hyperfokaldistanz bei Blende 8 in m
Mittelformat	40,2 x 53,7	60	0,0050	28,9/95°	10,4
				292/13°	1.065
	36,8 x 49,1	50	0,0060	28,9/95°	8,7
				82,3/46°	70
				292/13°	888

HYPERFOKALDISTANZEN ZU VERBREITETEN BRENNWEITEN UND SENSOREN					
Sensor	**Abmessungen**	**Megapixel**	**Pixelabstand in mm**	**Brennweite/ Bildwinkel**	**Hyperfokaldistanz bei Blende 8 in m**
		39	0,0068	28,9/95°	7,7
				82,3/46°	62
				292/13°	783
Kleinbild	36 x 24	21,1	0,0064	14/114°	1,9
				300/8,2°	878
		12,1	0,0085	14/114°	1,4
				50/46°	18
				300/8,2°	661
APS-N (DX)	23,6 x 15,8	12,3	0,0055	10/109°	1,1
				300/5,4°	1.022
APS-C	22,4 x 14,9	18	0,0043	10/107,5°	1,4
				35/42°	17
				300/5,1°	1.308
		10	0,0057	10/107,5°	1,1
				35/42°	13,4
				300/5,1°	986
FT	17,3 x 13	12	0,0043	7/114°	0,7
				300/4,1°	1.308
		10	0,0047	7/114°	0,65
				25/46,8°	8,3
				300/4,1°	1.196
1/1,7"	7,6 x 5,6	14,7	0,0017	6,1/75,5°	1,4
				10/50,5°	3,7
				30,5/17,6°	34,2

Da der der Berechnung zugrunde liegende Zerstreuungskreisdurchmesser aus der Auflösung und der Sensordiagonalen berechnet wird, ist er mit einem gewissen Fehler behaftet, da Anordnung und Größe der lichtempfindlichen Pixel bei jedem Hersteller und auch bei fast jedem Sensor unterschiedlich sind. Die entsprechenden Werte dürfen deshalb nur als grobe Richtwerte angesehen werden. Für exakte Werte ist es sinnvoll, eigene Versuche anzustellen.

Wird die Blendenzahl verdoppelt, halbiert sich die Hyperfokaldistanz und umgekehrt.

Der kleinste aufgeführte Sensor steckt in Bridgekameras wie der Canon G10 oder der Fuji 6500fd. Viele Kompaktkameras haben noch viel kleinere Sensoren, bei denen die Schärfentiefe wesentlich größer ist. Ein HDR mit noch kleineren Sensoren wird aber schwieriger, da diese Kameras meist bereits im Bereich der Beugungsunschärfe arbeiten. Ein tatsächlich scharfes Bild, das für ein gutes HDR unentbehrlich ist, wird damit fast unmöglich.

Die durch die Kamerasoftware bei solchen Kameras oft künstlich erzeugte Schärfe durch eine Anhebung der Kantenkontraste sorgt bei der HDR-Erstellung für hässliche Artefakte. Zudem werden die Objektive mit abnehmender Sensordiagonalen im Allgemeinen schlechter. Die dadurch entstehenden Verzerrungen und Farbfehler werden ebenfalls digital beseitigt, und auch das macht sich in einer schlechteren Datenqualität der Bilder bemerkbar.

Prinzipiell können Sie natürlich auch HDR-Bilder mit großen Unschärfebereichen erstellen. Sie sollten dabei aber darauf achten, dass die Lichtquellen und Spitzlichter nicht in diesem Bereich landen. Ein HDR-Bokeh ist zwar interessant, aber nicht hübsch.

Bei diesem Bild liegen die Lichter im Unschärfebereich. Aus den Spitzlichtern sind schmutzige Flecken geworden, die Mängel des überkorrigierten Bokehs treten überdeutlich hervor, und auch die bunten Lichter sehen seltsam aus. Der Kontrastumfang liegt bei 17.000:1 – vor allem dank des schwarzen Metronoms im Vordergrund. Das Bild wurde mit Blende 3,5 und einer Brennweite von 316 mm (Kleinbild) gemacht.

Links das Ergebnis einer Belichtungsreihe mit durchgängig Blende 8, rechts dagegen das Ergebnis mit einer Belichtungsreihe von Blende 3,2 bis Blende 18.

Anhand dieses Motivs kann man auch gleich die Auswirkungen einer Belichtungssteuerung über die Blende sehen. Ein HDR dieses Motivs, bei dem die Belichtungsreihe durch ein schrittweises Schließen der Blende realisiert wurde, hat folgendes Ergebnis:
Die allgemeine Unschärfe entspricht der Unschärfe bei der größten Blende, also 3,2, aber jede einzelne Blende erzeugt einen weiteren Unschärfebereich, der bei der Überlagerung durch die HDR-Software scharfe Ränder bildet. Bei speziellen Bildideen kann der Effekt willkommen sein, im Normalfall ist er unerwünscht.

Beugungsunschärfe

Eine weitere Unschärfequelle wird oft unterschätzt: die Beugungsunschärfe. Lichtstrahlen werden an Kanten gebrochen oder auch „gebeugt" – sprich, sie werden durch die Kante abgelenkt und landen nicht mehr dort, wo sie laut Strahlensatz auftreffen sollten. Eine solche Kante ist der Rand der Blende. Je mehr Kante nun im Verhältnis zur Blendenöffnung vorhanden ist, desto stärker wirken sich diese gebeugten Lichtstrahlen auf das Bild aus. Die Strahlen treffen aber nicht nur den Rand des Bilds, sondern das gesamte Bild, das dadurch unschärfer wird.

Förderliche Blenden

Die Beugungsunschärfe nimmt also zu, wenn die Blendenöffnung kleiner wird. In diesem Fall nimmt jedoch auch die Schärfentiefe zu. Ab einem bestimmten Punkt wird aber der Zuwachs an Schärfentiefe durch die Zunahme der Beugungsunschärfe wieder aufgefressen, das Bild wird dann durch weiteres Abblenden nicht mehr schärfer, sondern unschärfer. Diesen Punkt nennt man die „förderliche Blende". Die förderliche Blende sinkt mit der Sensordiagonalen und der Auflösung des Sensors, da natürlich auch die gebeugten Lichtstrahlen einen Zerstreuungskreis bilden, der mit kleineren Pixelgrößen früher stört.

Soweit es sich um speziell für den Bildkreis des entsprechenden Sensors gerechnete Optiken handelt, liegen die förderlichen Blenden in etwa bei folgenden Werten (bei höheren Auflösungen liegen die entsprechenden Blendenzahlen darunter):

FÖRDERLICHE BLENDEN		
1/1,7"	12 MP	f/4,5
FT	12 MP	f/7
APS	12 MP	f/9
KB	12 MP	f/13
KB	24 MP	f/11
MF	40 MP	f/13

Man sollte die förderliche Blende aber nicht als absolute Grenze verstehen. Die Schärfentiefe nimmt auch mit höherer Blende zu, lediglich die Kernschärfe nimmt ab, also die Schärfe im Bereich der Schärfentiefe selbst. Der Bereich der Schärfentiefe selbst wird nach wie vor mit kleinerer Blende größer. Werden die Bilder nur im optimalen Betrachtungsabstand angeschaut (Abstand = Bilddiagonale), spielt die Beugungsunschärfe gegenüber den anderen Faktoren so gut wie keine Rolle.

Im Makrobereich hängt die förderliche Blende übrigens nur mit dem Abbildungsmaßstab zusammen – und zwar unabhängig von Sensorgröße und Auflösung des Sensors.

ABBILDUNGS-MASSSTAB	FÖRDERLICHE BLENDE
1:2	32
1:1	22
2:1	16
3:1	11
4:1	8
5:1	5,6

Die Beugung wirkt sich, wie bereits gesagt, auf das gesamte Bild gleichermaßen aus. Durch das Schließen der Blende kann der Schärfentiefebereich ausgedehnt werden, und dieser äußere Bereich wird auch tatsächlich deutlich schärfer. Der vorher scharfe, zentrale Fokusbereich wird jedoch unschärfer. Wenn also aus bestimmten Gründen ein maximaler Schärfebereich erzielt werden muss, führt an einer geschlossenen Blende kein Weg vorbei, auch wenn man dann Einbußen in der Endschärfe in Kauf nehmen muss.

Optische Qualität der Objektive

Selbstverständlich sollte sein, dass Sie die optische Qualität Ihrer Objektive im Auge haben. Dies betrifft nicht nur die Schärfeleistung der Objektive an sich, sondern auch eventuelle Vignettierungen. Abschattungen und Unschärfen in den Ecken werden durch HDR nicht gemindert, sondern verstärkt. Blenden Sie also lieber eine Blende ab, bevor Sie Objektivabbildungsfehler bekommen. Speziell bei Vignettierungen sollten Sie genau hinsehen. Wenn Sie HDR-Panoramen machen wollen, kann eine Serie vignettierender Bilder beim Stitchen für abgekaute Fingernägel sorgen.

Vorsicht, Bildstabilisatoren

Die vorletzte Quelle von Unschärfen können interne Stabilisatoren sein. Auch wenn das widersinnig klingt: Optische Stabilisatoren können auf einem Stativ dafür sorgen, dass das Kamera-Objektiv-System und das Stativ in Resonanz geraten und zu schwingen beginnen. Umgekehrt kann es auch passieren, dass leichte Stative schon durch einen zarten Windhauch unmerklich zu schwingen anfangen und dann ein interner Stabilisator das schlimmste Unheil verhindern kann. Prüfen Sie die von Ihnen verwendete Stativ-Kamera-Objektiv-Kombination daraufhin, ob und wenn ja, bei welcher Brennweite, ein Stabilisator notwendig ist oder eher stört. Wenn Sie durch den Stabilisator keine Verbesserung feststellen, lassen Sie ihn weg.

Achtung, Bodenschwingungen

Zu guter Letzt: Achten Sie auf Ihren Fußboden. Sobald Sie sich nicht auf wirklich massiven Betonplatten, gewachsenem Fels oder einer Asphaltdecke befinden, müssen Sie damit rechnen, dass der Boden anfängt zu schwingen, sobald Sie sich bewegen. Holz- und Turnhallenböden sind besonders schlimm. Da reicht schon das Verlagern des Gewichts auf den anderen Fuß, um das Stativ zu bewegen. Auch Brücken mögen stabil wirken, aber schon ein paar fest auftretende Fußgänger können die Brücke in feine Schwingungen versetzen, die Ihre Bilder ruinieren.

Licht und Weißabgleich

Nichts mit der Schärfe des HDR, sehr wohl aber mit der Farbe hat ein anderer Parameter zu tun: der Weißabgleich. Sichtbares Licht ist elektromagnetische Strahlung. Es enthält Strahlung mit Wellenlängen von 380 bis 780 nm (Nanometer). Dabei sind 380 nm die Grenze ins Ultraviolett und 780 nm die Grenze ins Infrarot.

Die Farbe des Lichts

Licht hat auch eine Farbe, die dadurch bestimmt wird, dass Teile der elektromagnetischen Wellen einen höheren Anteil am sichtbaren Licht haben als andere. Bei einem kontinuierlichen Spektrum, also einem Licht, das eigentlich alle Wellenlängen enthält, wird die Farbe des Lichts durch die Farbtemperatur beschrieben. Diese wird in Kelvin gemessen. Sie leitet sich davon her, dass ein idealer Körper – ein sogenannter schwarzer Strahler –, der alle absorbierte Energie in Strahlungsenergie umwandelt, bei einer Temperatur dieser Höhe dieses Spektrum abstrahlt. Daraus folgt, dass ein solcher idealer Körper bei 37 °C (Grad Celsius) = 309 Kelvin Licht einer Farbtemperatur von 309 Kelvin ausstrahlt. Diesen Effekt machen sich Infrarotkameras und Nachtsichtgeräte zunutze. Das menschliche Auge kann so langwelliges Licht aber nicht wahrnehmen. Die Sonne etwa hat eine Oberflächentemperatur von 5.800 Kelvin. Trotzdem wird auf der Erde der Tageslichtweißabgleich auf 5.300 Kelvin eingestellt. Warum?

Bei der Wanderung durch die Atmosphäre verliert die Strahlung der Sonne an Blauanteil und wird damit „röter". Dafür ist der Himmel blau. Je niedriger die Farbtemperatur, desto mehr wandert die Farbtemperatur ins Rot, je höher die Farbtemperatur, desto mehr Blauanteile. Da die Sonne je nach Tageszeit und Wetter unterschiedlich dicke Luftschichten durchdringen muss, ändert sich die Farbtemperatur des Tageslichts von 4.500 Kelvin am Morgen über 5.300 Kelvin am Mittag und 7.000 Kelvin im Schatten - bläulich, da ein Großteil des Lichts vom blauen Himmel kommt - bis zu 10.000 Kelvin nach Sonnenuntergang.

Im Wald kann das Licht durch das Blätterdach einen Grünstich haben, und eine Kerze hat gerade mal 1.500 Kelvin. Damit man nun nicht durch eine recht bunte Welt geht, gewöhnt sich das Auge extrem schnell an wechselnde Lichtspektren und führt eine Art internen Weißabgleich durch. In der Kamera muss dieser Weißabgleich auch durchgeführt werden. Das kann automatisch durch einen Extrasensor, durch einen manuellen Weißabgleich oder durch einen Sofortweißabgleich geschehen.

Dieser automatische Weißabgleich scheitert aber bei Motiven, die selbst bereits einen gewissen Farbstich haben: grüne Wiesen, Aufnahmen im Wald, Aufnahmen vor Sonnenaufgang. In solchen Fällen hilft bisweilen eines der vorhandenen Presets wie *Sonne*, *Bewölkt* oder *Schatten* weiter. Wenn auch damit kein korrekter Weißabgleich möglich ist, hilft nur noch ein manueller Sofortweißabgleich mittels weißer Fläche oder, besser, einer guten Graukarte, sofern die Kamera das anbietet.

Aber selbst das kann fehlschlagen, wenn die Lichtquelle kein kontinuierliches Spektrum hat, also die Herkunft der Lichtquelle nicht thermischer Natur ist, sondern nur bestimmte Wellenlängen ausgestrahlt werden. Die Quecksilberdampflampen, die zur Straßenbeleuchtung eingesetzt werden, emittieren lediglich wenige Spektren: 405 nm, 436 nm, 546 nm und 578 nm. Das ist ein blaugrünes Licht. Wenn jetzt ein Gegenstand zufälligerweise nur auf 420 nm Strahlung reflektiert und alle anderen Strahlen absorbiert, bleibt er bei dieser Beleuchtung dunkel. Ein Weißabgleich bei dieser Beleuchtung muss scheitern, da es schlicht kein Weiß gibt, weil der Rotanteil fehlt.

Damit nun die roten Autos und Verkehrsschilder auch farbig sichtbar werden, trägt man rote Leuchtstoffe auf die Kolben dieser Lampen auf. So kann man etwas sehen, von einer ausgewogenen Farbdarstellung ist man aber noch weit entfernt - einfach weil etwa die Hälfte des Spektrums immer noch fehlt.

Je nach Kamera gibt es unterschiedliche Vorgaben für den Leuchtstoffröhrenweißabgleich - z. B. für 4.000, 4.500 und 6.000 Kelvin. Diese Werte berücksichtigen, dass Leuchtstoffröhren kein kontinuierliches Spektrum haben, und versuchen, das auszugleichen. Es ist jedoch blanker Zufall, wenn diese Korrektur mit der Kennung der Leuchtstoffröhre übereinstimmt. Die Wahrscheinlichkeit, dass die Sache schiefgeht, ist wesentlich höher, als dass es klappt. Haben Sie Leuchtstoffröhren als Kunstlichtquelle, verwenden Sie entweder den automatischen Weißabgleich oder eine Graukarte.

Ein Problem stellen oft die voreingestellten Werte für den Blitzweißabgleich dar. Diese sind auf die Werte des eingebauten Blitzes eingestellt bzw. auf die Werte des Systemblitzes des Kameraherstellers. Werden Fremdblitze oder Studioblitze verwandt, können diese eine andere Farbtemperatur aufweisen. Wenn es auf Farbgenauigkeit ankommt, sollten Sie sich immer in der Betriebsanleitung des Blitzgeräts bzw. dem Beileger der Blitzbirne - bei Studiogeräten - darüber informieren, welche Farbtemperatur richtig ist. Berücksichtigen Sie dabei aber, dass Sie, solange Sie nicht im Freien blitzen, Reflexionen aus dem Raum erhalten, die die Farbe Ihres Lichts erheblich verändern können. Auch hier: Im Zweifelsfall hilft eine Graukarte.

Weißabgleich auf Graukarte

Eine Graukarte ist ein Karton oder eine graue Kunststoffkarte, die ein 18-%-Grau hat. Diese Graukarte wird auch für Belichtungsmessungen verwendet, da die Belichtungsmesser in Kameras die Lichtmessung genau auf diesen Wert ausrichten - genau aus diesem Grund erscheint das Foto einer weißen Wand immer unterbelichtet. Beim Weißabgleich auf die Graukarte erhält die Kamera folgende Anweisung:
„Stell deinen Weißabgleich so ein, dass diese Karte keinen Farbstich hat, Rot, Grün und Blau also zu gleichen Anteilen vorkommen."
Aus diesem Grund sind einfache weiße Papiere für einen korrekten Weißabgleich unbrauchbar. Diese enthalten bläuliche optische Aufheller. Wenn Sie sich keine Graukarte im Scheckkartenformat für die Fototasche leisten wollen oder gerade keine zur Hand ist, ist ein simples, weißes Blatt billiges Kopierpapier noch die beste Notlösung. Papiertaschentücher, Kaffeefilter, Klopapier, Plastiktüten oder gar weiße Bettlaken sind absolut ungeeignet. Alle diese Notbehelfe sind zu blau. Die oft empfohlenen Pringles-Chipsdosendeckel sind mittlerweile durchsichtig. Für eine gute Graukarte gibt es keine Alternative, für einen genaueren Farbabgleich, etwa im Studio, ist ein Scannertarget praktisch.

HDR-Dateien, die ja mit Fließkommaarithmetik arbeiten, können wesentlich genauer abgeglichen werden als etwa eine JPEG-Datei. Wenn die Kamera nicht über einen manuellen Weißabgleich verfügt, durch den man den Weißabgleich bereits vor der Aufnahme erledigen kann, ist es sinnvoll, ein gesondertes Bild des Motivs zu machen, bei dem man die Graukarte im Bild platziert.

Die Belichtung sollte so angepasst werden, dass die Graukarte wirklich grau abgebildet wird, und sie sollte auch deutlich erkennbar sein. Zum Schluss sollte man nicht vergessen, die Graukarte vom Ort der Aufnahme wieder mitzunehmen - einerseits natürlich aus Umweltschutzgründen und andererseits, weil eine zertifizierte Graukarte nicht ganz billig ist.

Eine weitere Lösung in diesem Bereich ist der Spyder Cube, ein grau-schwarz-weißer Würfel, der auf einer Seite ein Loch besitzt, mit dem man zuverlässig, auch im hellen Sonnenschein, einen Schwarzpunkt bekommt.

[i]

ZERTIFIZIERTE GRAUKARTE

Achten Sie darauf, dass die Graukarte, die Sie verwenden, auch zertifiziert ist. Im Offset gedruckte Graukarten sind oft auf leicht bläulichem Papier gedruckt und deshalb für einen exakten Weißabgleich unbrauchbar. Es ist dabei gar nicht so wesentlich, dass die Graukarte auch tatsächlich ein 18%iges Grau besitzt, für den Weißabgleich ist das sogar völlig uninteressant, es geht vor allem darum, dass die Karte absolut neutralgrau ist.

SPEZIELLE WEISSABGLEICHSFILTER

Falls Sie mehr Geld ausgeben wollen, können Sie sich auch einen speziellen Weißabgleichsfilter kaufen, der vor das Objektiv gehalten wird und dann einen fixen Grauwert produziert. Die Funktion ist exakt die gleiche wie bei der Graukarte, der Weißabgleichsfilter sieht aber deutlich „professioneller" aus.

Es versteht sich von selbst, dass man den einmal gefundenen Weißabgleich fixiert und sämtliche Bilder der Belichtung mit diesem Weißabgleich fotografiert. Ein „automatischer" Weißabgleich mag bei Mischlichtsituationen oft sehr sinnvoll sein, bei HDR-Belichtungsreihen ist er es nicht. Ein HDR kann noch besser als ein RAW farblich korrigiert werden – wenn man einen verlässlichen Referenzwert hat. Und den bietet entweder ein guter manueller Weißabgleich oder eben die Graukarte als Referenzwert im Bild.

Graukarte im Scheckkartenformat, deutlich als grau erkennbar und auch in ausreichender Größe.

Der Spyder Cube hat ein kleines Gewinde, durch das man den Würfel auch auf ein Gorilla-Pod oder ein ähnliches Taschenstativ platzieren und mitfotografieren kann.

FARBMANAGEMENT

Farbmanagement ist eines der komplexesten und aufwendigsten Themen in der digitalen Fotografie. Farbmanagement hat den Sinn, vom Motiv bis zum Druck eine korrekte Farbe zu erhalten. Für professionelle Druckdienstleister ist Farbmanagement überlebenswichtig, man stelle sich nur einmal vor, beim Druck hätte jeder Buchrücken eine etwas andere Farbe – der Verlag würde sich zu Recht bitter beschweren. Damit Farbmanagement funktioniert, muss die Farbe während sämtlicher Schritte der Verarbeitung verbindlich kontrolliert werden können. Da das auf dem Kameramonitor schon nicht mehr geht, müssen bereits bei der Aufnahme selbst Farbtargets und Graukeile mitfotografiert werden, damit später am Computer die RAW-Dateien entsprechend eingestellt werden können.

Spektrum und Farbraum

Sobald Sie nicht bei Tageslicht fotografieren, sondern bei Kunstlicht, sollten Sie sich auch mit dem Spektrum Ihrer Lichtquelle beschäftigen. Licht hat ja nicht nur eine Temperatur, sondern auch ein Spektrum. Tageslicht ist aus Wellenlängen des gesamten sichtbaren Spektrums zusammengesetzt. Gleiches gilt für Licht, das von glühenden Lichtquellen ausgestrahlt wird, also etwa Glühbirnen oder Halogenlampen.

Osram-Energiesparlampe. Kennzahl 827, also 80 % des Spektrums bei 2.700 Kelvin Farbtemperatur.

Chinesische „Fotolampen". Von Lampen ohne festgelegte Farbtemperatur und CRI ist für Fotozwecke abzuraten.

Bei Leuchtstoffröhren oder anderen Gasentladungslampen leuchtet nicht eine Metall- oder Kohlewendel, sondern ein Leuchtstoff, bei einer Natriumdampflampe beispielsweise Natriumdampf. Diese Lampen emittieren das bekannte gelbe Licht, das gern für die Beleuchtung von Fußgängerüberwegen eingesetzt wird. Andere Leuchtstoffe emittieren andere Spektren.

Um nun möglichst weißes Licht liefern zu können, werden diese Röhren mit zusätzlichen Leuchtstoffen versehen, die durch die ultraviolette Strahlung der Röhren selbst zum Leuchten angeregt werden. Je nach Aufwand, der bei diesen Leuchtstoffen getrieben wird, kann ein recht ordentliches Spektrum erreicht werden. Abgelesen werden kann die Güte des Spektrums durch den CRI, den Color Rendering Index, der auf den besseren Energiesparlampen und fast allen Leuchtstoffröhren aufgedruckt ist.

Vorsicht ist geboten bei sogenannten „Fotolampen". Diese werden oft mit einer Farbtemperatur „5000-5500 Kelvin" angegeben, der CRI ist meistens nicht einmal dem Hersteller bekannt. Diese Lampen machen hell - ein reproduzierbares Ergebnis geben sie nicht. Gerade bei diesen Lampen ist auf eine vollständige Kennzeichnung zu achten.

Eine mittlerweile ebenfalls recht verbreitete Lichttechnologie ist die LED. LEDs emittieren normalerweise einfarbiges Licht. Um eine weiße LED zu bauen, gibt es zwei Wege: einerseits eine rote, grüne und blaue LED zu kombinieren, was entsprechend deutlich im Spektrum zu sehen ist, oder, wie es bei hochwertigen Unterwasserlampen gemacht wird, eine blaue LED ähnlich wie eine Energiesparlampe mit einem Leuchtstoff - Phosphor - zu beschichten, der für den Rest des Spektrums zuständig ist. Damit sind derzeit CRIs bis zu 95 % möglich. Im Unterwasserbereich sind moderne LEDs die derzeit beste Lösung, an Land sind sie selbst simplen Blitzröhren unterlegen. Die einzige Ausnahme davon ist die Beleuchtung der Mona Lisa im Louvre, die mit einer geheim gehaltenen Mischung von sieben verschiedenfarbigen LEDs realisiert wird und einen CRI von 97 % erreicht.

Im Gegensatz zu LEDs emittieren Xenon-Blitzröhren auch ultraviolettes und infrarotes Licht. Prinzipbedingt ist das Spektrum allerdings nicht so gleichmäßig wie bei einer Glühbirne oder bei Tageslicht, sondern weist deutliche Peaks bei den Spektrallinien des Xenons auf. Im täglichen Betrieb ist aber das Spektrum von guten Aufsteckblitzen und Studioblitzanlagen farbtreu genug.

Die früher üblichen Nitratfotolampen, z. B. die Nitraphot von Osram, haben eine Farbtemperatur von 3.400 Kelvin und ein perfektes Spektrum. Leider werden sie mit Überspannung betrieben, um die höhere Farbtemperatur zu erreichen, und haben deshalb eine sternschnuppenhafte Lebensdauer von maximal 100 Stunden. Dazu sind für eine vernünftige Beleuchtung schnell 2 kW installierte Leistung notwendig - was für Saunatemperaturen vor der Lampe sorgt.

LED-Flächenstrahler von brightcast. Einer der wenigen Hersteller, die ausgesuchte LEDs verwenden und einen CRI für ihre Produkte angeben.

Reflexionen einer Osram Dulux EL, CRI 827. Es fehlen die Übergänge, die einzelnen Farben sind scharf abgegrenzt.

Spektrumstest mit einer CD

Der CRI wird meist mit einer dreistelligen Ziffer angegeben, von der die erste die Qualität des Spektrums angibt, die anderen beiden die Farbtemperatur. Speziallampen können bis zu 97 % des Spektrums erreichen. Allerdings haben Sie vor Ort selten die Möglichkeit, die Lichtqualität an den Lampenfassungen zu studieren. Für diese Fälle gibt es den Spektrumstest mit einer beliebigen CD. Anhand der Reflexionen auf der CD-Unterseite kann das Spektrum einer Lichtquelle überprüft werden.

Eine andere Methode, das Spektrum einer Lichtquelle zu überprüfen, sind sogenannte Spektralcolorfilter, die zu analogen Zeiten als Effektfilter verkauft wurden. Diese Filter besitzen eine sehr feine Beschichtung aus lichtbrechenden Kristallen und produzieren um starke Lichtquellen einen Kranz aus farbigen Reflexen, die sehr genau das Spektrum der Lichtquelle zeigen.

Die Frage nach dem zur Verfügung stehenden Spektrum ist nicht nur von akademi-

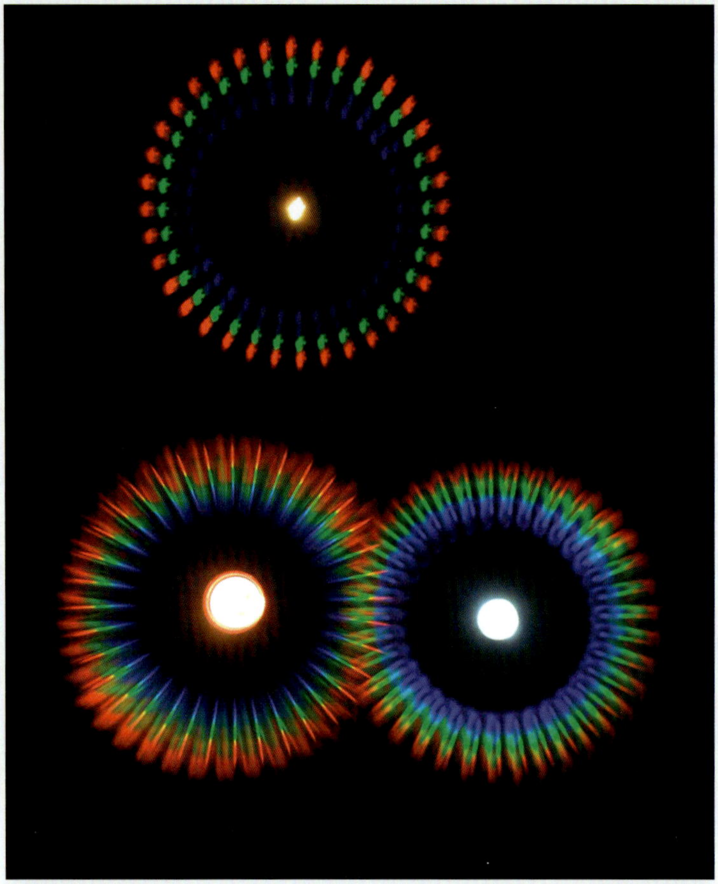

Oben: Energiesparlampe, links unten: Glühlampe, rechts unten: LED. Die unterschiedlichen Spektren sind deutlich erkennbar.

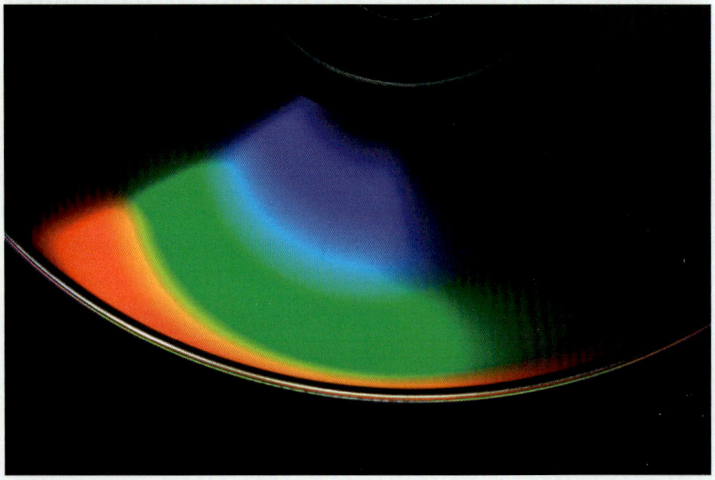

Reflexionen eines Metz 54MZ-4i.

schem Interesse. Liefert ein Beleuchtungskörper kein kontinuierliches Spektrum, werden Gegenstände, die Licht genau in einer der fehlenden Wellenlängen reflektieren, nicht als farbig wahrgenommen - und zwar weder vom Menschen noch vom Sensor der Kamera. Andere Gegenstände werden vielleicht farbig wahrgenommen, aber unter Umständen in einer falschen Farbe, da die für die „richtige" Farbe notwendige Wellenlänge nicht vorhanden ist.

Die verbreiteten Aufsteckblitze sind, was ein kontinuierliches Spektrum angeht, nicht viel besser als ein LED-Scheinwerfer. Hochwertige Studioblitzanlagen sind da deutlich farbtreuer. Obwohl die Blitzröhren, da sie Gasentladungslampen sind, prinzipbedingt kein vollständiges Spektrum emittieren, sind die Farbfehler hochwertiger Blitzanlagen in der Praxis zu vernachlässigen.

Die CD-Methode hat natürlich mit einer exakten Messung nichts zu tun, kann aber einen Anhaltspunkt liefern, ob in der aktuellen Situation mit Farbfehlern zu rechnen ist. Man wird natürlich nicht bei jedem HDR erst alle Lampen mit der CD überprüfen. Bei aufwendigen HDR-Innenraumpanoramen ist ein kurzer Check aber auf jeden Fall sinnvoll. Unter Umständen kann man ja die verbauten Energiesparlampen für das Foto durch Glühbirnen ersetzen oder verdeckt eine Blitzanlage aufbauen. Auch wenn man mittlerweile sehr viel nachträglich am Computer flicken kann: Wenn die Aufnahmen von Haus aus alle Licht- und Farbinformationen beinhalten, hat man es später leichter.

Bereits bei der HDR-Erstellung aus RAWs fragt Photomatix Pro nach, ob es in Adobe RGB oder sRGB konvertieren soll. Diese Frage sollte vor allem mit Blick auf die weitere Verwendung der Fotos entschieden werden.

Adobe RGB hat Vorteile, wenn Ihr kompletter Workflow auf diesen Farbraum zugeschnitten ist. Das erste Nadelöhr ist meistens bereits der Monitor: Sie benötigen einen Wide-Gamut-Monitor, der mindestens 95 % des Adobe RGB-Farbraums darstellen kann. Dann brauchen Sie eine Software, die durchgängig mit mindestens 16 Bit Farbtiefe arbeitet. Das freie Bearbeitungsprogramm GIMP beispielsweise kann das - noch - nicht. Und zum Schluss benötigen Sie ein Ausgabegerät, das ebenfalls mit Adobe RGB zurechtkommt. Viele Fotolabors scheiden hier bereits aus, weil sie nur sRGB verarbeiten. Nur dann, wenn wirklich alle Geräte der Kette mindestens mit Adobe RGB arbeiten können, ist Adobe RGB sinnvoll.

LESEZEICHEN

http://bit.ly/9nVcck
Wenn Sie Bilder digital an Personen weitergeben, die keine Adobe RGB-fähigen Monitore haben, ist sRGB die bessere Wahl. Mit dem hier angebotenen Monitortest können Sie zumindest feststellen, ob Ihre Kombination aus Monitor, Grafikkarte und Treiber das höhere Gamut von Adobe RGB überhaupt darstellen kann.

sRGB ist auch die bessere Wahl, wenn Sie mit JPEG-Dateien direkt aus der Kamera arbeiten. Alle Digitalkameras erzeugen intern 8-Bit-JPEGs. Diese haben maximal 2^24 verschiedene Farben. Egal ob in Adobe RGB oder sRGB - die Anzahl der darstellbaren Farben ist hier identisch. Was Adobe RGB im Grünbereich mehr darstellen kann, verliert es im Blaubereich, was nichts damit zu tun hat, dass Adobe RGB im Blaubereich eigentlich mehr Farben darstellen kann. Aber im 8-Bit-RGB stehen nicht ausreichend viele Farben zur Verfügung, um den größeren Farbraum auszunutzen.

Adobe RGB ist also erst dann überlegen, wenn 16-Bit-Farbdateien verarbeitet werden. Diese erzeugt aber die Kamera meist nicht. Sie müssen also die RAW-Dateien extern in einem 16-Bit-fähigen RAW-Konverter erst in entsprechende Dateien umwandeln, um überhaupt einen Nutzen aus Adobe RGB zu ziehen. Einige herstellereigene RAW-Konverter können zwar 16-Bit-TIFF schreiben, aber nur das unkomprimierte Format. Ein entsprechendes Bild hat dann bis zu 100 MByte.

i

PROPHOTO-FARBRAUM

Photomatix gibt noch einen dritten Farbraum an: Prophoto. Dieser ist nochmals größer als Adobe RGB und schließt den Farbraum von Offsetdruckmaschinen und hochwertigen Fine-Art-Druckern ein. Auch hochwertige Mittelformatrückteile und digitale Spiegelreflexkameras haben oft einen Farbraum, der deutlich über Adobe RGB hinausgeht. Werden Bilddaten also etwa in Werbeagenturen verarbeitet, ist Prophoto der richtige Farbraum. Allerdings ist dies nur sinnvoll, wenn sowohl Monitore als auch Grafikkarten, Treiber, Software und Druckerhardware über Prophoto-Profile verfügen.
Eine Weitergabe von Prophoto-Bilddaten an Webanwendungen, einfache Fotolabors oder Privatleute ist eher nicht anzuraten.
In diesem Fall müssen die Bilder unter hohen Verlusten wieder auf sRGB umgerechnet werden.

Auch bei der Weitergabe an ein Fotolabor kann es mit Adobe RGB klemmen. Die allermeisten Labors sind nicht auf Adobe RGB eingerichtet und konvertieren die angelieferten Adobe RGB in sRGB, womit sie das Schlechteste aus beiden Welten kombinieren: nämlich den Mangel an Blau auf Adobe RGB-Seite und den Mangel an Grün auf sRGB-Seite. Wenn man Pech hat, werden auch noch Falschfarben erzeugt. Nur wenige Labors können mit Adobe RGB umgehen.

Geben Sie übrigens grundsätzlich 8-Bit-Daten ab. Die Belichter verarbeiten auch nur 8-Bit-Daten, und jede Umwandlung von 16 Bit in 8 Bit ist mit Datenverlust verbunden. Da ist es besser, Sie können den Verlust selbst steuern, als dass der Verlust unkontrolliert im RIP (Raster Image Processor) des Belichters passiert.

Die beste Antwort auf die Frage „sRGB oder Adobe RGB" ist nach wie vor: „Wenn Sie diese Frage stellen, ist sRGB die richtige Antwort."

Wird aus sRGB-JPEGs ein HDR-Bild errechnet, wird natürlich auch das resultierende HDR ein sRGB-HDR sein – der sRGB-Farbraum ist ja kleiner.

Belichtungsparameter

Nachdem nun die technischen Voraussetzungen geklärt sind, kommt das schwierigste Kapitel der Belichtungsreihe: die Belichtungsparameter selbst. In den meisten Fällen werden Sie Ihr Motiv nicht mit dem Handbelichtungsmesser ausmessen, sondern den in Ihrer Kamera eingebauten Belichtungsmesser verwenden. Berücksichtigen Sie dabei, dass der Belichtungsmesser in der Kamera nicht etwa das Licht misst, das direkt am Objekt herrscht, sondern das reflektierte Licht, das vom Objekt im Objektiv der Kamera landet. Je nach Anzahl der Belichtungsmessfelder und Art der Belichtungsmessung kann das einen erheblichen Unterschied bedeuten.

Da beim HDR ja gerade nicht versucht wird, ein ausgewogenes Bild zu erreichen, sondern das Ziel die völlige Erfassung des Motivs ist, muss als Erstes die gesamte Dynamik des Motivs erfasst werden. Man benötigt also die Belichtungszeit, um die dunkelste im Motiv vorkommende Ecke korrekt zu belichten, und andererseits die Belichtungszeit für die hellste im Motiv vorkommende Stelle. Nun müssen aber diese beiden Extreme nicht identisch belichtet werden, es reicht, wenn die Zeichnung in den Schatten und in den Lichtern ausreichend ist.

Dazu müssen Sie sich wieder etwas mit Ihrer Kamera beschäftigen. Jeder Hersteller kocht im Hinblick auf die Durchzeichnung von Schatten und Lichtern sein eigenes Süppchen. Während etwa die Olympus E-1 sehr schnell ausgefressene Lichter bekam, aber in den Schatten verblüffenden Detailreichtum versteckte, haben viele Canon-Kameras extreme Reserven in den Lichtern, dafür ist dort in den dunklen Bereichen nicht mehr viel zu holen. Der Unterschied in dieser Charakteristik kann bis zu zwei Lichtwerte ausmachen. Es rentiert sich also, die eigene Kamera auf diesen Umstand zu untersuchen.

Sie benötigen dazu entweder den RAW-Konverter Ihres Kameraherstellers oder Adobe Photoshop mit Camera Raw. Da Photoshop bislang neben dem freien CinePaint, das nur auf Mac und Linux läuft, die einzige Software ist, die mit HDR-Dateien ernsthaft umgehen kann, kommen Sie um diese Software, so Sie unter Windows mit HDR-Dateien arbeiten wollen, sowieso nicht herum. Möchten Sie eine Kamera verwenden, die kein RAW-Formt anbietet, und müssen Sie deshalb den Test im 8-Bit-JPEG machen, ist das Verfahren ähnlich, nur dass die zur Verfügung stehende Reserve in den Lichtern gleich null ist.

Zuerst benötigen Sie ein RAW-Bild eines Motivs mit sehr hohem, aber kontinuierlich verlaufendem Kontrast, überstrahlten Lichtern und abgesoffenen Schatten. Ideal ist eine Sonnenuntergangsszene mit Wolken und davor befindlichen Schattenrissen.

Nun öffnen Sie das Bild im RAW-Konverter Ihrer Wahl und korrigieren zuerst die Belichtung so lange nach unten, bis in den Lichtern keine zusätzlichen Details mehr auftauchen. Bei der im Beispiel verwendeten Olympus E-3 ist das bei einer Belichtung von -0,75 Lichtwerten der Fall. Schwieriger ist die Beurteilung der Reserven in den Schatten. Es ist mit Adobe Camera Raw zwar möglich, die Belichtung bis zu vier Lichtwerte nach oben zu korrigieren, die ans Licht geholten Details zeigen aber erhebliches Rauschen - was auch verständlich ist, da selbst im 12-Bit-RAW die unteren Belichtungsstufen nur wenige Werte zur Verfügung haben.

Die Balance zwischen Rauschen und Detailverlust ist Geschmackssache und liegt im Auge des Betrachters. Aus diesem Grund differieren auch Dynamikwerte für Sensoren je nach Testmethode sehr stark. Es ist zu viel persönlicher Geschmack dabei, und auch das Testmotiv hat einen Einfluss darauf, ab wann der Rauschanteil das Bild unbrauchbar macht.

Da es in diesem Fall aber um HDR geht, das in Bezug auf Bildstörungen ziemlich gnadenlos ist, sollten eher enge Maßstäbe angelegt werden. Rauschen kann durch den *Details Enhancer* von Photomatix Pro so verstärkt werden, dass das resultierende HDR unbrauchbar wird. Auch wenn Photomatix Pro einen Noise-Filter eingebaut hat - es ist besser, die Datenbasis ist sauber, als dass sie im Nachhinein erst noch unter Verlust poliert werden muss.

Im obigen Beispielbild kann man die Belichtung um 1,2 Lichtwerte anheben, bevor in den Schatten ein störendes Rauschen erkennbar wird. Das RAW hat also einen um knapp 2 Lichtwerte höheren nutzbaren Bereich als das resultierende JPEG.

Belichtungsparameter ermitteln

Wenn Sie jetzt die Belichtungsparameter für die geplante Belichtungsreihe ermitteln wollen, müssen Sie zuerst den voraussicht-

Sonnenuntergang an der Festung Fredriksten. Das Bild ist zur Beurteilung der RAW-Reserven nicht optimal, sieht aber gut aus.

lich dunkelsten Punkt des Bilds suchen und anmessen. Dazu stellen Sie die Belichtungsmessung Ihrer Kamera auf Spotmessung und visieren diesen Punkt an. Die Spotmessung macht aus dem dunkelsten Punkt des Bilds ein „18-%-Grau", was natürlich viel zu hell ist.

Sie können also den ermittelten Belichtungswert getrost nach unten korrigieren. Das 18-%-Grau entspricht auf dem Histogramm dem Beginn des oberen Drittels, und entsprechend können Sie die Belichtung ohne Probleme drei Lichtwerte nach unten korrigieren, ohne dass Sie Angst haben müssen, dass dunkle Ecken absaufen. Sie sollten dabei allerdings darauf achten, dass Sie auch wirklich die dunkelste Stelle ausgemessen haben.

Jenseits der drei Lichtwerte bleiben Ihnen nur noch die ausgemessenen 1,2 Lichtwerte Reserve. Wenn Sie im Zweifel sind, machen Sie ein Probebild nur dieser Stelle und überprüfen das Bild am Display unter Zuhilfenahme des hoffentlich vorhandenen Histogramms der Kamera. Wenn Sie wirklich die dunkelste Stelle erwischt haben, sollte das linke Drittel des Histogramms keine Werte mehr enthalten.

Falls Sie den Luxus eines RGB-Histogramms haben, kann es sein, dass Sie im blauen Bereich noch Werte haben, in den anderen Bereichen aber nicht mehr. Das ist normal, da in Schattenbereichen das Licht bläulicher ist – es handelt sich um Streulicht vom blauen Himmel und nicht um direktes Sonnenlicht.

Angenommen, Sie haben beim Anmessen der dunkelsten Stelle einen Belichtungswert von 1/8 bei Blende 8 ermittelt, dann wäre der erste Belichtungswert für Ihre Reihe demzufolge 1/30 Sekunde.

Auch die hellste Stelle wird mit Spotmessung ausgemessen. Dieser Wert sollte jedoch maximal um einen Lichtwert überschritten werden, es sei denn, Sie haben festgestellt, dass Ihre Kamera in den Lichtern noch Reserven von mehr als einem Lichtwert hat. Im Normalfall sollte bei einem Spotmesswert von 1/4000 bei Blende 8 die kürzeste Belichtungszeit nicht länger als 1/2000 werden. Diese Werte hängen nicht nur von der Charakteristik des Sensors, sondern auch von der Charakteristik der Spotbelichtungsmessung ab. Da das von Hersteller zu Hersteller und auch von Kamera zu Kamera differiert, führt kein Weg an einem eigenen Ausmessen der Kamera vorbei.

Der brachiale Weg, nämlich einfach so viele unterschiedliche Aufnahmen zu machen,

EV-WERTETABELLE

	4	2	1	1/2	1/4	1/8	1/15	1/30	1/60	1/125	1/250	1/500	1/1000	1/2000
f/22	7	8	9	10	11	12	13	14	15	16	17	18	19	20
f/16	6	7	8	9	10	11	12	13	14	15	16	17	18	19
f/11	5	6	7	8	9	10	11	12	13	14	15	16	17	18
f/8	4	5	6	7	8	9	10	11	12	13	14	15	16	17
f/5,6	3	4	5	6	7	8	9	10	11	12	13	14	15	16
f/4	2	3	4	5	6	7	8	9	10	11	12	13	14	15
f/2,8	1	2	3	4	5	6	7	8	9	10	11	12	13	14
f/2,0	0	1	2	3	4	5	6	7	8	9	10	11	12	13
f/1,4	-1	0	1	2	3	4	5	6	7	8	9	10	11	12

wie auf die Speicherkarte passen, funktioniert nur in Ausnahmefällen. Es fängt bereits damit an, dass Ihre Kamera unter Umständen bereits mit einer Belichtungszeit unterhalb von 1/500 Sekunde überfordert ist und Sie deshalb am oberen Ende sehr schnell ein Problem bekommen.

Kameras mit Zentralverschluss, wie die der Hasselblad H-Serie, können nur 1/800 Sekunde oder länger, bei Kompaktkameras ist meistens bei 1/1600 Sekunde Schluss, Bridge- und Amateur-DLSRs kommen bis 1/4000 Sekunde. Nur Profi-DSLRs erreichen 1/8000 Sekunde. Genauso können auch sehr lange Belichtungszeiten zum Problem werden, etwa wenn Sie in einer Kirche fotografieren und andere Besucher ins Bild laufen. Durch eine genaue Messung und Planung können Sie die kritische Stativphase auf ein Minimum verkürzen.

Ausgehend von der dunkelsten Stelle wird die Belichtungsreihe nun in jeweils zwei Lichtwerten Abstand bis zur hellsten Stelle durchgeführt. Wenn die Abstände nicht aufgehen, verschieben Sie den Beginn der Reihe im Dunkeln, falls möglich, nach unten. Das ist oft nicht machbar, da eine Verschiebung der Belichtung um einen Lichtwert eine Verdopplung der Belichtungszeit bedeutet und eine Belichtungszeit von 40 Sekunden vor Ort schwierig werden kann. In diesen Fällen kann man am oberen Ende noch etwas zugeben.

Eine Selbstverständlichkeit bei Belichtungszeiten über einer Sekunde sollte ein nachgeschalteter „Dark Frame" sein. Durch diese Funktion wird nach dem eigentlichen Bild in der Kamera ein zweites Bild mit geschlossenem Verschluss gemacht, wodurch die Kamera Störungen durch erhitzte Pixel aus dem Original herausrechnen kann. Hierdurch verdoppelt sich die Zeit, die die Kamera für ein Bild braucht, und auch dieser Umstand sollte in die Planung einbezogen werden. Das Vorgehen bei einer Belichtungsreihe kann man in folgender Checkliste zusammenfassen:

CHECKLISTE: BELICHTUNGSREIHE ERSTELLEN	
1	Ausreichend Akkukapazität vorhanden?
2	RAW-Format - falls vorhanden - eingeschaltet?
3	Manueller Weißabgleich vorgenommen?
4	Dunkelste und hellste Stellen ausgemessen?
5	Falls nötig, Dark Frame eingeschaltet?
6	Hyperfokaldistanz für Brennweite ermittelt und eingestellt? Autofokus ausgeschaltet?
7	Internen Stabilisator korrekt eingestellt?
8	Sämtliche Schrauben an Stativ und Stativkopf fest?
9	Spiegelvorauslösung oder Selbstauslöser eingestellt?

Und jetzt kann fotografiert werden.

Lichtmessung mit Handbelichtungsmesser

Ein Handbelichtungsmesser wird von vielen Fotografen immer noch verwendet. Nur mit einem Handbelichtungsmesser mit weißer Kugelkalotte kann man eine Lichtmessung durchführen. Dabei wird nicht etwa das vom Motiv reflektierte Licht gemessen, wie bei der TTL-Belichtungsmessung, die eine Objektmessung ist, sondern das auf das Motiv gerichtete Licht. Man stellt sich dabei mit dem Belichtungsmesser ins Motiv und richtet den Belichtungsmesser auf die Lichtquelle mit einer leichten Neigung zur Kamera.

Der Vorteil der Lichtmessung liegt darin, dass der Belichtungsmesser nicht durch den Reflexionsgrad des Motivs irritiert wird. Der klassische Pianist im schwarzen Anzug schluckt sehr viel Licht - wird nun das Bild gemäß Objektmessung belichtet, ist das Ganze bis zu zwei Blenden zu hell. Die

Lichtmessung bringt dagegen den korrekten Lichtwert und damit auch eine korrekte Belichtung, da belichtet wird, als bestünde das Motiv nur aus neutralgrauen 18-%-Reflektoren.

Durch die Lichtmessung erreicht man in fast allen Fällen auf Anhieb korrekte Belichtungswerte. Besitzt man keinen Belichtungsmesser, will die Vorteile der Lichtmessung aber dennoch nutzen, benötigt man einen großen, 18%ig neutralgrauen Karton. Diesen muss dann im Motiv jemand entsprechend so halten, dass er das Licht der Lichtquelle in Ihr Objektiv reflektiert, wo Sie es dann mit Spotmessung ausmessen können.

Belichtungsreihen aus der Hand

Bisweilen hat man aber kein Stativ dabei und ist gezwungen, Belichtungsreihen aus der Hand durchzuführen. Dann ist man auf die Belichtungsreihen angewiesen, die einem die Kamera anbietet. Höhere Blendenzahlen und längere Belichtungszeiten schon bei der normalen Belichtung sind dann natürlich tabu. Die Alternative, kurzerhand zu höheren Empfindlichkeiten zu greifen, also die ISO-Werte hochzudrehen, ist nur bei wenigen Kameras, die ein extrem geringes Rauschen aufweisen, zu vertreten.

Auf jeden Fall sollten Sie Ihre Kamera auf Serienbildmodus und höchste Geschwindigkeit stellen. Die meisten besseren Kameras stoppen den Serienbildmodus automatisch, sobald die Belichtungsreihe fertig ist. Durch die hohe Geschwindigkeit haben Sie eine gute Chance, die Verwacklungen in so engen Grenzen zu halten, dass das HDR-Programm die Unterschiede ausgleichen kann. Beachten Sie noch folgende Tipps (siehe links).

Ein Fotograf kann sich auch mal in der Horizontalen befinden – was übrigens eine exzellente Schussposition ist –, ohne sich etwas zu vergeben.

Es versteht sich von selbst, dass Koffein, Nikotin, Alkohol und andere Drogen dem Bildergebnis unter Umständen abträglich sein können.

CHECKLISTE: BELICHTUNGSREIHEN AUS DER HAND

1 Suchen Sie sich einen Platz, an dem Sie Ellbogenfreiheit haben, oder lehnen Sie sich an eine Wand oder Säule an.

2 Suchen Sie sich einen festen Stand, stellen Sie sich breitbeinig hin – die Füße auf Schulterbreite – und machen Sie sich bewusst, dass Sie jetzt sicher stehen. Stellen Sie sich selbst als fest verwurzelt vor.

3 Atmen Sie ruhig, nehmen Sie sich Zeit.

4 Bleiben Sie locker, und wenn Sie merken, dass Sie verkrampfen: Kamera absetzen, durchatmen, lockern.

5 Je schwerer Kamera und Objektiv sind, desto besser. Wenn Sie irgendwelche Anbauteile haben (Blitz, Blitzschiene, Batteriegriff), dranbauen. Je schwerer, desto ruhiger.

6 Ermitteln Sie, wo der Schwerpunkt der Konstruktion ist. Der Schwerpunkt sollte zwischen Ihren beiden Händen liegen. Wenn Sie die Kamera direkt im Schwerpunkt unterstützen, reicht bereits ein kleines Zucken der zweiten Hand, und die Kamera ist verrissen.

7 Halten Sie die Kamera so nah am Körper wie möglich. Mindestens einer der beiden Arme sollte sich mit dem Ellbogen am Körper abstützen, noch besser ist, wenn Sie sich mit beiden Oberarmen abstützen.

8 Wenn Sie es können, öffnen Sie vor dem Schuss beide Augen, dadurch entspannen Sie Ihr Gesicht und damit auch sich selbst.

9 Vor dem Auslösen ausatmen. Drücken Sie den Auslöser langsam und in einer gleichmäßigen Bewegung durch. Erst wenn die Serie fertig ist, langsam die Kamera senken. Idealerweise sollten Sie noch eine halbe Sekunde nach dem Auslösen das Motiv anvisieren. Sie vermeiden dadurch, dass sich Ihre Muskeln bereits auf das Absetzen der Kamera vorbereiten.

10 Wenn Sie tiefer gehen müssen, knien Sie sich hin. Die Hocke dagegen ist ebenso wie eine nach vorn übergebeugte Haltung instabil. Entweder Sie haben bereits Räuberklamotten an, die dreckig werden dürfen, oder Sie haben eine Plastiktüte in der Fotografentasche – die übrigens auch sehr nützlich ist, wenn Sie mal ein Model im langen weißen Kleid in eine Wiese setzen wollen.

Etikettenschwindel: ISO-Bracketing

Manche Kameras haben ein nettes Feature, das sich ISO-Bracketing nennt und mit einer einzigen Auslösung drei Bilder im Abstand von jeweils einer Blendenstufe macht. Dabei wird das erste Bild mit ISO 200, das zweite mit ISO 100 und das dritte mit ISO 400 erzeugt. Leider ist das schlicht Etikettenschwindel. Tatsächlich wird der Sensor nur einmal belichtet, und aus diesem RAW werden lediglich drei verschiedene JPEGs entwickelt. Der Dynamikumfang der drei JPEGs ist allerdings tatsächlich größer als das einzelne ISO 200-JPEG. Insgesamt aber ist der Dynamikumfang nicht größer als das zugrunde liegende RAW.

Oft werden ISO-Belichtungsreihen als die ultimative Waffe bei bewegten Motiven angesehen – ein Irrtum. Wenn Sie ein bewegtes Motiv haben, können Sie lediglich ein einzelnes RAW schießen und dann versuchen, ein Pseudo-HDR daraus zu erzeugen. Eine ISO-Belichtungsreihe belegt einfach nur mehr Speicherplatz – sonst nichts.

BESCHRÄNKTER DYNAMIKUMFANG

Der durch eine Freihandbelichtungsreihe abbildbare Dynamikumfang ist selbst bei optimalen Bedingungen – sehr viel Licht, schneller, gut konfigurierbarer Kamera, extrem kurzen Verschlusszeiten, idealer Schussposition – auf 16 Lichtwerte beschränkt, meistens gehen nicht mehr als 12 echte Lichtwerte, der Ausschuss ist erheblich. Machen Sie sicherheitshalber mehrere Belichtungsreihen.

3

HDR-KONVERTIERUNG

3

HDR-Konvertierung

[3] HDR-Konvertierung

▲ *Extrem übertriebenes Tone Mapping eines Bildes vom Jøckelfjord, Nord-Norwegen. Als Grundlage diente ein einzelnes RAW-Bild, das eigentlich bereits den gesamten Kontrastumfang abbildete.*

Für die Erstellung von HDR-Dateien gibt es mittlerweile eine unübersehbare Anzahl von Programmen. Das sind nahezu alle großen Bildbearbeitungsprogramme sowie dutzendweise Freewareprogramme und spezialisierte, kommerzielle Software. In diesem Buch stellen wir die HDR-Konvertierung mit der führenden HDR-Software Photomatix Pro 4 vor. Des Weiteren lernen Sie die neuen HDR-Funktionen von Adobe Photoshop CS5 kennen und einzusetzen.

Grundlegende Vorgehensweise

Um ein HDR-Bild zu erzeugen, benötigt man als Erstes ein Bild, das in das HDR-Format umgewandelt wird. Ein einfaches RAW ist für den Zweck ausreichend, einige prinzipielle Vorgehensweisen sind daran schon deutlich zu machen.

In der Vorgängerversion von Photomatix Pro 4 wurde das RAW noch angezeigt, ohne dass eine Gammakorrektur vorgenommen wur-

Der Jøckelfjord in Nordnorwegen – JPEG-Bild direkt aus der Kamera. Die dazugehörige RAW-Datei kann direkt in Photomatix Pro 4 eingelesen werden.

de, und das dabei produzierte HDR konnte gespeichert werden. In Photomatix Pro 4 wird das Bild nun korrekt entwickelt und gammakorrigiert, dafür fällt das Zwischenergebnis weg. Das Bild kann aber nun trotzdem mit den Werkzeugen von Photomatix Pro bearbeitet werden. Obwohl Photomatix intern hier mit 32-Bit-Fließkomma rechnet, ist das Bild selbst ein LDR-Bild. Natürlich sind *Fusion*-Werkzeuge für ein einzelnes Bild nicht zugänglich.

Durch die teilweise Kontrastumkehr wird lediglich die Dramatik im Bild verstärkt und ein impressionistischer Effekt erzielt.

Ein Sonnenuntergang mit dramatischen Wolken, mehrfach mit **Tone Compressor** *behandelt. Aus einer simplen Wiese mit ein paar Wolken kann so mit wenigen Mausklicks eine Landschaft von einem anderen Stern werden.*

Interessant ist aber die Möglichkeit, den *Tone Mapping*-Prozess mehrfach anzuwenden. Die dabei erzielbaren Ergebnisse sind im wahrsten Sinn des Wortes „künstlerisch", mit der Realität haben sie nichts mehr zu tun. Das Mehrfach-Mapping wird einfach gestartet, indem das gemappte Bild nicht geschlossen, sondern nochmals der *Tone Mapping*-Dialog aufgerufen wird.

Photomatix Pro: Details Enhancer

Photomatix Pro bietet zwei Möglichkeiten, das HDR in ein LDR umzuwandeln: den *Details Enhancer* und den *Tone Compressor*. Der *Details Enhancer* berücksichtigt für jeden Bildpunkt die Umgebung und verstärkt den lokalen Kontrast. Der Effekt ist ein scheinbar überschärftes Bild (Bildschärfe ist Kantenkontrast) mit knalligen Farben. Besser gesagt, der Effekt kann so sein, muss aber nicht. Der *Details Enhancer* kann nämlich sehr genau eingestellt werden, sodass mit der Prozedur auch sehr natürliche Bilder möglich sind.

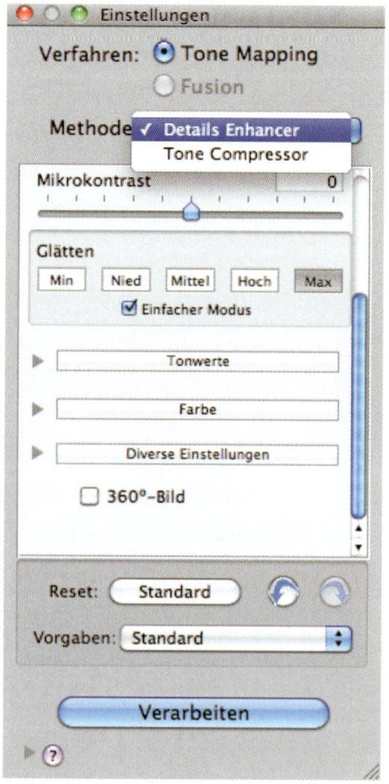

Aufruf des **Details Enhancer** *im* **Einstellungen**-*Dialog.*

Der Kontrastumfang liegt bei 767:1, also knapp 10 Blenden. Nach dem Tone Mapping mit dem **Details Enhancer** *wirkt das Bild völlig natürlich.*

Ein Gegenbeispiel zeigt das Bild eines Händchen haltenden Paares im Gegenlicht. Das Motiv wurde aus der Hand aufgenommen, und anschließend wurde das Bild aus zwei Aufnahmen einer Belichtungsserie zusammengesetzt. Moderne Kameras können eine solche Szene aufgrund weiterentwickelter Sensoren und Bildprozessoren bereits out-of-Cam liefern, ältere Kameras benötigen dafür eine Belichtungsreihe.

Photomatix Pro: Tone Compressor

Die andere Möglichkeit des Tone Mapping bietet der *Tone Compressor*, der einfach den vorhandenen Kontrastumfang in das 8-Bit-JPEG hineinpresst. Werden natürlich wirkende Bilder gewünscht, ist der *Tone Compressor* überlegen, solange der Kontrastumfang nicht zu hoch wird. Ab einer Dynamik von etwa 16 Lichtwerten kann der *Tone Compressor* die Helligkeitsstufen nicht mehr in dem begrenzten 8-Bit-Raum unterbringen, es kommt zu Farbfehlern.

Leider gibt es nur bei der Box-Version von Photomatix Pro ein brauchbares Handbuch – das prinzipbedingt der aktuellen Version immer hinterherhinkt. Da es sich empfiehlt, von Photomatix Pro stets die neueste Version zu verwenden, und diese immer zuerst auf Englisch veröffentlicht wird, werden Ihnen im Folgenden die wichtigsten Regler samt ihrer Bedeutung und einigen kleinen Beispielen vorgestellt.

Als Beispielbild für die Wirkung der Regler von *Details Enhancer* und *Tone Compressor* wird im Folgenden ein Sonnenuntergangsbild vom Stockholmer Hafen verwendet. Motiv ist der Regenbogen von Carl Milles oder auch „Gud Fader på Himmelsbågen", also Gottvater auf dem Himmelsbogen, der vom Engel Gabriel die Sterne zur Montage zugereicht bekommt. Dem HDR zugrunde liegen vier Bilder mit Belichtungszeiten zwischen 1/50 und 1/1,3 Sekunde, ISO 100 und Äquivalenzbrennweite 22 mm, Blende 8.

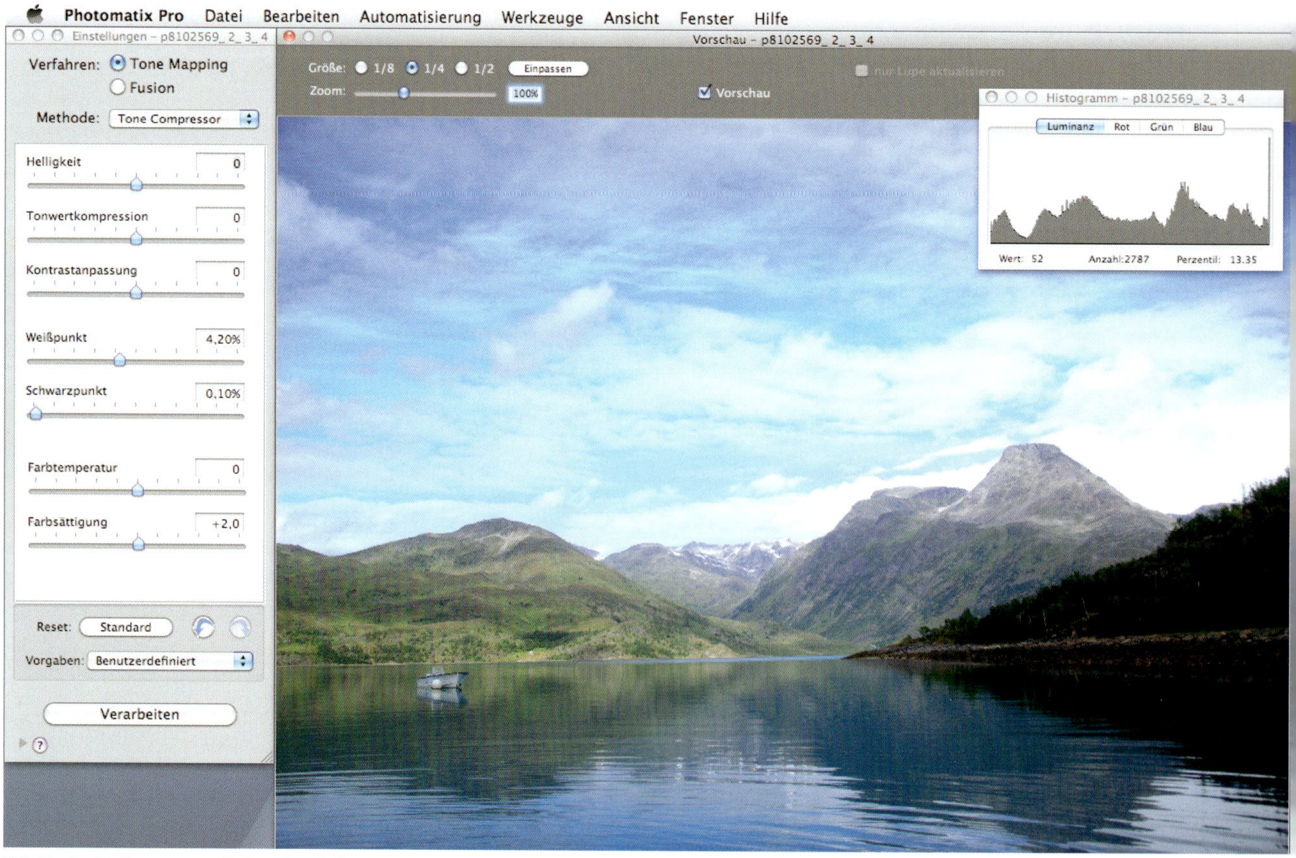

Die ***Farbsättigung*** *wurde bei der Gelegenheit gleich etwas angehoben, alle anderen Regler stehen auf unkritischen Positionen.*

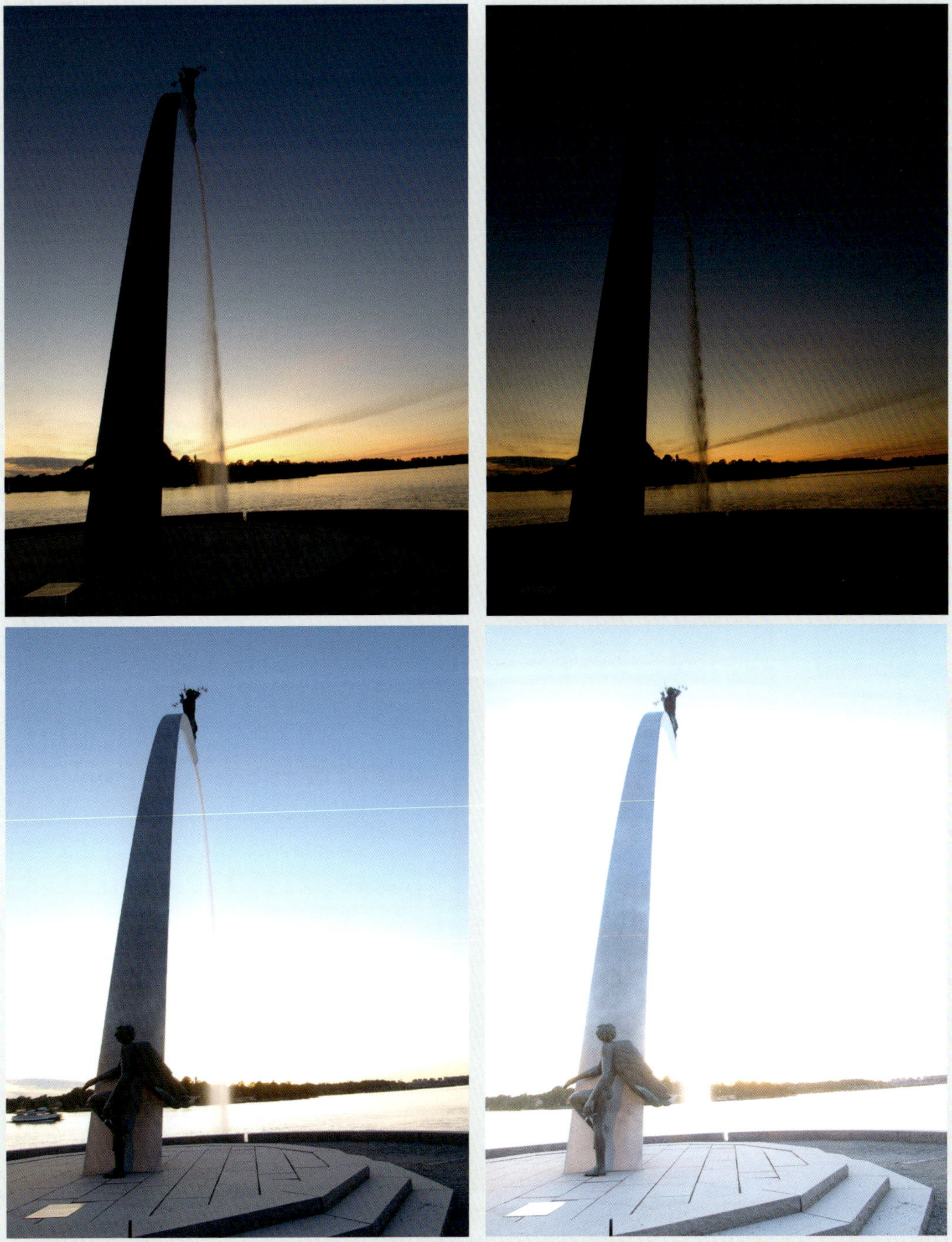

Die Bilder liegen als JPEGs und gleichzeitig aufgenommene 12-Bit-RAW-Dateien vor. Das Motiv ist der Albtraum eines HDR-Motivs ohne Menschen. Meer, Wolken und das Wasser des Bogens bewegen sich, zudem herrscht an dieser Stelle sehr starker Schiffsverkehr. Dabei handelt es sich nicht nur um große Kreuzfahrtschiffe, sondern auch um viele Fähren und extrem schnelle Sportboote. Prompt ist auf Bild 3 links eine der Fähren ins Bild gefahren. Photomatix Pro muss damit also nicht nur das Wasser, sondern auch die Fähre in den Griff bekommen.

Zur Veranschaulichung zwei Bilder eines Fensters am Bahnhof in Hamburg aus der Panasonic G2 mit 14-140-Objektiv. Das obere JPEG stammt direkt aus der Kamera, das untere aus dem Picasa-RAW-Konverter. Abgesehen von einem deutlich dunkleren Bildeindruck fällt vor allem die heftige Tonnenverzerrung des Objektivs auf, die im Original-JPEG bereits weitgehend herausgerechnet wurde. In so einem Fall wäre das JPEG auf jeden Fall die bessere Wahl. Eine nachträgliche Entzerrung des HDR würde schlechtere Ergebnisse liefern.

Formatfrage: RAW oder JPEG?

Solange RAW-Dateien zur Verfügung stehen, sind diese natürlich immer die bessere Wahl. Die Daten eines RAW sind prinzipiell für die Erstellung eines HDR besser geeignet. Das liegt daran, dass JPEGs prinzipbedingt Artefakte enthalten, die zwar optisch nicht auffallen, wenn die Kompression gering genug ist, aber die Datenqualität trotzdem mindern. Zudem wurde ja bereits bei der Entwicklung des RAW zum JPEG ein Teil der Originaldaten zwangsläufig abgeschnitten, der dann natürlich für das HDR nicht mehr zur Verfügung steht.
Auch das von einigen Kameras gelieferte TIFF ist, obwohl es keine Artefakte enthält, nicht so gut geeignet, da es sich bei TIFFs um gammakorrigierte Daten handelt und Photomatix Pro aus diesen Daten erst die eigentlich benötigten linearen Daten zurückrechnen muss.

Prüfen der Korrekturdaten

Einige Kameras entzerren mittlerweile ihre Motive digital. Was sehr harmlos klingt, birgt erheblichen Sprengstoff: Die von diesen Kameras gelieferten RAW-Dateien enthalten keine Korrekturen der Objektivfehler. Solche Korrekturen beschränken sich längst nicht mehr nur auf eine Anhebung des mangelhaften Eckenkontrasts oder eine Vignettierungskorrektur. Mittlerweile werden von Kameras auch starke Tonnenverzerrungen korrigiert und Farbfehler herausgerechnet. All diese Fehler sind aber im RAW noch enthalten und können ohne die herstellerspezifischen Korrekturdaten nicht sauber entfernt werden.
Es ist also dringend anzuraten, sich einmal die RAWs und JPEGs aus der verwendeten Kamera im direkten Vergleich anzusehen – und zu diesem Zweck nicht etwa den herstellereigenen RAW-Konverter zu verwenden, der diese Korrekturdaten eingebaut hat, son-

dern einen freien RAW-Konverter wie RAW-Therapee. Auch die großen RAW-Konverter wie Photoshop Lightroom oder Apple Aperture werden von den Herstellern mit Korrekturdaten versorgt, nicht aber die Hersteller von HDR-Software wie Photomatix Pro. Diese verwenden meistens Programmbibliotheken freier Konverter oder eigene Routinen.

Pro JPEG: Pseudo-HDR

Es gibt einen zweiten Fall, bei dem JPEGs dem RAW-Format überlegen sind. Dieser betrifft Pseudo-HDRs, die lediglich aus einem RAW erzeugt werden. Im RAW-Konverter des Kameraherstellers ist es möglich, aus einem RAW mehrere unterschiedlich belichtete JPEGs zu entwickeln. Je nach Motiv sind bis zu zwei Blendenstufen Belichtungskorrektur möglich. Werden aus diesem RAW nun drei JPEGs entwickelt, jeweils in mindestens einer Blendenstufe Abstand, und diese in Photomatix Pro zu einem HDR zusammengerechnet, hat das resultierende HDR in den meisten Fällen einen größeren nutzbaren Tonwertumfang. Die Unterschiede sind deutlich sichtbar.

Das Beispiel zeigt die Aufnahme eines Brunnens in Lagaholm. Die Aufnahme der schwarzen Figuren gegen den blauen Himmel brachte „abgesoffene" Silhouetten und ein relativ konturloses Himmelsblau. Durch ein Pseudo-HDR konnten die Strukturen der Figuren herausgeholt werden. Parallel wurde nun ein HDR direkt aus einem RAW und aus dem identischen RAW drei JPEGs mit jeweils 1,5 EV (Lichtwerten) Abstand entwickelt. Diese wurden anschließend in Photomatix Pro zu einem HDR verrechnet.

Um den Unterschied im Ergebnis der beiden Verfahren zu zeigen, wurde ein Detail weitgehend aufgehellt. Während das aus den JPEGs entwickelte Bild an Kopf und Arm noch in allen Details Zeichnung zeigt, ist das aus dem RAW entwickelte HDR bereits großflächig am Ende, abgesoffene, schwarze Bereiche sind nicht zu übersehen, parallel wird der Hintergrund körnig.

Das Histogramm des aus der RAW-Datei entwickelten Bilds zeigt am linken Rand eine deutliche Spitze, und die untere Linie **Minimum** *läuft bei 0. Der rechte Wert* **Perzentil** *gibt an, in welchem Bereich des Histogramms der angezeigte Wert angesiedelt ist: in diesem Fall bei 0,3 %. Und an diesem Punkt steht der korrigierte Wert immer noch bei 0 – also keine Zeichnung. Wie das aussieht, ist im Ausschnitt oben zu sehen.*

In diesem Bild ist der Himmel großflächig ausgefressen. Das HDR, das ja die gesamte Lichtsituation beinhaltet, enthält demzufolge auch diese weißen Stellen.

Das HDR-Histogramm

Um solche schwarzen Bereiche schnell erkennen zu können, muss man sich nun nicht durch alle 22 Regler des Tone-Mappers durchkämpfen, um die Bilder entsprechend an deren Grenze zu bringen, für diesen Zweck gibt es das HDR-Histogramm.

Da die 0,3-%-Linie, die für die Ermittlung des Gesamtkontrasts (Dynamic Range) im Bild verwendet wird, bei 0 liegt, steigt natürlich der Kontrastumfang in utopische Höhen. Aber auch das JPEG-Histogramm hat noch etwas Zusatzinformation zu bieten. Auf der rechten Seite zeigt das Histogramm einen schwarzen, senkrechten Balken, der im RAW-HDR nicht zu finden ist. Das Maximum im RAW-HDR entspricht dem kleinen Berg zwischen 0,26 und etwa 7 des JPEG-HDR. Die Herkunft des Balkens wird klar, wenn man sich eines der zugrunde liegenden JPEGs genauer ansieht.

Diese Eigenheit der HDR-Dateien sollte man immer im Auge behalten: Auch wenn man es beim Tone Mapping nicht sieht und sich die Regler in Photomatix Pro eigentlich eher wie ein Photoshop-Filter anfühlen – man schneidet aus einem großen Kuchen nur ein kleines Stück heraus, und das noch dazu in stockfinsterer Nacht mit einer Lampe, die nur das gerade ausgeschnittene Stück beleuchtet. Meistens steckt noch viel mehr drin, als man denkt.

Aus dieser Erkenntnis nun aber den Schluss zu ziehen, generell bei der HDR-Erstellung auf RAW zu verzichten, ist wieder zu kurz gesprungen. Eine einwandfrei belichtete RAW-Belichtungsreihe, bei der das Histogramm des dunkelsten RAW auf der rechten Hälfte und beim hellsten RAW auf der linken Hälfte leer ist, ist einem HDR aus den entsprechenden JPEGs überlegen. Nur dann, wenn aus irgendwelchen Gründen keine ausreichenden Belichtungen zur Verfügung stehen, ist der Umweg über die JPEG-Dateien ein guter Ausweg.

Achten Sie aber darauf, dass Sie das HDR-Histogramm nur dann aufrufen können, wenn Sie sich das 32-Bit-Zwischenergebnis anzeigen lassen.

Pseudo-HDR mit analogen Aufnahmen

Eine weitere Anwendung für ein Pseudo-HDR sind analoge Aufnahmen. Oft haben die entsprechenden Durchlichtscanner gar nicht die Möglichkeit, den gesamten Tonwertumfang eines Films wiederzugeben, HDR ist hier eine Lösung. Dabei wird vom Dia oder Negativ eine reguläre Belichtungsreihe abgenommen, bei der der Scanner vom niedrigsten Wert jeweils 2 EV heller belichtet. Natürlich sind nicht alle Bilder dafür geeignet, aber Bilder mit hohen Kontrasten können deutlich an Qualität und Brillanz gewinnen.

Sobald man aus dem Dia ein Pseudo-HDR fabriziert hat, kann man damit natürlich auch andere Dinge anstellen. So kann man aus einem Bild der Pilsener Sirková aus dem Jahr 1981, das mit vier Belichtungen (0, +2, + 4 und +5 EV) eingescannt wurde, nicht nur ein „normales Bild" mit besserer Durchzeichnung von Lichtern und Schatten herstellen, sondern mit dem Filter *Malerisch* auch eine Variante, die mehr die Stimmung vor Ort einfängt, also ein im wahrsten Sinne des Wortes „impressionistisches" Bild.

Das Originalbild, eingescannt mit einem Agfa-Diascanner.

Das gleiche Bild, aber nach dem Erstellen des HDR mit dem Filter **Enhancer/Malerisch** *gemappt.*

Photomatix Pro: JPEG-Import

Beim Import der JPEG-Dateien in Photomatix Pro erscheint das Dialogfeld *Vorverarbeitung - Optionen*. Der Dialog (links Windows, rechts Mac) ist im Wesentlichen identisch mit dem Dialog zum RAW-Import, nur dass eben die Einstellungen zum Weißabgleich und zum Farbraum wegfallen.

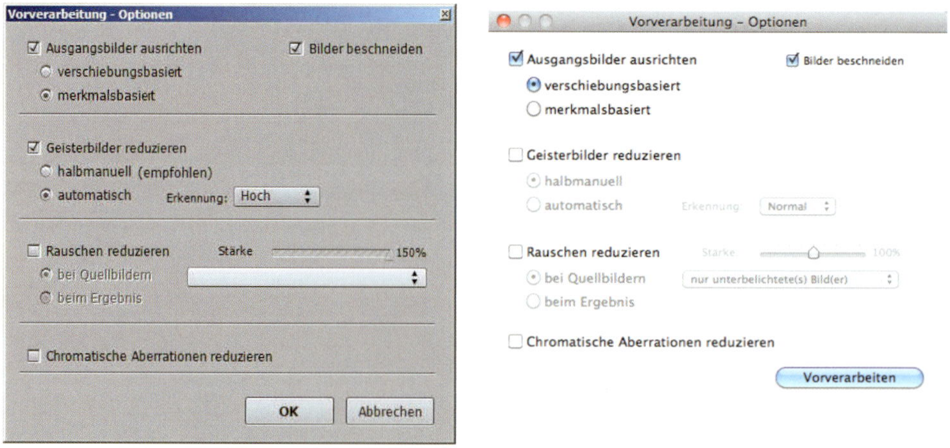

Einstellungen im Dialogfeld **Vorverarbeitung** *(links Windows, rechts Mac).*

HDR mit Photomatix Pro 4

Photomatix Pro ist der Klassiker unter den Tools für die HDR-Fotografie. Das Programm wird laufend weiterentwickelt und ist trotz der auch vom Anfänger beherrschbaren Oberfläche eines der leistungsfähigsten Programme auf dem Markt. Hier erhalten Sie zunächst den grundlegenden Ablauf des HDR-Workflows mit Photomatix Pro.

1. Nach dem Start von Photomatix Pro melden sich die *Workflow Shortcuts*. Hier beginnen Sie mit der Funktion *Belichtungsreihe laden*. Sämtliche Funktionen der *Workflow Shortcuts* sind natürlich auch über das Menü zu erreichen, bei einem kleineren Bildschirm sicher die bessere Wahl.

2. Das Dialogfeld *HDR erstellen - Quelldateien wählen* zum Einlesen der Belichtungsreihe erscheint. Über die Schaltfläche *Durchsuchen* wählen Sie die Bilder der Belichtungsreihe aus und bestätigen die Auswahl der Ausgangsbilder mit *OK*. Sie können die Dateien auch per Drag-and-Drop auf das Dialogfeld ziehen. Photomatix Pro überprüft, ob die Bilder die gleiche Auflösung haben, und bricht gegebenenfalls den Import ab.

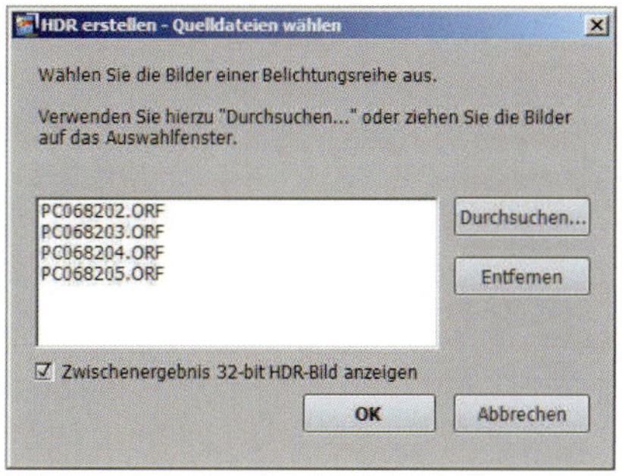

Das Kontrollfeld *Zwischenergebnis 32-bit HDR-Bild anzeigen* sollten Sie aktivieren - Sie können im Zwischenergebnis bereits Fehler sehen und es auch schon als 32-Bit-Datei abspeichern, etwa wenn Sie gar kein Tone Mapping durchführen wollen, sondern lediglich die HDR-Datei für eine externe Weiterverarbeitung benötigen. Zudem können Sie im HDR-Viewer vorab bereits kritische Stellen buchstäblich unter die Lupe nehmen und auch das HDR-Histogramm betrachten - in der späteren Tone Mapping-Ansicht ist nur noch das 8-Bit-Histogramm zugänglich.

3. Im Dialog zur *Vorverarbeitung - Optionen* legen Sie dann schließlich die wesentlichen Parameter für die HDR-Erzeugung fest. Da Sie hiermit die zukünftige 32-Bit-Datenbasis des Bilds festlegen, sollten Sie die Parameter mit Vorsicht behandeln.

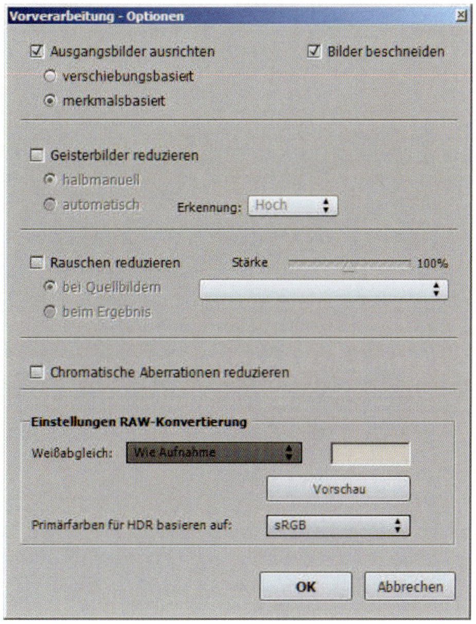

4. Die Ausrichtung der Bilder, Kontrollfeld *Ausgangsbilder ausrichten*, ist wichtig und sollte aktiviert sein. Selbst bei Bildern vom Stativ ist das nötig, da Schwankungen des Stativs um Bruchteile eines Millimeters bereits Verschiebungen des Bilds auf dem Sensor verursachen können. Da die Bilder pixelgenau übereinanderpassen sollten, ist die genaue Ausrichtung ein Muss.

   Wenn die Bilder der Belichtungsreihe aus der Hand gemacht wurden, ist die Methode *merkmalsbasiert* eher von Vorteil, da sie auch leichte Drehungen oder sogar ein leichtes Schwanken des Fotografen ausgleichen kann.

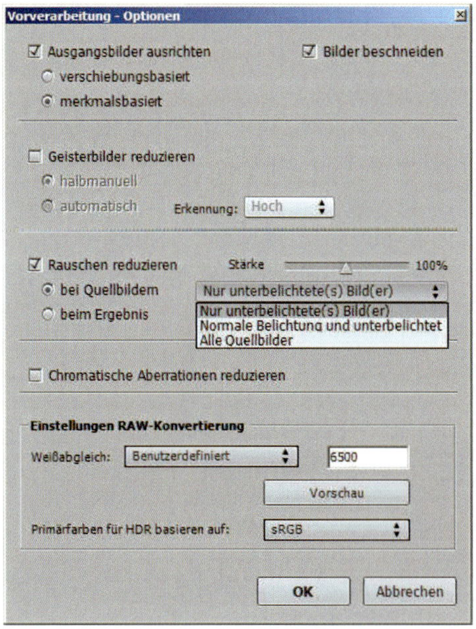

Da durch die Justage der Bilder übereinander natürlich an den Rändern Überhänge entstehen, werden diese standardmäßig an allen Seiten abgeschnitten. Das resultierende HDR ist also im Allgemeinen kleiner als die ursprünglichen Dateien, und bei einem HDR-Panorama aus mehreren Bildern hat dann jedes Bild eine andere Größe. Leider gibt es Panoramasoftware, die damit nicht zurechtkommt, wie etwa der Realviz Stitcher, der mittlerweile von Autodesk vertrieben wird. In diesem – seltenen – Fall sollte das Beschneiden des HDR ausgeschaltet sein.

Geisterbilder reduzieren

Sobald sich in Teilen des Bilds zwischen den einzelnen Belichtungen etwas ändert, kommt es zu Geisterbildern. In gewissem Umfang kann Photomatix Pro diese automatisch entfernen, in einigen Fällen ist aber etwas Nachhilfe angebracht.

1. Aktivieren Sie im Dialog *Vorverarbeitung* die Funktion *Geisterbilder reduzieren* und zusätzlich die Option *halbmanuell*, erscheint während der HDR-Berechnung der komfortabel geführte Dialog *Geisterbilder selektiv entfernen*.

2. Hier kreisen Sie den Geist ein, aktivieren die Auswahl durch Klick mit der rechten Maustaste, und das Problem ist in den meisten Fällen schon gelöst. In diesem Fall hatte die Dame bei der Erstellung der Belichtungsreihe gewackelt, wodurch ein doppeltes Profil sichtbar wurde, das Geisterbild. In diesem Dialog kann man sich auch einzelne „Belichtungsscheiben" aus dem HDR ansehen und sehr fein justieren – ein Abspeichern ist aber nicht möglich. Bestätigen Sie mit *OK*.

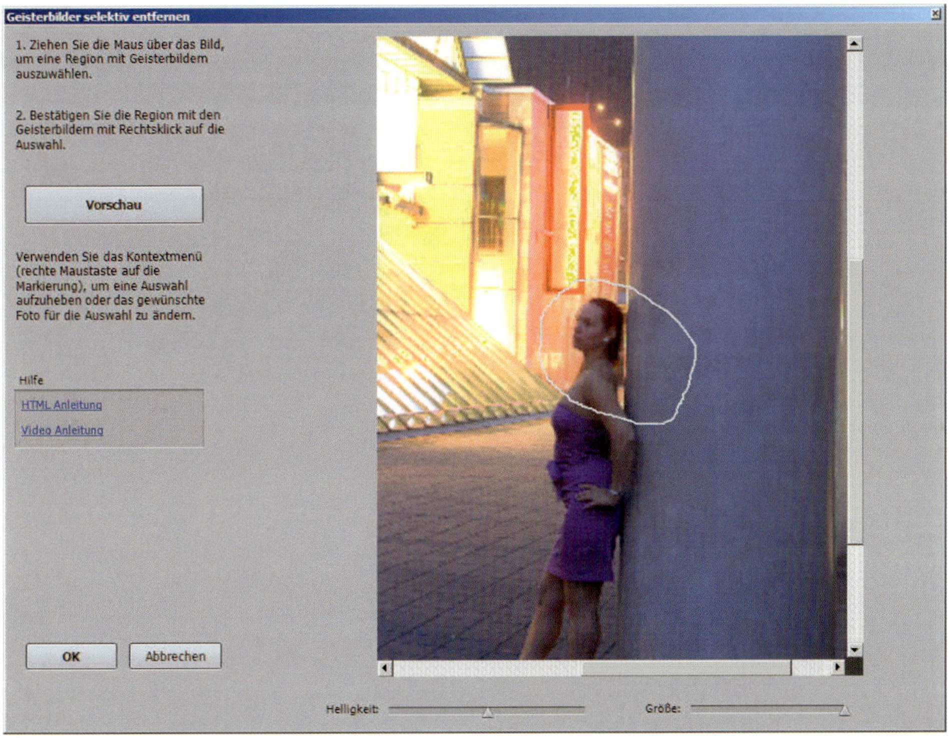

3. Das Ergebnis ist deutlich zu erkennen – links der Zustand vor der automatischen Geisterbildentfernung, rechts danach. Durch das Entfernen des Geists ändert sich nicht nur die Doppelkontur, sondern das gesamte Teilbild an dieser Stelle wird aus der Berechnung entfernt. Das verhilft der Dame allerdings zu einer anderen Gesichtsfarbe, weil für die Berechnung eben nur noch die Daten von drei Bildern statt der vier zur Verfügung stehen.

4 Um solche Effekte zu vermindern, gibt es noch die Möglichkeit, das Teilbild auszuwählen, das das Geisterbild enthält. Mit einem Klick der rechten Maustaste auf den ausgewählten Bereich öffnet sich eine entsprechende Auswahlbox. Übrigens, wenn Sie die Geisterbildbeseitigung abbrechen, verwirft Photomatix Ihr Bild, und Sie müssen die Dateien erneut importieren.

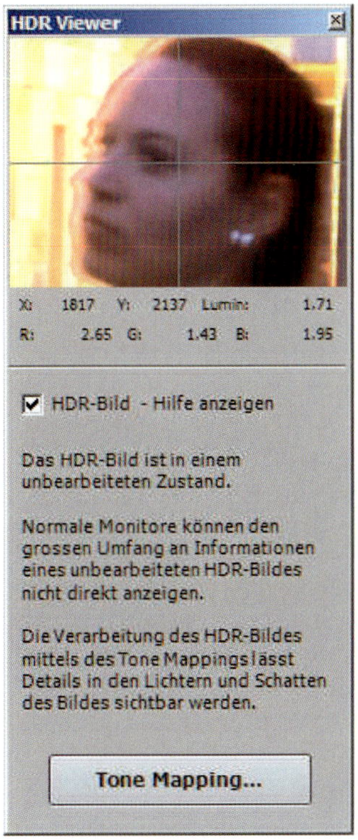

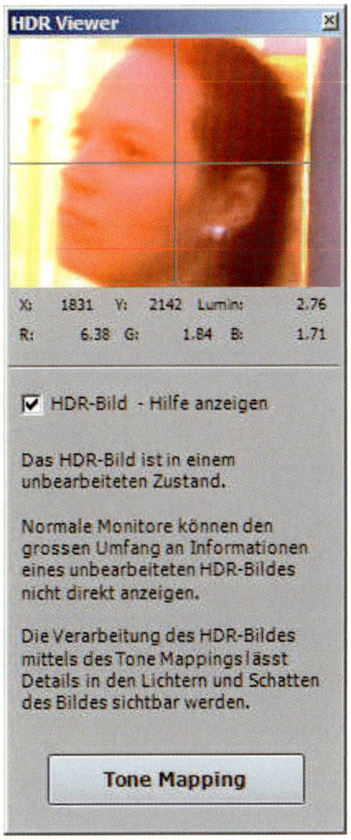

i

WIE ENTSTEHT RAUSCHEN?

Rauschen ist eine Störung, die bei jeder Form analoger Signalübertragung entsteht. Da auch die Fotografie über Sensoren ein analoger Vorgang ist - eben bis zu dem Zeitpunkt, an dem das analoge Ausgangssignal der Fotodiode digitalisiert wird -, entstehen prinzipbedingt bei allen Sensoren Rauschanteile, die sich in Helligkeitsschwankungen eines einzelnen Pixels zeigen. Das farbige Rauschen entsteht dadurch, dass diese Helligkeitsschwankungen durch die Bayer-Matrix eine Farbkomponente (Rot/Grün/Blau) erhalten und beim anschließenden Demosaicing eine Farbe für das Pixel errechnet wird. Moderne Bildprozessoren können dieses farbige Rauschen weitgehend herausrechnen - bzw. sie rechnen es erst gar nicht hinein - und produzieren reines Luminanzrauschen (Helligkeitsrauschen).

Beispiel für die chromatische Aberration an einem Hell-dunkel-Kontrast. An der rechten Seite lilafarbene, an der linken Seite grüne Ränder.

Rauschen reduzieren

Photomatix Pro bietet die Möglichkeit, das Rauschen entweder in der Quelldatei oder in der Zieldatei zu reduzieren. Leider funktioniert das nur bei JPEG-Quelldateien, bei RAW-Quelldateien können unter Umständen Änderungen im Kontrastumfang der HDR-Datei entstehen, das Rauschen wird aber nicht nennenswert vermindert. Empfehlenswert ist diese Funktion beim JPEG jedoch nicht - sie produziert erheblichen Detailverlust. Es ist meistens besser, das fertig gemappte Bild mit einem externen Programm zu entrauschen, wenn es schon nicht möglich war, bei den zugrunde liegenden Quelldateien bereits einwandfreies Material zu produzieren.

Da Rauschen aber unvorhersehbar auftritt und bei der Berechnung von HDR-Bildern ja gleiche Pixel aus mehreren Bildern verglichen und kombiniert werden, gleicht sich das Rauschen bei der HDR-Erstellung nicht aus, sondern verstärkt sich gelegentlich sogar. Muss also aus wichtigen Gründen mit hoher Empfindlichkeit fotografiert werden, ist es zwingend notwendig, möglichst hell zu belichten. Die hellste Belichtung sollte im Histogramm überhaupt erst in den Mitten beginnen. Dadurch kann das Rauschen, das vor allem in dunklen Bereichen störend wird, verlustarm minimiert werden. Eine rechnerische Rauschunterdrückung dagegen ist immer mit Detailverlust verbunden.

Chromatische Aberrationen reduzieren

Das Reduzieren der chromatischen Aberrationen ist in jedem Fall wichtig. Diese auch als „Purple Fringing" bekannten lilafarbenen und grünen Ränder an harten Hell-dunkel-Kontrasten treten vor allem bei Belichtungsreihen verstärkt auf, da hier immer einige Bereiche überstrahlen.

Einstellungen bei der RAW-Konvertierung

Eine sehr wichtige Einstellungsmöglichkeit ist die nachträgliche Festlegung der Farbtemperatur bei RAW-Dateien. Nach dem Klick auf den Schalter *Vorschau* erscheint eine Dateiauswahlbox, aus der Sie sich eine RAW-Datei heraussuchen und an der Sie die ausgewählte Farbtemperatur ausprobieren können.

Auch dabei gibt es einige Besonderheiten: Photomatix Pro verkraftet nur Kelvin-Werte zwischen 2.000 und etwa 10.000. Werte darüber oder darunter kann man zwar eingeben, aber die Ergebnisse sind bisweilen überraschend bunt und meist so nicht erwartet. Eine Eingabe von 80.000 Kelvin hat zum Beispiel ein leuchtendes Türkis zur Folge, eine Eingabe von 1.350 Kelvin ein warmes Orange – ganz unabhängig von der tatsächlichen Temperatur des Lichts.

Leider gibt es keine Möglichkeit, einen Weißwert mittels einer Pipette aus dem Bild zu entnehmen, die nachträgliche Festlegung des Weißabgleichs ist also nur über die parallele Nutzung eines RAW-Konverters sinnvoll nutzbar, der die Möglichkeit besitzt, den Wert einer Graukarte aus dem Bild zu ermitteln.

1. Wenn Sie *Zwischenergebnis anzeigen* gewählt haben, erhalten Sie jetzt ein HDR-Vorschaubild ohne Gammakorrektur, also mit stark reduzierten Mitteltönen. Sie können sich den HDR-Viewer über *Ansicht* anzeigen lassen und damit dann einzelne Teile des HDR-Bilds unter die Lupe nehmen.

2. Die in früheren Versionen übliche Unterscheidung zwischen *Fusion* und *Tone Mapping* ist nun aufgehoben, klicken Sie auf *Tone Mapping/Fusion*. Im folgenden Bildschirm können Sie entweder einen der zahlreichen Schieberegler für Feineinstellungen oder eben eines der mit Vorschaubildern versehenen Presets verwenden.

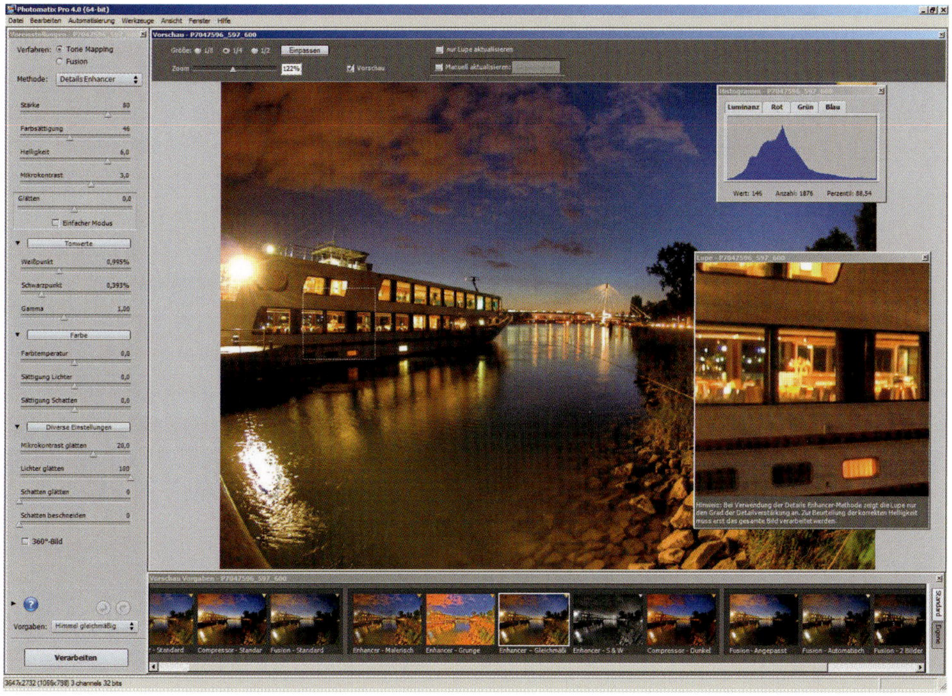

Die Europabrücke in Kehl mit der Viking Helvetia. Drei JPEG-Dateien mit 0,8, 2,5 und 10 Sekunden Belichtungszeit. Dynamikumfang 14 Blenden.

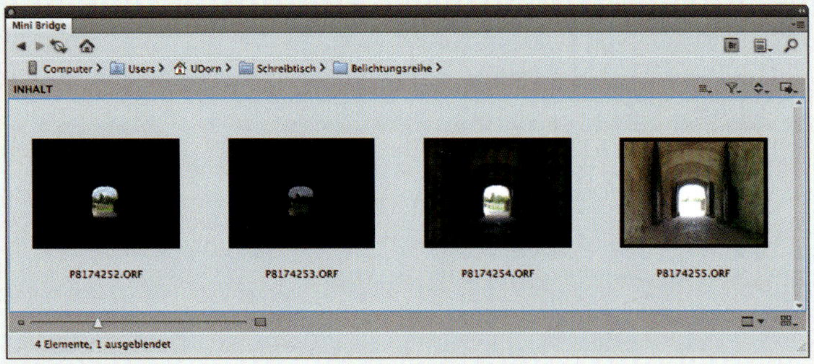

Die Bilder der Belichtungsreihe in der **Mini Bridge**.

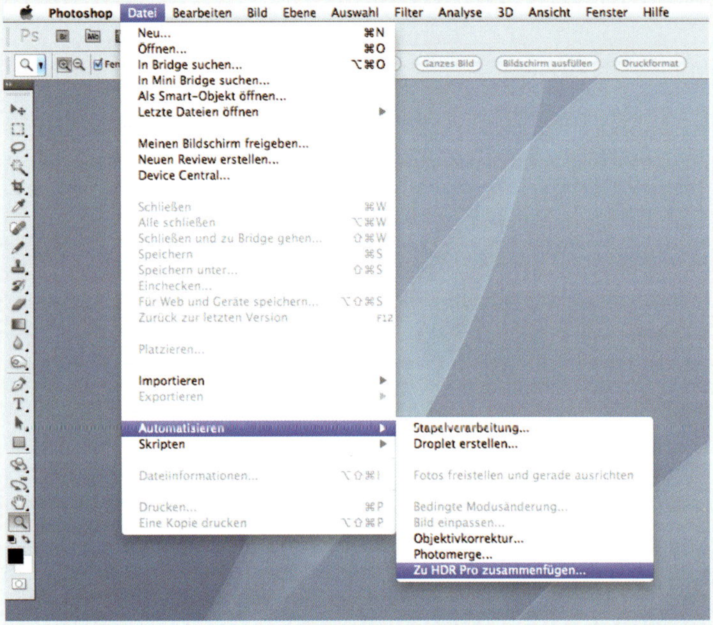

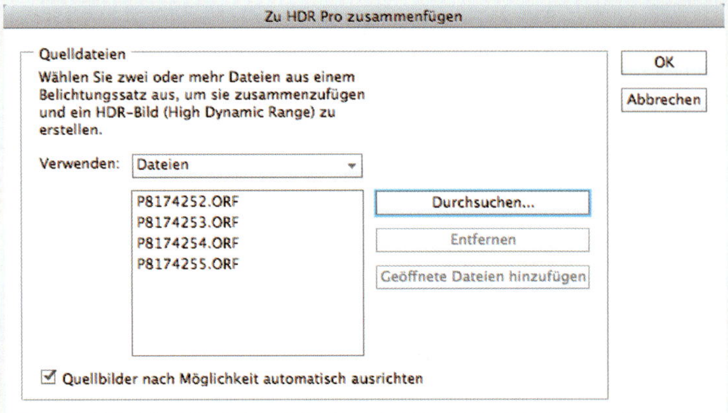

HDR mit Photoshop CS5

Auch Adobe Photoshop CS5 hat im Bereich Tone Mapping stark zugelegt. Lag früher der Fokus nahezu ausschließlich auf professionellen Anwendern, die HDRs als Lightmaps verwendeten, ist nun auch für den Fan der gemappten Bilder einiges dabei. Dabei beschränkt sich Photoshop nicht auf die knallbunte, impressionistische Variante, sondern ermöglicht es auch, relativ einfach naturalistische Ergebnisse zu erzielen.

Konvertierung mit HDR Pro

1. Ähnlich wie bei Photomatix Pro beginnt die Arbeit damit, die Quellbilder eines Belichtungssatzes zu laden und, falls nötig, automatisch ausrichten zu lassen. Im Menü *Datei* wählen Sie den Eintrag *Automatisieren/Zu HDR Pro zusammenfügen*. Einen Kurztastenbefehl zum Aufruf der Funktion gibt es leider nicht.

2. Nachdem Sie die Auswahl der Quellbilder mit *OK* bestätigt haben, startet der Dialog *Zu HDR Pro zusammenfügen*. Auch hier kann man im weiteren Verlauf Geisterbilder entfernen lassen. Dazu aktivieren Sie das Kontrollfeld *Geisterbilder entfernen*. Während man sich aber in Photomatix von Detail zu Detail durch die verschiedenen Quelldateien klicken kann, muss man sich in Photoshop für eine Referenzdatei entscheiden. Solange man immer eine saubere Referenzbelichtung hat, ist das natürlich der bessere Weg. Bei einem Bild mit vielen Passanten und Straßenverkehr kann das aber fehlschlagen.

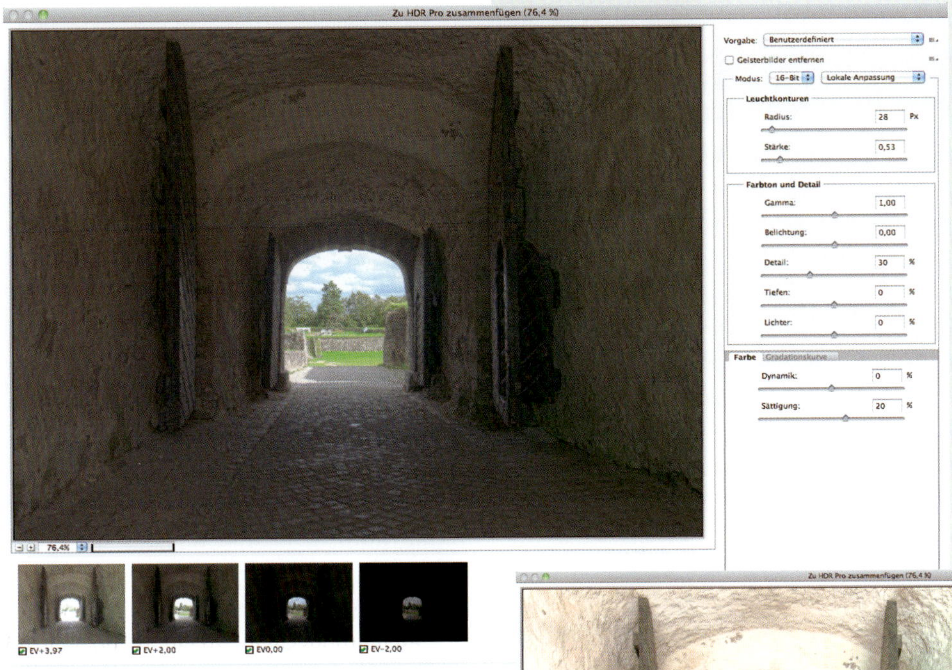

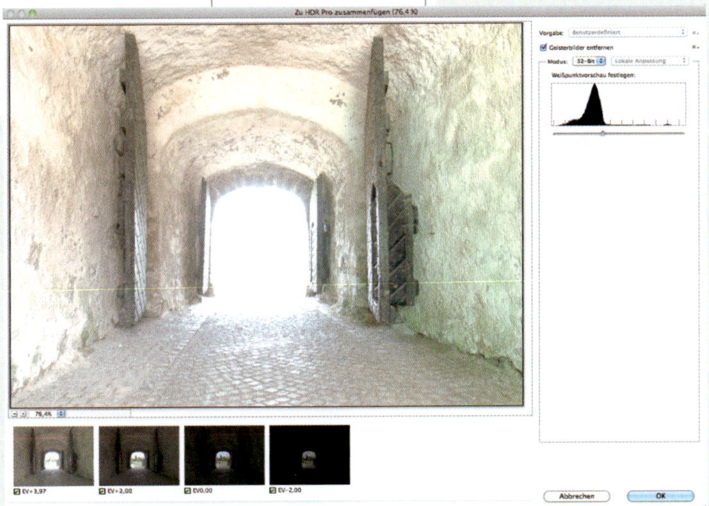

3. Wenn Sie ein echtes 32-Bit-HDR erstellen wollen, gibt es leider keine Möglichkeit, Rauschunterdrückung, Weißabgleich und chromatische Aberrationen zu justieren, das muss bereits bei der RAW-Konvertierung in Adobe Camera Raw geschehen. Sie können dann nur die resultierenden, gammakorrigierten 16-Bit-Dateien verwenden. Photoshop HDR Pro kann zwar auch RAW-Dateien direkt einlesen, aber eben keine Bearbeitung vornehmen.

   Die einzige Möglichkeit zur Beeinflussung bietet die Funktion *Weißpunktvorschau festlegen*, mit der Sie die Tonwerte des Bilds entsprechend verschieben können. Vorher müssen Sie im Listenfeld *Modus* den *32-Bit*-Modus aktivieren. Das entspricht in etwa dem Weißpunktregler in Photomatix, der aber deutlich feiner zu regulieren ist und auch nicht in der HDR-Erstellung, sondern im Tone Mapping zum Einsatz kommt.

4. Bei der Konvertierung im *16-Bit*-Modus ist *Lokale Anpassung* die richtige Wahl. Sie können dann mithilfe einiger Regler weitere Einstellungen vornehmen. Das erste Reglerpaar steuert die gefürchteten Halos, die bei Photoshop *Leuchtkonturen* heißen und in *Radius* und *Stärke* einstellbar sind. Auch wenn der Effekt so heißt, es handelt sich um nichts anderes als eine lokale Kontrastumkehr, die sich natürlich auf das gesamte Bild auswirkt – auch wenn die hellen Ränder an der Grenze zwischen Himmel und Erde die auffälligste Erscheinung sind.

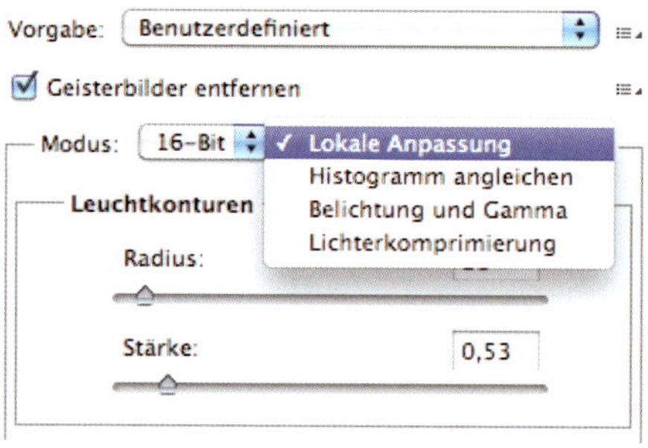

Wie schon besprochen, dient die Kontrastumkehr dazu, Helligkeitsunterschiede an Konturen sichtbar zu machen, obwohl eigentlich die zur Verfügung stehenden Tonwerte bereits aufgebraucht sind. Wird der Effekt sparsam und mit kleinem *Radius* eingesetzt, bewirkt er eine Art Überschärfung des Bilds, da Kontrastkanten verstärkt werden und Schärfe allgemein nicht mit Detailauflösung, sondern mit Kantenkontrast verbunden ist. Um diese Schärfung zu erhalten, sind aber scharfe Kanten im Original notwendig. Fließende Übergänge können auch durch ein HDR nicht geschärft werden. Achten Sie also auf ausreichende Schärfentiefe im Bild, wenn Sie diese Art Effekt einsetzen möchten. Ein direkt damit verwandter Regler ist *Detail*, doch dazu später.

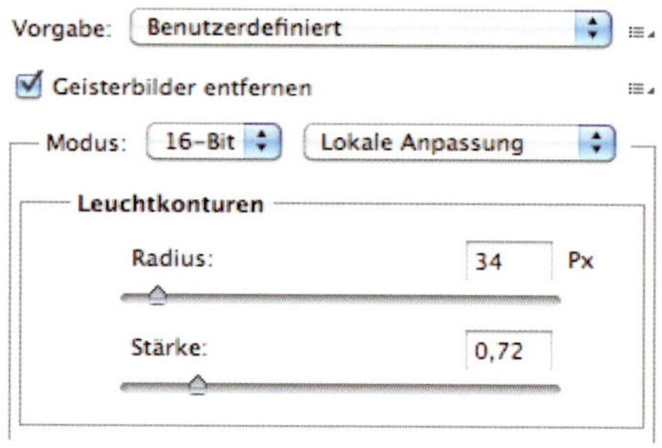

5. Der Regler *Gamma* entspricht in seiner Wirkung den Gammareglern aus normalen Bildverarbeitungen. Nach rechts werden die Mitten angehoben, das Bild wird im Extremfall sehr flau, und falls Sie trotz HDR-Belichtungsreihe irgendwo ausgefressene Stellen haben, mutieren diese zu grauen Flächen. Nach links dagegen werden Mitteltöne jeweils im Histogramm nach links oder rechts verschoben, und damit erhalten Sie extreme Kontraste im Bild.

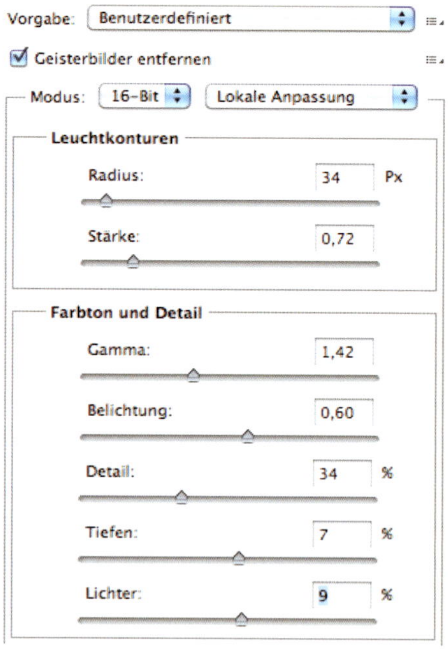

6. Der Regler *Belichtung* ist eigentlich selbsterklärend. Sie können mit ihm festlegen, welche der Belichtungen als „korrekt belichtet" angesehen wird – eine äußerst komfortable Funktion, die den großen Vorteil der Lightmap des HDR auch tatsächlich ausnutzt, da sie eben nicht nur vorhandene Belichtungen anzeigt, sondern stufenlos im Bereich des HDR auch bisher nicht fotografierte Belichtungssituationen produzieren kann.

7. Der Regler *Detail* produziert natürlich keine neuen Details, er hebt lediglich die Mikrokontraste an bzw. senkt sie. Das kann je nach Bild erhebliche Auswirkungen haben – oder eben fast keine. Rauschen ist in diesem Fall natürlich kritisch, bisweilen können auch Bäume und Sträucher seltsame Effekte erzeugen, wenn im Bildvordergrund Blätter und Zweige extrem scharf hervorgehoben werden, im Bildhintergrund aufgrund mangelnder Schärfentiefe oder mangelnder Sensorauflösung diese Detailanhebung aber schlagartig abbricht.

   Da der *Detail*-Regler auch eine Art Kontrastregler ist und mit den *Leuchtkonturen* ebenfalls Kontraste betont werden, beeinflussen sich die beiden Effekte gegenseitig. Allerdings wirkt sich der *Detail*-Regler nur auf die unmittelbare Umgebung der Kontrastkante aus, während die *Leuchtkonturen* einen weiteren Radius haben, der einerseits durch den Regler *Radius* und andererseits durch die Anwesenheit einer weiteren Kontrastkante beschränkt wird.

   Die Regler *Tiefen* und *Lichter* sind wieder selbsterklärend und zeigen die erwartete Funktionalität.

8. Im Register *Farbe* gibt es den Parameter *Sättigung*, der nicht weiter komplex ist, er sorgt generell bei allen Farben im Bild für eine stärkere oder geringere Sättigung. Interessanter ist dagegen der Regler *Dynamik*, der aber mit der Dynamik, also dem Kontrastverhältnis des Bilds, gar nichts zu tun hat, sondern lediglich eine etwas holprige deutsche Version des Originals *Vibrance* ist. Das ist nur unzureichend mit „lebenssprühend" zu übersetzen und bedeutet, dass die Farbsättigung in Abhängigkeit von der Originalsättigung angehoben wird. Bereiche, die also weniger gesättigt sind, werden angehoben, Bereiche, die bereits stärker gesättigt sind, bleiben unangetastet. Der visuelle Effekt ist, dass es scheint, als ginge das Licht im Bild an.

   Diese Funktion ist nicht mit der Lichtersättigungsfunktion von Photomatix zu vergleichen, sie arbeitet deutlich intelligenter, aber eben auch selbstständiger, und erlaubt weniger gezielte Eingriffe in einzelne Bildbereiche.

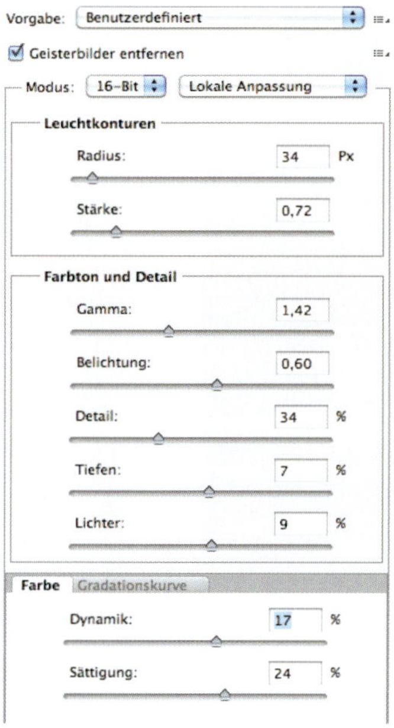

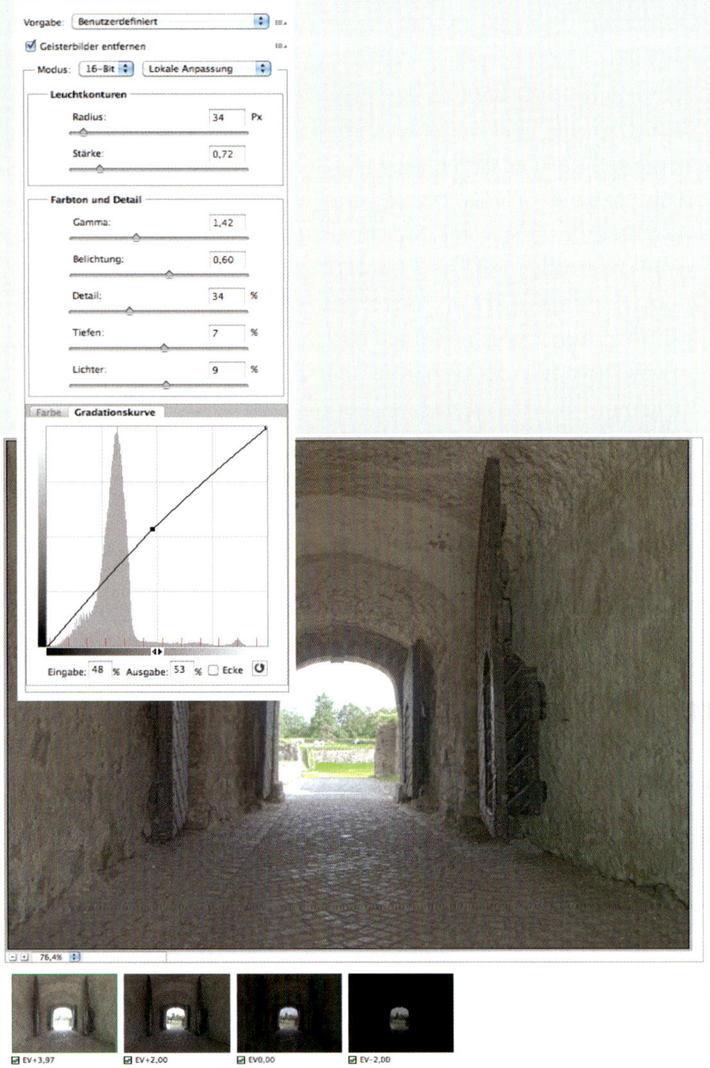

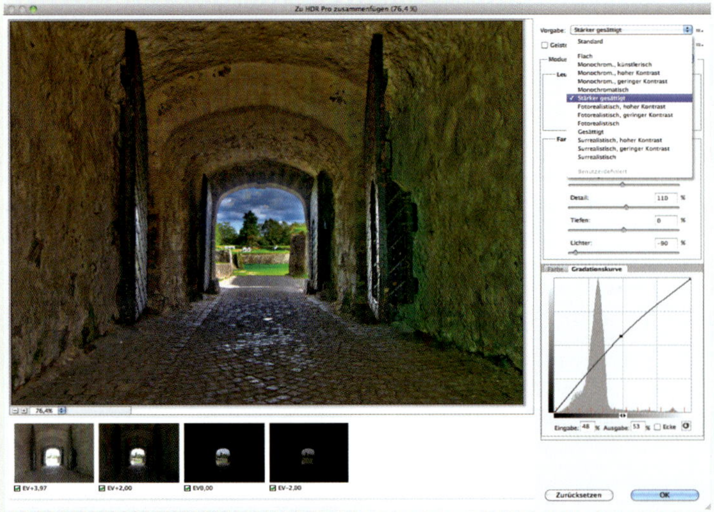

9. Diese sind dann wiederum über die Gradationskurve sehr ausgiebig möglich, wobei hier zu beachten ist, dass das *32-Bit*-Bild wesentlich unempfindlicher gegen wilde Gradationsspielereien ist als ein *16-Bit*- oder *8-Bit*-Bild, bei denen es sehr schnell zu Tonwertabrissen und falschen Farben kommt. Wenn ein *32-Bit*-Bild komplett ist, also alle Bildpunkte in allen Belichtungsstufen vorliegen, können mittels der Gradationskurve auch in einem *32-Bit*-Bild ausgesprochen überraschende Effekte realisiert werden.

10. Ähnlich wie bei Photomatix gibt es auch bei Photoshop eine Auswahl an Vorgaben, etwa verschiedene Grade von *Fotorealistisch* oder *Surrealistisch*, die durch Mausklick ausgewählt und dann auch per Schieberegler verändert werden können. Es ist dabei ausgesprochen lehrreich, herauszufinden, wie sich extreme Reglerstellungen auswirken. Hat man eigene Vorgaben entwickelt, können diese natürlich ebenfalls als neue Vorgabe abgespeichert werden.

11. Haben Sie alle Einstellungen für die HDR-Konvertierung getroffen, bestätigen Sie mit *OK*. Je nach Größe der Quelldateien kann die Konvertierung bereits nach einige Sekunden abgeschlossen sein, aber auch mehrere Minuten in Anspruch nehmen. In diesem Beispiel dauerte die Umwandlung 35 Sekunden.

Hier das absichtlich übersättigte Ergebnis der HDR-Konvertierung mit Photoshop HDR Pro ...

... und hier die naturalistische Version.

Das Original zeigt einen Ausschnitt des Obergeschosses im Aachener Dom mit dem Karlsthron am linken unteren Bildrand. Die Stimmung ist insgesamt etwas zu dunkel. Eine im linken Bild leicht übertriebene HDR-Tonung bringt Licht ins Dunkel.

HDR-Tonung simulieren

Liegt Ihnen keine Belichtungsreihe vor, bietet Photoshop CS5 mit der Funktion *HDR-Tonung* eine Nachbearbeitungstechnik an, mit der Sie aus einem gewöhnlichen Foto ein farbstrotzendes, teilweise künstlich anmutendes Bild zaubern können. Die Ergebnisse sind in der Regel nett anzuschauen, haben aber mit einem echten HDR nichts gemein.

Laden Sie ein Bild und starten Sie über das Menü *Bild/Korrekturen* die Funktion *HDR-Tonung*. Besteht das Bild aus mehreren Ebenen, werden diese vorher automatisch auf die Hintergrundebene reduziert. Danach können Sie im Dialogfeld *HDR-Tonung* Ihre Einstellungen vornehmen.

Das Zusammenspiel der Einstellungsmöglichkeiten bietet so viele Varianten, dass man doch schnell in der Bildbeurteilung überfordert ist. Oft wirkt die automatische Interpretation schon ansprechend, jedoch hat Adobe noch einige weitere interessante Presets, sprich Vorgaben, beigefügt. Probieren Sie alle Vorgaben aus und nehmen Sie diese Basis für Ihren individuellen „Pseudo-HDR-Look" zwischen fotorealistisch und abstrakt. Hier ein Vergleich, wie sich die Vorgaben auf das Original auswirken:

Von links nach rechts: Original, Vorgabe **Flach**, *Vorgabe* **Fotorealistisch**.

Von links nach rechts: Vorgabe **Monochrom, künstlerisch**, *Vorgabe* **Stärker gesättigt**, *Vorgabe* **Surrealistisch, geringer Kontrast**.

DEMOVERSIONEN ZUM AUSPROBIEREN

Die hier vorgestellten Programme – Photomatix Pro 4, Adobe Photoshop CS5 und Autopano Pro 2.0 – bieten die Hersteller auf ihren Webseiten als zeitlich begrenzte Trial-Versionen zum Download an. Sie können sie einmalig in einer 30-Tage-Version gratis testen. Verwenden Sie bei HDR-Dateien grundsätzlich die Extended-Version, berücksichtigen Sie aber beim Testen, dass in der Normalversion an 32-Bit-Werkzeugen lediglich der Stempel zur Verfügung steht. Wenn Sie bereits die normale Version von Photoshop besitzen, sollten Sie über ein Upgrade nachdenken.

Stitchen mit Autopano Pro 2

Für die Panoramaerstellung im HDR-Workflow gibt es nicht viele Alternativen. Während fast jedes Programm heutzutage einfache Panoramen zusammenbauen kann, kommen mit HDR-Formaten wie OpenEXR und Radiance nur recht wenige Programme zurecht. Unter den kommerziellen Programmen sind Autopano Pro 2.0 und PTGui zu nennen, Freeware ist das mit PTGui eng verwandte Hugin. Berücksichtigen Sie aber bei Ihrer Programmauswahl, dass das Stitchen von HDR-Dateien ausreichend Arbeitsspeicher voraussetzt. Resultierende Dateien können schnell im GByte-Bereich landen. Die in diesem Buch gezeigten Panoramen wurden alle mit Autopano Pro 2.0.4 erstellt. Mehr zum Stitchen mit Autopano Pro gibt es in Kapitel 6, „HDR-Panoramen“.

Dieses Bild wurde mit Blende 6,3 und 1/4 Sekunde aufgenommen. Es zeigt brutale Überstrahlungen an der Glühlampe und an der Spiegelkugel rötliche Lichthöfe und Reflexe.

HDR-Dateien sind anders

Es wurde im Buch schon mehrfach besprochen: HDR-Dateien sind etwas anders. Wie anders sie tatsächlich sind, merken Sie erst, wenn Sie versuchen, sie zu bearbeiten. Man rufe sich ins Gedächtnis zurück, wie HDR-Dateien entstehen. Sie werden durch das Zusammenrechnen von unterschiedlichen Belichtungen realisiert. Die Betrachtung verschiedener Aufnahmen einer simplen Glühbirne verdeutlicht das Problem.

Bei der Erstellung des HDR werden diese Reflexe nun eingerechnet. Und genau hier liegt der entscheidende Unterschied zum gemappten Bild oder zum Bild, das per *Fusion* erstellt wurde. Bei letzterem Bild sind diese Lichthöfe weg. Sie werden beim Tone Mapping eliminiert, und genau damit wird der spezielle HDR-Look erreicht. Der entscheidende Punkt dabei ist, dass diese Reflexe im HDR noch vorhanden sind. Wenn Sie ein solches Bild machen und es sich in Photomatix Pro als HDR anzeigen lassen, sieht das erst mal so aus:

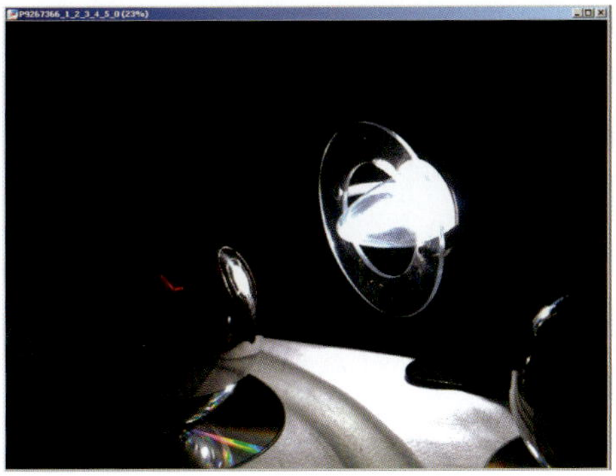

Mit der Taste [F11] können Sie nun in Photomatix Pro die Belichtung virtuell nach unten setzen, mit der Taste [F12] nach oben. Und zwar, o Wunder, weiter nach oben und weiter nach unten, als Sie überhaupt fotografiert haben.

Mit extremen Einstellungen in Photomatix Pro lässt sich ansatzweise zeigen, was alles in diesem harmlosen HDR steckt. Je nach Belichtungssituation ist der Reflex da – oder eben nicht.

Das Bild ist ein HDR aus sieben Bildern mit jeweils 2 EV Abstand und einem Dynamikumfang von 74.775:1. Im hellsten Bild der Belichtungsreihe, das vorschriftsmäßig so erstellt wurde, dass die dunkelste Stelle etwa auf der Hälfte des Histogramms lag, sind beide Spiegelkugeln und die Lampe noch erkennbar, auch wenn die Birne und der Glasring bereits zur ununterscheidbaren Fläche geworden sind.

In Photomatix Pro nun können Sie das Bild so weit überbelichten, bis Spiegelkugel und Lampe zu einer einzigen überstrahlten Fläche geworden sind. Auf dem Weg dahin entstehen auch wie von Zauberhand die roten Linsenreflexe und werden stärker. Selbst Reflexe, die auf den Originalbildern nicht zu erkennen sind, werden buchstäblich ans Licht gezerrt.

Wenn Sie nun ein HDR-Bild retuschieren wollen, müssen Sie im Hinterkopf behalten, dass Sie hier nicht einfach sichtbare Pixel durch andere austauschen, wie Sie es gewohnt sind, sondern dass Sie in einer Art multidimensionalem Raum arbeiten. Je größer der Kontrastumfang ist, desto unterschiedlicher kann ein Pixel sein. Die Frage ist: „Wer bin ich, und wenn ja, wie viele?"

Beispiel zur Komplexität der Materie

Die Software Autopano Pro verrechnet sich in der Version 2.0 häufiger bei der Erstellung von HDR-Panoramen, wenn die Farbkorrektur beim Überblenden durcheinanderkommt. Der Effekt sind schwarze oder auch farbige Flecken in der Nähe von starken Kontrasten. In einem „normalen" Bild wären diese Flecken das vollständige Aus des Bilds. Im HDR liegen sie aber „über" den Originaldaten. Sie liegen über der obersten Helligkeitsebene.

Nun kann man in Adobe Photoshop die HDR-Datei öffnen, die 32-Bit-HDR-Vorschau so weit aufdrehen, dass man nur noch die störenden Farbflecken sieht, und diese mit dem *Kopierstempel* löschen. Das Gemeine daran ist: Man sieht nicht, was man treibt, da man ja nur in der extremen Helligkeit arbeitet. Der *Kopierstempel* nimmt aber alle Eigenschaften der danebenliegenden Pixel mit. Wenn man nun einen Bereich erwischt, der heller ist als der augenblicklich bearbeitete Bereich, arbeitet man einen hellen Fleck ein. Hat man aber Glück oder sich vorher darüber informiert, wo dunkle Stellen liegen, verschwindet der störende Fleck. Zumindest kleinere Fehlstellen kann man so komfortabel retuschieren.

Solange es sich nicht um solche Berechnungsartefakte handelt, ist das Arbeiten mit HDR-Daten kaum anders als das Arbeiten mit herkömmlichen Bilddaten – mit Ausnahme eben der Tatsache, dass Sie am Bildschirm nicht alles sehen, was Sie machen.

Sehen Sie es sportlich: HDR steckt, obwohl das Konzept schon Jahrzehnte alt ist, immer noch in den Kinderschuhen. So mancher ist der Meinung, HDR sei die größte Umwälzung der Fotografie seit der Erfindung des Farbfilms. Angesichts der Möglichkeiten, die für HDR denkbar sind, mag das zutreffen, aber wir sind, zumindest in der „normalen" Fotografie, immer noch am Anfang.

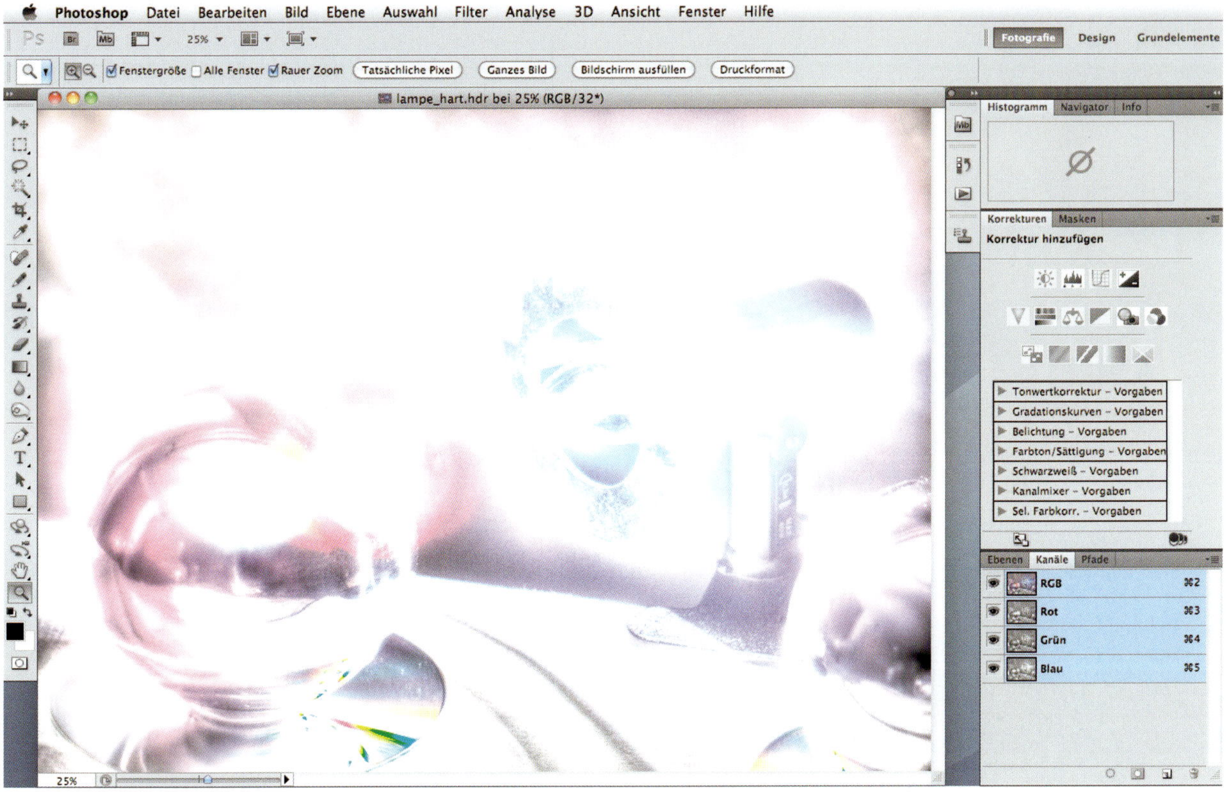

Wenn Sie im obigen Bild Reflexe entfernen wollen, müssen Sie die Ansicht sehr hell stellen, damit Sie die Reflexionen überhaupt sehen. Beginnen Sie dann Ihre Arbeit mit dem **Kopierstempel***, sehen Sie nicht, dass Sie vielleicht auch in den dunkleren Tönen herumpfuschen. Das wiederum stellen Sie fest, wenn Sie die Belichtung wieder herunterdrehen.*

4
DAS TONE MAPPING

4
Helligkeit

Das Tone Mapping

Halle des Pellerhauses in Nürnberg; mit Ultraweitwinkel und vier Belichtungen mit je zwei EV Abstand fotografiert. Gemappt mit Photomatix Pro und einem geglätteten Filter **Malerisch**, *die Sättigung etwas erhöht.*

4 Das Tone Mapping

Der Unterschied zwischen *Details Enhancer* und *Tone Compressor* in Photomatix Pro wurde nun schon erläutert. Die Optionen der beiden Programmteile erfordern allerdings noch etwas detailliertere Erklärungen. Mit den meisten Reglern kann man in irgendeiner Weise Kontrast und/oder Helligkeit des Bilds beeinflussen, sodass der Anwender zunächst vor einer Unzahl auf den ersten Blick ähnlich aussehender Effektregler steht und ratlos an den Schiebereglern hantiert.

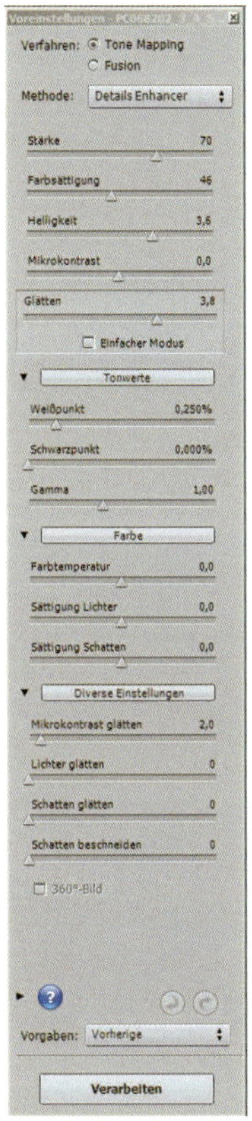

Die **Tone Mapping-***Einstellungen in Photomatix Pro.*

Tone Mapping-Einstellungen

■ Der folgende kleine Einblick in die Mechanik der Bildbeeinflussung hilft dabei, den richtigen Regler für den beabsichtigten Effekt zu finden.

Stärke

Mit dem *Stärke*-Regler beeinflusst man den Kontrast des Bilds. Er ist aber nicht mit dem aus der Bildbearbeitung bekannten Kontrastregler zu vergleichen, der kurzerhand die dunklen Stellen absenkt und die hellen Stellen anhebt. *Stärke* kann wesentlich mehr: Es wird auch der lokale Kontrast angehoben, also der Kontrast zwischen benachbarten Pixeln.

Man kann also ein als zu flau empfundenes Bild beim Tone Mapping nicht einfach per *Stärke* knackiger machen, weil dann auch die Mikrokontraste verstärkt werden, was dem Bild den typischen HDR-Look mit ausgeglichenen Helligkeitsverläufen und grauem Grießeln im Himmel verleiht.

Bei der Beurteilung der Vorschau müssen Sie berücksichtigen, dass es sich hierbei um genau dies handelt: eine Vorschau. Das Ergebnis nach der Durchführung des Tone Mapping ist meistens deutlich weniger aggressiv, als es die Vorschau vermuten lässt. Die Vorschau zeigt durch die vergleichsweise übertriebene Darstellung aber, in welche Richtung der entsprechende Regler das Mapping verschiebt.

Farbsättigung

Auch der Regler *Farbsättigung* hat eine kleine, aber entscheidende Besonderheit. Da es sich um ein 32-Bit-Bild handelt, kann der Regler *Farbsättigung* ohne Tonwertabrisse arbeiten. Es rentiert sich also, die Sättigungsanpassung bereits beim Tone Mapping vorzunehmen und nicht erst nachträglich am 8-Bit-JPEG. Allerdings gibt es keine Möglichkeit, die Sättigung einzelner Farbkanäle zu verändern, der Regler wirkt auf alle drei Farbkanäle gleichermaßen. Eine Umwandlung in Schwarz-Weiß einfach über eine Entsättigung vorzunehmen, ist also meist der falsche Weg, man verschenkt dadurch sehr viel kreatives Potenzial.

Weiß man jedoch bereits, dass man das HDR am Ende in ein Schwarz-Weiß-Bild umwandeln will, sollte man das gemappte Farbbild als 16-Bit-TIFF abspeichern und es in Photoshop oder einem anderen Bildbearbeitungsprogramm mithilfe des Kanalmixers umwandeln. Eine direkte Umwandlung des HDR in Schwarz-Weiß ist zwar in Photoshop auch möglich, man verschenkt dadurch aber die vielfältigen und bequemen Möglichkeiten des Tone Mapping unter Photomatix Pro. Auch Photoshop bietet die Möglichkeit, ein Tone Mapping durchzuführen.

Helligkeit

Auch bei der *Helligkeit* arbeitet der Photomatix Pro-Tone-Mapper anders als das herkömmliche Malprogramm. Während normalerweise bei der Erhöhung der Helligkeit einfach alle Werte des ganzen Bilds erhöht werden, arbeitet Photomatix Pro selektiv und damit eher wie eine Gradationskurve. Geändert wird nicht die Helligkeit selbst, sondern die Tonwertkompression.

Je geringer die Helligkeit eingestellt wird, desto geringer ist auch die Kompression der

Wirkung des Reglers **Stärke**.

Auswirkung des Reglers **Farbsättigung**.

Auswirkung der Reglers **Helligkeit**.

Tonwerte – die dunklen Werte werden eben nicht aufgehellt. Hellere Stellen, die nicht komprimiert werden müssen, bleiben von der Einstellung des Reglers unberührt. Insofern erhöht der Helligkeitsregler die Gesamthelligkeit im Bild, senkt aber gleichzeitig den angezeigten Gesamtkontrast.

Mikrokontrast

Eine der wichtigsten Einstellschrauben in Photomatix Pro. Der *Mikrokontrast* sorgt für die Akzentuierung der Details, also die Hervorhebung von kleinen Einzelheiten. Das wirkt sich vor allem bei Blättern, Gras oder auch Mauerstrukturen aus. Das Rauschen kann dadurch verstärkt werden.

Auswirkung der Reglers **Mikrokontrast**.

Auswirkung des Reglers **Glätten**.

Glätten

Beim *Glätten* in Photomatix Pro geht es vor allem darum, die Mikrokontraste wieder auszugleichen. Die Mikrokontraste sorgen nicht nur dafür, dass Details herausgearbeitet werden, sondern auch dafür, dass normalerweise kaum merkbare Farbverläufe auf einmal grießeln, dass Sterne am Nachthimmel plötzlich einen Hof bekommen, sodass sie aussehen wie Beulen im Bild, und dass um dunkle Gegenstände vor dem Himmel auf einmal sogenannte „Halos" auftauchen.

Echte Halos treten dann auf, wenn das Sonnen- oder Mondlicht in Eiskristallen gebrochen wird und es zu Erscheinungen wie Lichtringen und Nebensonnen kommt. Die Halos in HDR-Bildern wirken wie Leuchterscheinungen, sind aber in Wirklichkeit einfach nur Artefakte.

Der Nachteil ist natürlich, dass mit der Entfernung der Halos auch der „hyperrealistische" Look von gemappten HDRs verschwindet. Neben der Einstellung über den Schieberegler bietet der Regler *Glätten* auch noch den „einfachen Modus" mit fünf Schaltern von *Minimum* bis *Maximum*. Diese Schalter sind aber nicht mit den Werten des Schiebereglers gleichzusetzen. Die Einstellungen *Minimum* und *Maximum* gehen deutlich über die Möglichkeiten des Reglers hinaus, der Effekt wird erheblich stärker wiedergegeben. Die Schalter sind also eher für Quick-and-dirty-Arbeiten zu verwenden, wenn es auf den impressionistischen Effekt ankommt.

Halo über dem Pegnitzdurchfluss am Kettensteg in Nürnberg. Dieses HDR wurde 2006 mit der Photomatix Pro-Version 2.0 erstellt. In dieser Version gab es die Funktion **Glätten** *noch nicht.*

Weißpunkt

Der Sinn des HDR-Verfahrens mit anschließendem Tone Mapping besteht eigentlich darin, ausgefressene Lichter zu verhindern. Beim Tone Mapping wird also der komplette vorhandene Kontrastumfang des HDR in ein 8-Bit-JPEG gepresst – und dabei werden sowohl die tiefen Schatten als auch die hellen Lichter ausgespart. Das Histogramm eines gemappten HDR weist keine Spitzlichter und keine tiefen Schatten auf. Es ist natürlich möglich, das Bild im Nachhinein noch in der Bildbearbeitung mit einer Kontrastverstärkung zu versehen, der Effekt sind aber wieder Tonwertabrisse, was vor allem bei einem Sonnenuntergangsmotiv mit einem weichen Farbverlauf stufige Farbübergänge verursachen kann, das sogenannte „Posterizing".

Eine bessere Lösung hat Photomatix Pro bereits eingebaut. Mit dem Regler *Weißpunkt* kann man den Mapper anweisen, einen bestimmten Prozentsatz der Spitzlichter „durchzulassen“.

Um dabei nicht über das Ziel hinauszuschießen, empfiehlt es sich, das eingeblendete Histogramm zu beachten. Durch ein Verschieben des Weißpunkts nach rechts wird auch das Histogramm deutlich „in Richtung hell“ verschoben. Damit nicht große Flächen ausbrennen, sollte man mit der Anpassung des Weißpunkts aufhören, sobald sich am rechten Rand des Histogramms ein „Stau“ aufbaut. Wie bereits erwähnt: Die Vorschau ist nur von begrenztem Wert, das Histogramm liefert bessere Aussagen über die zu erwartende Bildqualität.

Auswirkung des Reglers **Weißpunkt**.

Auswirkung des Reglers **Schwarzpunkt**.

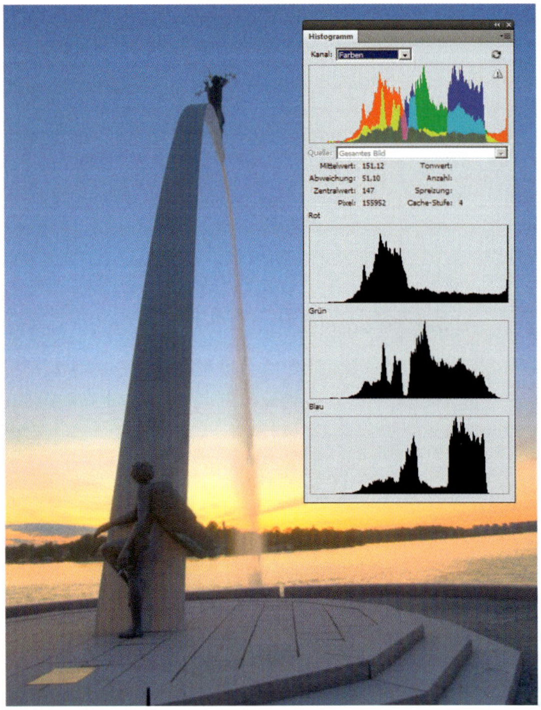

Im Histogramm der Regenbogenbrücke sieht man ein paar gesättigte Rottöne, aber keine weißen Spitzlichter. Der mögliche Kontrast des JPEG-Formats wird also nicht ausgenutzt, das Bild wirkt flacher, als es eigentlich sein könnte.

Schwarzpunkt

Die Einstellung des *Schwarzpunkts* sollte ebenfalls mithilfe des Histogramms vorgenommen werden. Zudem sollten Sie bei dieser Einstellung das endgültige Ausgabemedium berücksichtigen. Wenn Sie für den Print arbeiten und hier den Schwarzpunkt zu weit nach rechts setzen, kann es sein, dass durch den Punktzuwachs im Druck die Schatten zulaufen. Auch wenn Sie die Dateien ausbelichten lassen, sollten Sie vorher klären, ob und wie stark der Belichter die Schatten senkt. Einige Labors machen das von sich aus, um aus flauen Bildern mehr Kontrast herauszuholen. Das kann natürlich bei gemappten HDRs nach hinten losgehen.

Gamma

Photomatix Pro bietet ebenfalls die Möglichkeit, bereits beim Tone Mapping eine eigene Korrektur der Gammakurve einzustellen. Dies hat nichts mit der bereits beschriebenen Gammaanpassung an unser Sehvermögen zu tun, sondern verändert die Tonkurve zusätzlich. Im Endeffekt wird das Bild bei Gammawerten über *1* dunkler, bei Gammawerten unter *1* heller.

Farbtemperatur

Die Regelung der *Farbtemperatur* beim Tone Mapping in Photomatix Pro ist nicht etwa wie bei der RAW-Entwicklung in Kelvin einstellbar, sondern lediglich auf einer groben Skala zwischen *-10* und *+10*. Nur die Rot-Blau-Balance wird grob nach Sicht verschoben - besser und genauer erledigt man das bei der RAW-Entwicklung.

Sättigung Lichter

Photomatix Pro bietet neben der Sättigungsanpassung für das gesamte Bild auch noch die Option, nur die Sättigung für die Lichter zu ändern. Das ist vor allem dann interessant, wenn die Schatten eine andere Farbtemperatur haben und gegenüber dem Rest des Bilds einen deutlichen Blaustich erhalten würden. Lichter sind dabei die Bereiche des Bilds, die tatsächlich einen höheren Lichtwert aufweisen als andere Bereiche des Bilds. Das muss nicht der Bereich sein, der

Auswirkung des Reglers **Gamma**.

Auswirkung des Reglers **Farbtemperatur**.

Auswirkung des Reglers **Sättigung Lichter**.

beim Mappen heller ist. Ein blauer Himmel, der durch das Tone Mapping vergleichsweise kräftig und dunkel wirkt, ist in der Realität heller als ein weißes Schild, das im Schatten liegt, aber eben durch die Kontrastkompression fast weiß wird. Die *Sättigung Lichter* würde den Himmel beeinflussen, die Dinge, die im Schatten liegen, aber nicht. Ähnliches gilt sinngemäß auch für die Sättigung im Schatten.

Auswirkung des Reglers **Sättigung Schatten**.

Auswirkung des Reglers **Mikrokontrast glätten**.

Sättigung Schatten

Umgekehrt kann man die Sättigung der Schatten ebenfalls getrennt einstellen, also nicht nur einen Blaustich verstärken, sondern auch eine Entsättigung vornehmen, was einen natürlicheren Eindruck erzeugt. Dieser resultiert aus der Annahme, dass Schatten schwarz sind, und daraus, dass man durch bunte Schatten, wie sie Impressionisten und eben auch eine Digitalkamera zeigen, irritiert wird. Eine Entsättigung der Schatten erzeugt einen – wenn auch objektiv falschen – natürlicheren Bildeindruck. Der interne Weißabgleich des Auges ist so schnell, dass einem die andere Farbe der Schatten normalerweise nicht auffällt.

Mikrokontrast glätten

Die Funktion *Mikrokontrast glätten* wirkt auf den ersten Blick absurd, da ja der Mikrokontrast gerade erst mit viel Aufwand eingebaut wurde. Diese Funktion unterscheidet sich jedoch erheblich von der oben bereits behandelten Funktion. Während *Mikrokontrast* die beim Tone Mapping bereits vorhandenen Kontrastkanten nur verstärkt, werden mit *Mikrokontrast glätten* diese Kontrastkanten mit einem Weichzeichner versehen und verschliffen. Einzelne Grashalme, die vorher einwandfrei zu unterscheiden waren, verschwinden in einer eher amorphen Wiese. Der Bildeindruck wird normaler, das Bild wirkt ruhiger.

Lichter glätten

Mit dem Regler *Lichter glätten* reduzieren Sie den Kontrast in den Lichtern. Das kann veranlassen, dass Halos minimiert werden, es kann aber ebenfalls dafür sorgen, dass Zeichnung in Wolken verschwindet und sich, vor allem bei Aufnahmen im Wald, unschöne entfärbte Inseln im Himmel bilden.

Allerdings kann der Regler ebenfalls verhindern, dass extrem helle Lichter grau dargestellt werden.

Schatten glätten

Damit kann der Kontrast in den dunklen Bereichen reduziert werden. Wenn vorher ein sehr detailstarkes und kontrastreiches Tone Mapping angewandt wurde, bewirkt das Glätten der Schatten einen deutlich natürlicheren Bildeindruck. Sowohl *Lichter glätten* als auch *Schatten glätten* bewirken nicht etwa eine Weichzeichnung wie das Glätten der Mikrokontraste, sondern gleichen tatsächlich nur die starken Kontrastkanten an. Diese beiden Regler sind vor allem dann sinnvoll, wenn Teile des Bilds eine scharfe, detailreiche Zeichnung erhalten, andere Tonwerte aber eher zurücktreten sollen.

Schatten beschneiden

Normalerweise versucht Photomatix Pro, die Schatten so weit wie möglich in die Mitteltöne zu pressen. Das ist sinnvoll und auch der Sinn eines Tone Mapping. Wenn jedoch in den Schatten zu viel Rauschen lauert, das den Bildeindruck verdirbt, ist es manchmal besser, die Schatten ins Schwarz „absaufen" zu lassen, bevor dort ein bunter Flickenteppich zum Vorschein kommt. Neben der ultimativen Waffe gegen Rauschen ist der Regler aber auch ein gutes Hilfsmittel, einem flachen Mapping nachdrücklichere Tiefe zu verleihen. Man sollte es nur nicht übertreiben.

Auswirkung des Reglers **Lichter glätten**.

Auswirkung des Reglers **Schatten glätten**.

Auswirkung des Reglers **Schatten beschneiden**.

Auswirkung der Vorgabe **Natürlich**.

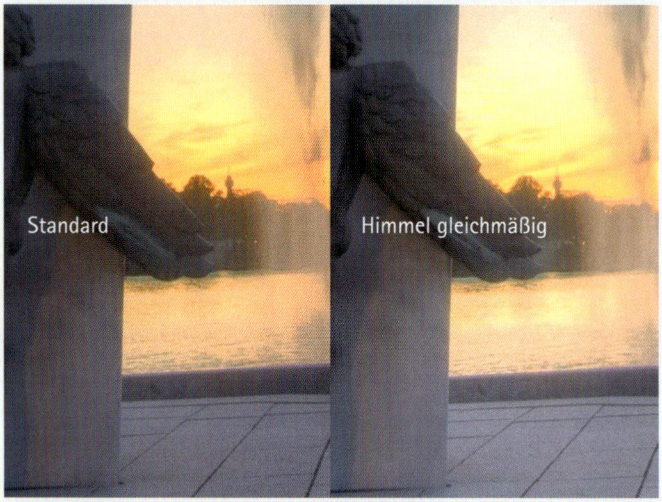

Auswirkung der Vorgabe **Himmel gleichmäßig**.

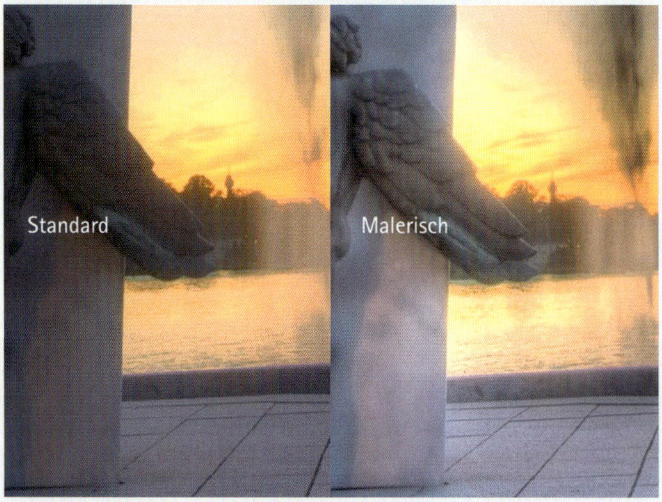

Auswirkung der Vorgabe **Malerisch**.

Tone Mapping mit Vorgaben

Photomatix Pro bietet neben der Einstellung der Parameter von Hand auch ein paar Vorgaben, Presets genannt, an, die die häufigsten Einstellungen ganz gut abdecken. Bevor man selbst an den zahlreichen Reglern arbeitet, was ein genaues Verständnis der Funktionsweise des Programms und eine mathematische Herangehensweise erfordert, kann man eines der Presets verwenden und es nach Bedarf von Hand feintunen.

Natürlich

Bei der Vorgabe *Natürlich* ist die Farbsättigung leicht reduziert, die Helligkeit deutlich vermindert, die Artefakte werden maximal geglättet, die Mikrokontraste und Lichter werden ebenfalls geglättet, und der Weißpunkt wird etwas angehoben.

Himmel gleichmäßig

Der Filter *Himmel gleichmäßig* ist gewissermaßen ein weichgespültes Tone Mapping. Mikrokontraste und Lichter werden maximal geglättet, die Farbsättigung ist leicht reduziert, die Helligkeit etwas angehoben, und die Stärke liegt bei 80. Als Ergebnis erhält man ein immer noch bonbonbuntes, aber doch realistisch wirkendes Bild ohne Halos und übertriebene Detailkontraste.

Malerisch

Diese Vorgabe eignet sich gut für den typischen impressionistischen Look. Durch die extreme Kontrastverstärkung in Verbindung mit starkem Tone Mapping – *Helligkeit +6* – wird ein leuchtender, strahlender Effekt erzielt. Durch den sehr starken Kontrast kommt es aber leicht zu Halos, man soll-

HDR der Klosterruine Munkeby mit der Vorgabe **Malerisch**. *Kontrastumfang: 1.411:1 aus sechs RAW-Dateien. Bei genauerem Hinsehen sind die Halos im Himmel noch zu erkennen, es überwiegt aber ein impressionistischer Eindruck.*

te also eher Bilder ohne gleichförmigen Himmel verwenden. Ideal sind Parkszenen.

Grunge

Grunge bedeutet eigentlich Schmutz. Die *Grunge*-Vorgabe bei Photomatix Pro übersteigert vor allem Mikrokontraste und Sättigung. Halos und fleckige Flächen sind Teil des Stils. Die Bilder wirken abgedreht und ausgeflippt. Wie jeder extreme Effekt nutzt sich auch *Grunge* sehr schnell ab. Als Startpunkt für extreme Projekte im urbanen Bereich ist der Filter aber gut geeignet.

Auswirkung der Vorgabe **Grunge**.

Die 360°-Bild-Option

Ganz zum Schluss gibt es noch das unscheinbare Schalterchen *360°-Bild*, das aber nicht nur erheblichen Rechenaufwand verursacht, sondern auch nur dann aktiviert werden sollte, wenn das Bild ein 360°-x-180°-Kugelpanorama ist und als solches interaktiv betrachtet werden soll – und wenn beim Erstellen des Kugelpanoramas an der Nahtstelle zwischen linkem und rechtem Rand ein Helligkeitsunterschied sichtbar ist.

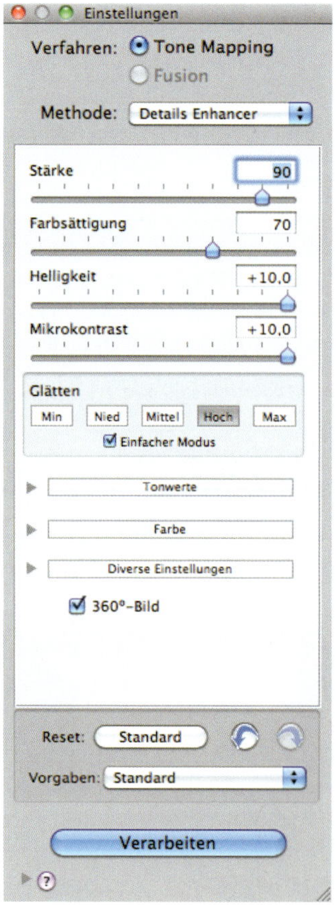

Aktivierte 360°-Bild-Option.

In allen anderen Fällen sollte diese Option ausgeschaltet sein. Sie analysiert nämlich den linken und den rechten Rand des Bilds und versucht, die dortigen Kontraste anzugleichen. Wenn nun die beiden Ränder nicht zusammenpassen, weil das Panorama eben keines ist, ist das Ergebnis schlicht unbrauchbar. Das reicht bis zu waagerechten, hellen Streifen quer durchs Bild.

Der Tone Compressor

Der *Tone Compressor* ist die Alternative zum *Details Enhancer*. Beide Methoden des Tone Mapping sind unabhängig voneinander, die Einstellungen demzufolge auch. Photomatix Pro erlaubt es aber, beide Methoden parallel zu verwenden, es speichert dann eben zwei unterschiedliche Bilder ab.

Der *Tone Compressor* kümmert sich vor allem darum, den Kontrastumfang des HDR in das LDR zu pressen. Die unterschiedlichen Beeinflussungsmöglichkeiten für Mikrokontraste sowie Lichter und Schatten fehlen hier, die Bildergebnisse sind meistens natürlicher. Vor allem wenn es um Szenen geht, deren Kontrastumfang nicht höher als etwa 14 Lichtwerte ist, erreicht man mit dem *Tone Compressor* sehr unverfälscht wirkende Bilder.

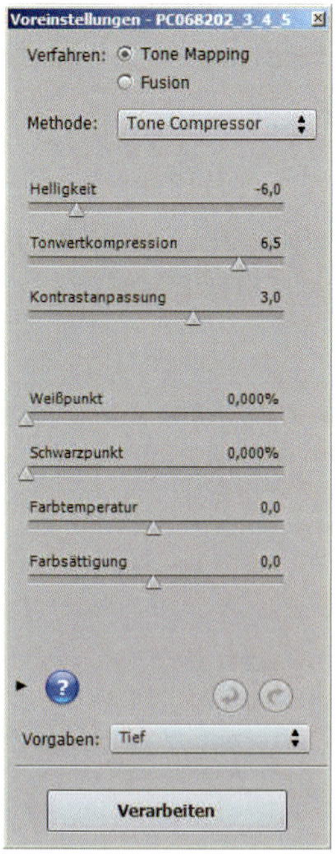

Ein Klick auf die Schaltfläche startet den **Tone Compressor**.

Schwierig wird es bei Bildern, die einen höheren Kontrast abbilden. Die zur Verfügung stehenden 8 Bit, die ein normaler Monitor darstellen kann, reichen nicht aus, um selbst bei Kompression mehr als 14 Lichtwerte darzustellen. Als Beispiel dient ein Bild aus der Stabkirche in Borgund, das Teil eines HDR-Kugelpanoramas ist. Die Stabkirche besitzt lediglich ein kleines Fenster und acht Lichtlöcher im oberen Teil des Dachs, ansonsten wird die sehr dunkle Kirche lediglich durch die kleinen Türen beleuchtet, die sich zudem noch unterhalb eines heruntergezogenen Dachs befinden.

Der Gesamtdynamikumfang in diesem Musterbild liegt bei 17 Lichtwerten. 17 Lichtwerte klingt nicht gerade nach viel, bedeutet aber, dass das Auge bereits einen längeren Anpassungsprozess benötigt. Das mit dem *Tone Compressor* entwickelte Bild gibt in etwa den tatsächlichen Eindruck vor Ort wieder. Die Blendung durch die Tür sorgt dafür, dass man in den Schatten neben der Tür nichts erkennen kann. Die Details über der Tür sind überhaupt erst zu erkennen, wenn man den Blick explizit nach oben richtet und den Blick nach draußen ausblendet.

Ein mit dem **Details Enhancer** *entwickeltes Bild. Der Kontrast des Bilds liegt bei 130.000:1, die längste Belichtung bei 20 Sekunden, die kürzeste bei 1/60 Sekunde. Der Gesamtdynamikumfang liegt also bei 17 Lichtwerten.*

Das gleiche Bild, mit dem **Tone Compressor** *entwickelt.*

Der Helligkeitsregler des *Tone Compressor* macht nun nichts anderes, als die Mitteltöne auf der vorhandenen Skala herumzuschieben. Wenn man damit die dunklen Bereiche aufhellt, bleiben für die helleren Bereiche nur noch wenige Werte übrig. Je größer der Dynamikumfang des Bilds ist, desto weniger. Die nun auf die wenigen Werte am oberen Ende der 255-Werte-Skala zusammengepressten Lichter verlieren zwangsläufig an Zeichnung.

Umgekehrt, wenn die helleren Töne, in dem Fall das Grün des Friedhofs vor der Tür, in die Mitten gerückt werden, rutscht das gesamte Interieur der Kirche in die dunkleren Schatten ab. Auch dort stehen dann nur noch wenige unterschiedliche Farbwerte zur Verfügung, der Rest fällt zwangsläufig beim Export in ein 8-Bit-Format unter den Tisch. Wird dieses exportierte JPEG nun anschließend in der Bildbearbeitung wieder aufgehellt, kommt es zu erheblichen Tonwertabrissen.

Beim **Tone Compressor**-*Beispiel des Klosters liegt die Tonwertkompression bei* **10**, *die Kontrastanpassung bei* **2,3**. *Man sieht deutlich, dass der Compressor versucht, die dunkelsten Töne etwas nach rechts zu verschieben. Das linke Ende der Kurve wirkt künstlich abgeschnitten.*

Allerdings, und das ist der Vorteil daran, taucht aus den Tiefen der Dunkelheit kein Rauschen auf – denn das ist ja bereits bei der HDR-Erstellung reduziert worden und gar nicht erst in das JPEG exportiert. Das JPEG ist also für ein digitales Bild ungewohnt sauber.

Trotzdem sollte man unter Rücksichtnahme auf die Tonwertabrisse die Mitten gleich dort setzen, wo man sie sich wünscht. Alles, was nämlich im Verlauf des Tone Compressing auf *0* oder *255* gesetzt wurde, ist nicht mehr zu retten. Die dann auch im aufgehellten JPEG auftauchenden schwarzen Stellen enthalten nicht nur keine Zeichnung, sondern auch keine Farbe mehr. Sie bleiben schwarz und können durch starkes Aufhellen maximal noch grau werden.

Auch hier gilt: Die Vorschau stimmt nicht mit dem exportierten 8-Bit-Bild überein.

Tonwertkompression

Mit dem Regler *Tonwertkompression* können Sie die Kompression selbst einstellen. Steht der Regler ganz links, sind die Regler für Helligkeit und Kontrastanpassung nahezu wirkungslos. Sie erhalten ein Bild, das in etwa dem dunkelsten Bild der Belichtungsreihe entspricht. Je weiter Sie die *Tonwertkompression* nach rechts schieben, desto wirksamer werden die Regler für Helligkeit und Kontrastanpassung.

Bei einer Tonwertkompression von *+10* versucht die Software, den gesamten Kontrastumfang immer in die zur Verfügung stehenden 8 Bit zu pressen. Lichter und Schatten werden so weit wie möglich am Ende abgesenkt, sodass die Bildpunkte bis zum Schluss Farbe behalten. Dies funktioniert natürlich nur in gewissen Grenzen, und ab einem bestimmten Punkt, der bei jedem Bild woanders liegt, stößt das Histogramm am Rand an und staut sich auf.

Kontrastanpassung

Mit dem Regler *Kontrastanpassung* können die im vorherigen Beispiel erwähnten Abschnitte am Ende beidseitig verbreitert werden. Der „Berg" der für das Bild relevanten Farbtöne wird zusammengeschoben, und links und rechts werden tiefe Schatten und helle Lichter reduziert. Das geht natürlich nur dann, wenn die Tonwertkompression stark genug ist, um den Tonwertumfang auch in die vorhandenen 8 Bit zu pressen. Im Bild der Klosterruine ist das ab einer Kompression von *-5* möglich.

Auch wenn die Kontrolle der tiefen Schatten und Spitzlichter auf dem Monitor schwierig ist, über das Histogramm ist sie exakt möglich. Überfahren Sie das Histogramm mit dem Mauszeiger, werden an jedem Punkt des Histogramms die Anzahl der Pixel und der Tonwert angezeigt. Der Wert *Perzentil* gibt an, wie viel Prozent der Tonwerte unterhalb der aktuellen Cursorposition liegen, also dunkler sind.

Im abgebildeten Fall liegen *41,18 %* des Bilds unter dem Helligkeitswert von *73*. Fährt man mit dem Cursor an den Rand des Histogramms, kann man bei *0* die Anzahl der rettungslos schwarzen Pixel und bei *255* die Anzahl der weißen Pixel ablesen. Man sollte, außer in Ausnahmefällen, darauf achten, dass diese Anzahl dreistellig bleibt.

Die restlichen vier Regler entsprechen exakt der Wirkung der gleichnamigen Regler im *Details Enhancer*.

Fusion

Photomatix Pro bietet noch eine dritte Möglichkeit der Kombination von Belichtungsreihen, die *Fusion*. Diese hat nichts mit dem eigentlichen HDR zu tun, da hier keine 32-Bit-Datei erzeugt wird – auch nicht temporär –, das Bild wird lediglich in dem vorhandenen 8- oder 16-Bit-Bereich verrechnet. Aus diesem Grund werden für die *Fusion* auch keine RAW-Dateien benötigt, sondern bereits gammakorrigierte JPEG- oder TIFF-Dateien.

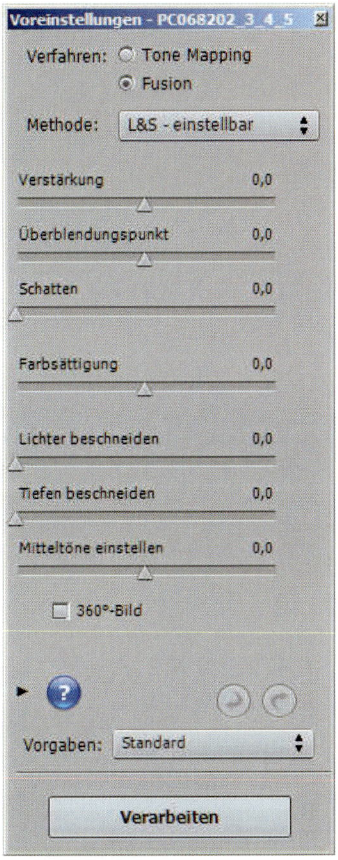

Im **Voreinstellungen***-Dialog aktivieren Sie die Option* **Fusion***.*

Fusion ist auch bekannt als „Exposure Blending" und hat einige Vorteile gegenüber dem HDR-Workflow, wenn es lediglich um einen höheren Kontrastumfang im Bild geht und die weitergehenden Möglichkeiten von HDR nicht benötigt werden.

Mit *Fusion* ist es relativ einfach möglich, natürlich wirkende Fotos mit höherem Kontrastumfang zu erstellen. Allerdings findet das Verfahren seine Grenzen im prinzipiell beschränkten Kontrastumfang von LDR-Dateiformaten. Die Grenzen liegen auch hier wieder bei etwa 14 Blendenstufen Kontrastumfang. Bis dahin liefert das Exposure Blending aber sehr saubere Bilder, die auch in den tiefen Schatten kein Rauschen aufweisen.

Mittelwertmethode

Die *Fusion* kann auf verschiedene Arten durchgeführt werden. Die mathematisch einfachste Methode ist die simple Berechnung des Mittelwerts eines Pixels ohne Berücksichtigung des Umfelds. Bei sehr hohen Kontrastumfängen wie etwa in der Stabkirche von Borgund resultiert dieses Verfahren in unbefriedigenden Ergebnissen.

Von sechs Aufnahmen weisen vier an einem gewissen Punkt ein tiefes Schwarz auf, die fünfte Aufnahme ist ziemlich dunkelbraun, die sechste Aufnahme zeigt Mitteltöne. Der Mittelwert aus viermal *0*, einmal *35* und einmal *100* ist *22,5* – zu dunkel, um Details erkennen zu können.

Die Mittelwertmethode ist vor allem bei Bildern sinnvoll, die nur einen geringen Abstand bei den Belichtungsparametern haben. Durch die Mittelwertbildung wird das Rauschen ohne Detailverlust reduziert, da ein Farbfehler auf einem einzelnen Bild nur vermindert in das Bild eingeht. Aus diesem Grund ist die Mittelwertmethode auch bei einem Pseudo-HDR – drei Entwicklungen aus einem RAW – sinnlos. Bei diesen Bildern „wandert" das Rauschen nicht und kann deshalb auch nicht entfernt werden.

Lichter & Schatten – automatisch

Deutlich besser werden die Ergebnisse aber durch die Option *Lichter & Schatten – automatisch*. Dabei werden die dunklen Stellen im Bild in Abhängigkeit von den benachbarten Pixeln leicht angehoben. Die Schatten-

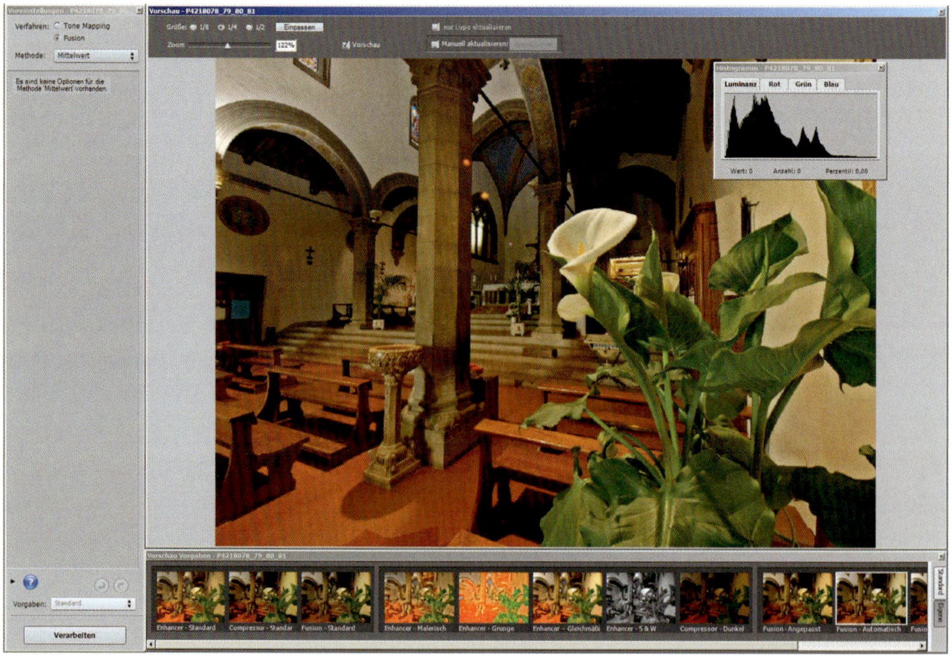

Die Abbildung zeigt eine Innenansicht der Kirche in Barberino Val D'Elsa, die aus vier JPEGs zwischen 0,8 und 6 Sekunden Belichtungszeit zusammengesetzt wurde. Der Kontrastumfang des Motivs liegt bei 1:10.000, also etwas über 13 Lichtwerten. In diesem Bereich ist die Mittelwertmethode noch gut verwendbar.

Für dieses Bild der Kirche Kandergrund in Kandersteg, Berner Oberland, vor Sonnenaufgang wurden fünf Bilder einer Belichtungsreihe mit jeweils zwei Blenden Abstand verwendet. Die hier zur Verfügung stehenden Regler arbeiten völlig anders als die Regler für das Tone Mapping.

partien werden aufgehellt und auch Details in abgesoffenen Bereichen besser sichtbar. Dabei entstehen aber keine Tonwertabrisse, da ja im Fundus der Belichtungsreihen genügend korrekte Daten vorhanden sind. Es geht also vor allem darum, die einzelnen Pixel gegeneinander anders zu gewichten, nicht jedoch darum, tatsächlich Bildwerte nach oben oder unten zu pushen, wobei es dann zu Abrissen kommen würde.

Lichter & Schatten – einstellbar

Während die beiden Optionen *Mittelwert* und *Automatisch* sinnvoll sind, wenn es schnell gehen soll oder das Motiv keine größeren Schwierigkeiten bereitet, ist die Option *Lichter & Schatten – einstellbar* deutlich leistungsfähiger und auch anspruchsvoller.

Verstärkung

Der Regler *Verstärkung* bearbeitet zwar den lokalen Kontrast, damit ist aber nicht etwa der Mikrokontrast des HDR gemeint, der eine Verstärkung des Details zur Folge hat, sondern die Gewichtung des einzelnen Bildpunkts zur Umgebung. Eine Verstärkung des Kontrasts hat im Bild der Kirche zur Folge, dass die Fassade heller wird, der Himmel dagegen dunkler. Es wird also tatsächlich nicht der Kontrast verstärkt, sondern lediglich die Berücksichtigung des lokalen Kontrasts bei der Berechnung des Tonwerts.

Überblendungspunkt

Mit dem Regler *Überblendungspunkt* verschieben Sie die Gewichtung der einzelnen Belichtungen. Nach rechts werden die überbelichteten Bilder stärker gewichtet,

Das Bild des Stalls auf Schloss Löfstad wurde vom Stativ gemacht und aus vier Aufnahmen zwischen 1/250 Sekunde und 1/1,3 Sekunde zusammengesetzt. Natürlich ist der Kontrastumfang des Bilds von fast 16 Lichtwerten zu hoch für das **Fusion**-Verfahren. An diesem Bild kann aber die Wirkung des Reglers **Überblendungspunkt** demonstriert werden.

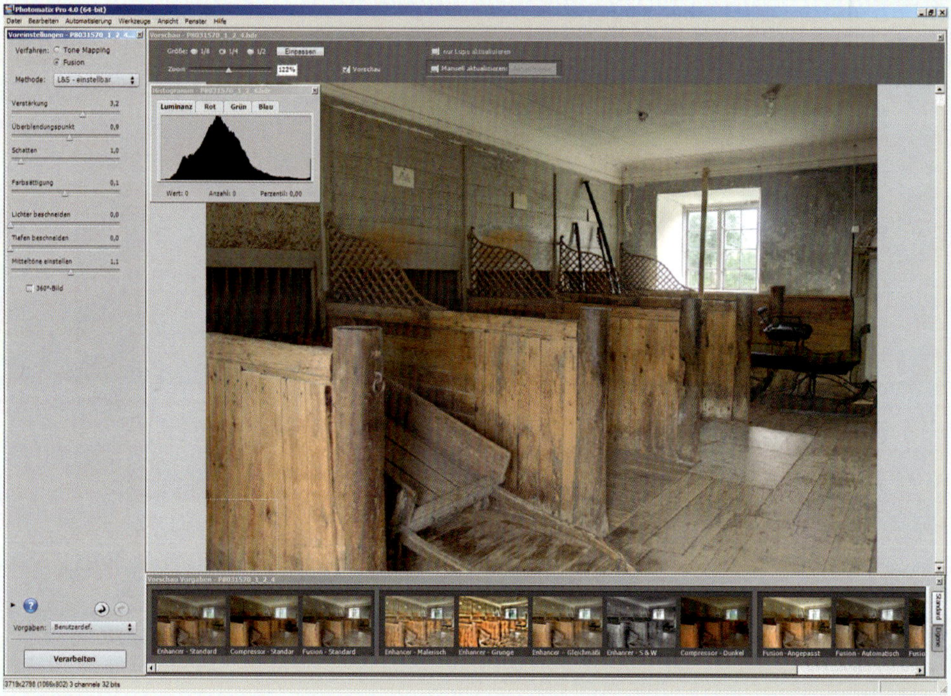

Das gleiche Bild als gemapptes HDR hat eine deutlich andere Charakteristik, auch wenn versucht wurde, jede Übertreibung im Mapping zu vermeiden. Die Fensterlaibung ist deutlich dunkler, der Raum wirkt düsterer und ist damit insgesamt fast näher am Originaleindruck.

nach links die unterbelichteten Bilder. Das hat natürlich Einfluss auf die Gesamthelligkeit des Bilds, es wird aber nicht notwendigerweise jeweils auch dunkler oder heller.
Jeder, der bereits einmal tapeziert hat, weiß, dass sich die dunkelste Ecke des Zimmers neben dem Fenster befindet. In diesem Fall stand in dem dunkelsten Eck der dunkle Schlitten. Um den sauber zu belichten, war die 1/1,3-Belichtung notwendig. Bei dieser Belichtung überstrahlt aber das Fenster so stark, dass die ausgebrannte Stelle weit größer als das Fenster selbst ist. Mit dem Regler *Überblendungspunkt* kann man nun die Gewichtung dieser ausgebrannten Stellen im Bild reduzieren. Das Bild selbst verliert in den Schatten keine Zeichnung, nur der weiße Schein um das Fenster kann reduziert werden.

Schatten

Mit dem Regler *Schatten* heben Sie den Anteil der hellen Belichtungen an den Schatten an. Es ist im Prinzip eine Schattenaufhellung ohne Nachteile, da ja – zumindest theoretisch – ausreichend Tonwerte in den Schatten zur Verfügung stehen. Es werden also keine dunklen Pixel aufgehellt, sondern nur vorhandene hellere Pixel für die Berechnung des Bilds verwendet.
Ein Problem, das dabei auftauchen kann, ist, dass die dunkleren Pixel eine andere Farbe haben oder schlicht schwarz sind, was bei Bildern mit hohem Kontrastumfang vorkommt. Die Farbe der Schatten wird nämlich auch unter Berücksichtigung der „abgesoffenen" Bildteile ermittelt, und wenn man mit dem Schattenregler den Anteil der Schatten erhöht, indem man den Wert gegen null laufen lässt, verlieren die Schatten ihre Farbe und werden grau – solange der Anteil der im Originalbild abgesoffenen Pixel hier relativ hoch ist.

Besonders anfällig für diesen Grau-Effekt sind Bilder, bei denen ein hell erleuchtetes kleines Fenster einen dunklen Raum nicht ausreichend beleuchtet, aber trotzdem die Szene vor dem Fenster mit abgebildet werden soll. Das sind dann klassische HDR-Motive.

Farbsättigung

Der Regler *Farbsättigung* ändert, wie aus der Bildbearbeitung gewohnt, die Sättigung im gesamten Bild.

Lichter und Tiefen beschneiden

Die Regler *Lichter beschneiden* und *Tiefen beschneiden* fahren das Bild am jeweiligen Rand des Histogramms in die Sättigung. Der Effekt ist aus dem HDR-Tone Mapping bereits bekannt. Man kann damit flauen Bildern mit Spitzlichtern und richtig schwarzen Schatten mehr Kontrast geben. Im Beispiel des Stallbilds zeigt sich aber vor allem bei *Tiefen beschneiden* die Grenze dieses Verfahrens. Die einzigen tatsächlich dunklen Punkte im ganzen Bild finden sich im schwarzen Schlitten unter dem Fenster.
Ein Clipping an diesem Punkt hat auf die Bildwirkung keinerlei spürbaren Effekt. Der schwarze Schlitten wird etwas schwärzer, die Mitteltöne des restlichen Stalls werden nicht beeinflusst. Ähnlich ist es, wenn in einem Bild voller Mitteltöne eine einzige, extrem helle Lichtquelle vorkommt. Mit *Lichter beschneiden* wird diese Lichtquelle von sehr hell zu extrem hell geändert, auf die Mitteltöne hat das keinen Einfluss. Obwohl die Lichtquelle scheinbar heller wird, beleuchtet sie nicht mehr.

Mitteltöne einstellen

In diesem Fall ist der Regler *Mitteltöne einstellen* gefragt. Er verschiebt die Mitteltöne in den hellen bzw. dunklen Bereich, was natürlich auch den Anteil der dunklen Pixel verändert – und damit den Gesamtkontrast des Bilds. Einfach gesagt: Der Mittenberg des Histogramms wird nach rechts oder links geschoben, ohne dass sich die Lichter oder tiefen Schatten verändern würden.

Übrigens: Auch die *Fusion* hat ein Knöpfchen für 360°-Panoramen. Nur ist dessen Auswirkung nicht so gravierend wie beim HDR-Tone Mapping.

Lichter & Schatten – 2 Bilder

Die nächste Option, *Lichter & Schatten – 2 Bilder*, ist die *Fusion* mit nur zwei Bildern. Auch wenn das natürlich etwas seltsam wirkt – schließlich hat man ja mehr Bilder der Szene geschossen –, ist der Dialog extrem nützlich, selbst wenn man schließlich doch mehr Bilder mit der Prozedur *Einstellbar* verwendet.

Man kann sich die beiden infrage kommenden Bilder aus den importierten Bildern heraussuchen und probeweise übereinanderlegen lassen. Wenngleich für die Beurteilung des reinen Tone Mapping eher uninteressant, ist die Funktion für die Beurteilung von Deckungsgleichheiten unbezahlbar. Ob das nun Bewegungen des Models sind, ziehende Wolken oder andere bewegliche Motive – mit der schnellen Vorschau in diesem Dialog kann man genau überprüfen, welches Bild aus der Reihe unbrauchbar oder unnötig ist.

Im gezeigten Bild hat das Model während der Belichtungsreihe den Kopf etwas gesenkt, das entsprechende Bild ist über die Funktion leicht auszumachen.

Lichter & Schatten – intensiv

Zum Schluss gibt es noch die Möglichkeit, die *Fusion* auf *Lichter & Schatten – intensiv* zu schalten. Das Ergebnis der *intensiv*-Verrechnung ist eine Art HDR-Simulation. Sie erzeugt die typischen Mikrokontraste, ohne jedoch den Kontrast zu stark zu reduzieren. Die Bilder werden dramatischer, „poppiger“, wenn man so will.

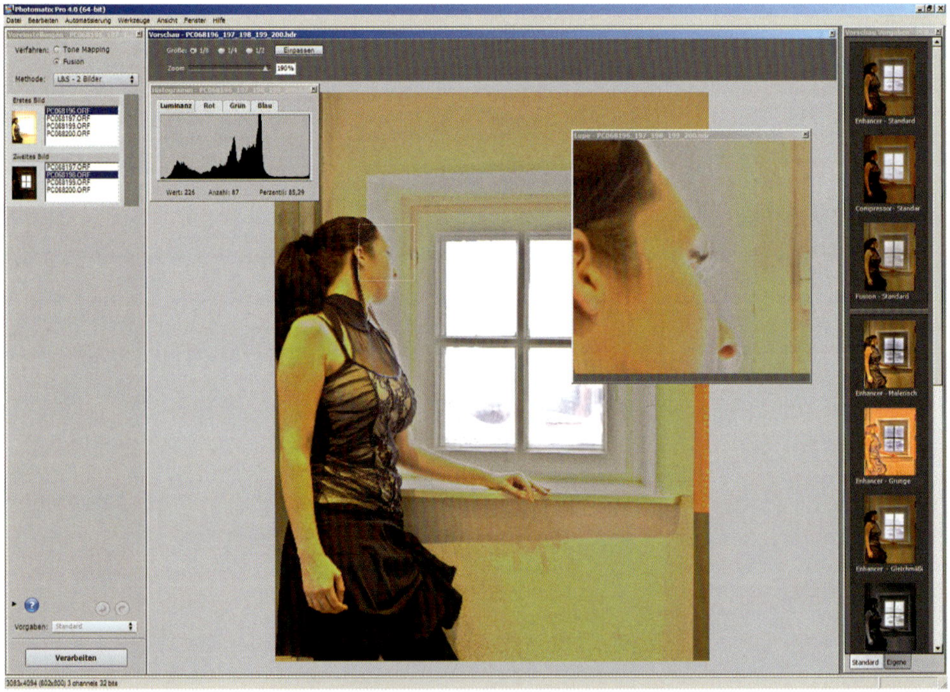

Für die Beurteilung von Deckungsgleichheiten ist die Funktion **Lichter & Schatten – 2 Bilder** *unbezahlbar. Mit der stets präsenten Lupe kann man im Zweifelsfall auch noch das Zucken des kleinen Fingers kontrollieren oder im Extremfall, ob ein Zeiger auf einer Turmuhr oder ein Vogel am Himmel im Ergebnis ein Problem bereiten könnte.*

Die Stärke des Mikrokontrasts stellt man mit dem Regler *Stärke* ein. In der geringsten Stufe sieht das Bild noch sehr natürlich aus, je weiter er nach rechts gestellt wird, desto schärfer werden die lokalen Kontraste. Das wirkt sich in diesem Fall sehr stark aus, da die direkte Sonne in keinem der zugrunde liegenden Bilder Zeichnung aufweist und der komplette Kontrastumfang des Bilds mit über 15 Lichtwerten zu hoch ist für das *Fusion*-Verfahren.

Der Regler *Radius* sorgt dafür, dass in die Berechnung der einzelnen Pixel größere Bereiche des Umfelds mit einbezogen werden. Je größer der Kontrast des Bilds ist, desto wichtiger ist dieser Parameter. Die Berechnungsdauer steigt damit zwar deutlich an, speziell bei starken Kontrasten können die bei der Mikrokontrastberechnung erzeugten Halos das Bild aber schnell unbrauchbar machen, wie man am Beispiel der 2CV-Aufnahme vor dem Wolkenhimmel feststellen kann.

Lichter & Schatten - intensiv *erzeugt typische Mikrokontraste. Die Bildwirkung wird dramatischer bis poppig bunt.*

Die Kanten am Führerhaus wirken flächig und verwaschen. Bei **Radius 70** *auf dem ersten Bild sind auch das Lenkrad und der Scheibenwischer plastisch und definiert.*

Batch-Verarbeitung

Bildbearbeitung ist eine rechenaufwendige Geschichte. Sobald es darum geht, größere Mengen an Bildern in HDRs umzuwandeln, wird das dauernde Laden von Hand sehr schnell nervenaufreibend. Selbst das Drag-and-Drop, das Photomatix Pro anbietet, kann zur Geduldsprobe werden.

Für diese Fälle bietet Photomatix Pro eine ausgefeilte Batch-Verarbeitung an, mit der man ganze Verzeichnisse auf einen Rutsch verarbeiten kann. Dabei muss man sich nicht einmal auf ein Verfahren beschränken, sondern man kann das gesamte Angebot an Möglichkeiten mit allen Bildern eines Verzeichnisses durcharbeiten, sodass zum Schluss für jede einzelne Belichtungsreihe sechs gemappte Bilder und eine HDR-Datei entstehen. Da die gemappten Dateien auch in 16-Bit-TIFF abgespeichert werden können, sollte man, bevor man einen solchen „Monsterbatch" auf seine Festplatte loslässt, für ausreichend freien Speicher sorgen.

PhotomatixCL-Kommandozeilenbefehle

Was der Batch-Modus nicht kann, sind unterschiedliche Entwicklungen ein und desselben Bilds, etwa um die Einstellungen des *Details Enhancer* nicht nur in der ungenauen Vorschau, sondern im Echtbild überprüfen zu können. Dafür gibt es den im Handbuch nicht erwähnten Kommandozeilenmodus, auch PhotomatixCL genannt. CL steht dabei für „Command Line". Die dafür notwendige Datei *PhotomatixCl.exe* wird automatisch mit installiert und befindet sich

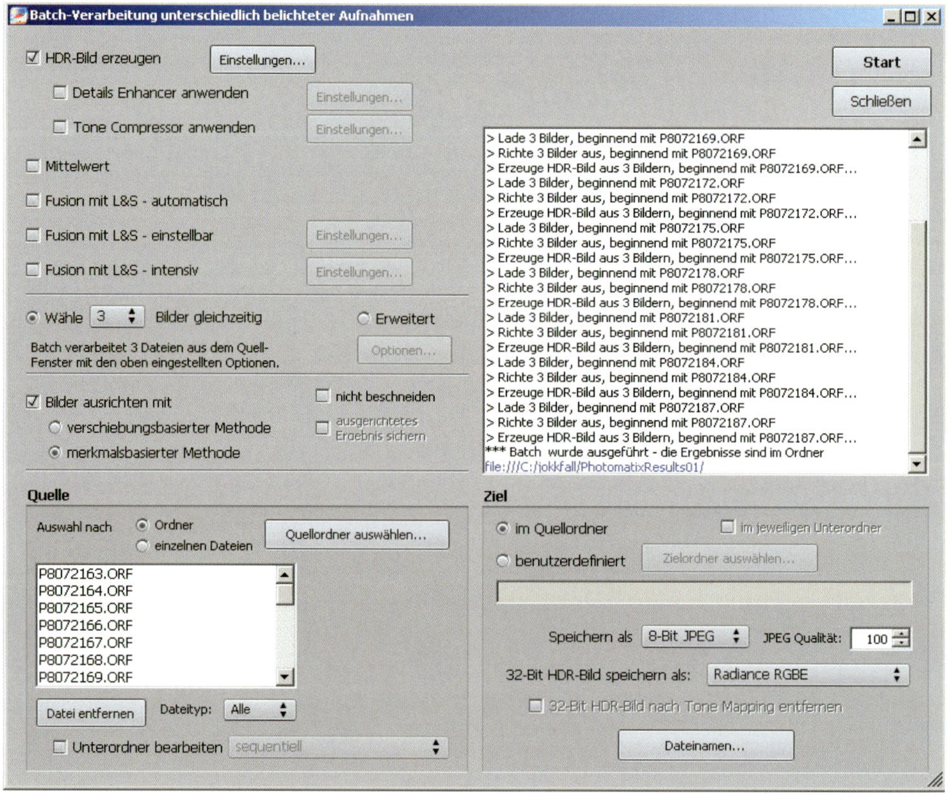

Das Dialogfeld **Batch-Verarbeitung unterschiedlich belichteter Aufnahmen** *in Photomatix Pro. Über die Schaltfläche* **Einstellungen** *hat man auf alle Einstellungsmöglichkeiten der normalen Dialoge Zugriff.*

im Programmverzeichnis von Photomatix. Ein Kommandozeilenbefehl von PhotomatixCL kann so aussehen:

PhotomatixCL -a2 -1 -3 -h exr -t1 -x1 de.xmp -bi 16 bild1.jpg bild2.jpg

Dieser Befehl lädt die beiden Bilder *bild1* und *bild2*, kombiniert sie mit *Fusion L&S – automatisch*, packt sie in ein HDR und speichert dies im OpenEXR-Format. Anschließend wird das HDR noch mit dem *Details Enhancer* in ein 16-Bit-Bild konvertiert.

Es ist also ohne Probleme möglich, eine Batch-Datei zu schreiben, die mehrere Bilder mit immer wieder neuen Parametern verarbeitet. Die wichtigsten Kommandozeilenbefehle finden Sie hier:

PHOTOMATIX CL-KOMMANDOZEILENBEFEHLE	
-0	Fusion mit *Mittelwert*.
-1	Fusion mit *Auto*.

PHOTOMATIX CL-KOMMANDOZEILENBEFEHLE	
-2	**Fusion mit** *Einstellbar ...*
-2a	... Verstärkung, z. B. *-2a 5* (gültige Werte zwischen *-10* und *10*).
-2b	... Überblendungspunkt, z. B. *-2b 5* (gültige Werte zwischen *-10* und *10*).
-2c	... Farbsättigung, z. B. *-2c 5* (gültige Werte zwischen *-10* und *10*).
-2s	... Schatten, z. B. *-2s 5* (gültige Werte zwischen *0* und *10*).
-2w	... Lichter beschneiden, z. B. *-2w 5* (gültige Werte zwischen *0* und *10*).
-2k	... Schatten beschneiden, z. B. *-2k 5* (gültige Werte zwischen *0* und *10*).
-2m	... Mitteltöne einstellen, z. B. *-2m 5* (gültige Werte zwischen *-10* und *10*).

PHOTOMATIX CL-KOMMANDOZEILENBEFEHLE	
-4	**Fusion mit *Intensiv* ...**
-4s	... Stärke, z. B. *-4s 5* (gültige Werte zwischen *-10* und *10*).
-4c	... Farbsättigung, z. B. *-4c 5* (gültige Werte zwischen *-10* und *10*).
-4r	... Radius, z. B. *-4r 30* (gültige Werte zwischen *10* und *70*).

PHOTOMATIX CL-KOMMANDOZEILENBEFEHLE	
-3	**Erstellung eines HDR-Bilds, wird standardmäßig als Radiance-File gespeichert.**
-h	HDR-Speicheroptionen: *-h „exr"* speichert im OpenEXR-Format, *-h „remove"* löscht das HDR-File nach der Erstellung des Tone Mapping wieder.
-e	Lichtwert-(EV-)Abstand der Dateien, wenn keine Belichtungsdaten in der Datei gefunden werden können, z. B. *-e 2.0* für Bilder, die 2 EV Abstand besitzen.
-ca	Reduziert chromatische Aberrationen.
-no	Reduziert Rauschen (Noise).

PHOTOMATIX CL-KOMMANDOZEILENBEFEHLE	
-g	**Versucht, Geisterbilder zu entfernen ...**
-g 1	... für sich bewegende Objekte, normal.
-g 2	... für sich bewegende Objekte, stark.
-g 11	... für Hintergrundbewegungen, normal.
-g 12	... für Hintergrundbewegungen, stark.

PHOTOMATIX CL-KOMMANDOZEILENBEFEHLE: TONKURVE	
-cu	Tonkurve für die HDR-Erzeugung.
-cu 0	Tonkurve aus dem ICC-Profil (Standard).
-cu 1	Tonkurve wird selbst ermittelt.

PHOTOMATIX CL-KOMMANDOZEILENBEFEHLE: FARBRAUM	
-wb	Farbtemperatur für die RAW-Umwandlung, z. B. *-wb 7500*.
-co	Farbraum der HDR-Datei bei RAW-Import.
-co 0	sRGB.
-co 1	Adobe RGB (Standard).
-co 2	ProPhotoRGB.

PHOTOMATIX CL-KOMMANDOZEILENBEFEHLE: TIFF-DATEIEN	
-mh	Diese Option ist nur für extrem große TIFF-Dateien von Interesse. Sie veranlasst Photomatix Pro, nicht das gesamte Bild in den Speicher zu laden, sondern nur einzelne Streifen davon bis zu einer maximalen Speichernutzung von 512 MByte. Es muss zusätzlich die Option *-3* angegeben werden. Der große Nachteil ist, dass bei diesem Verfahren prinzipbedingt keine Verschiebungskorrektur und keine Geisterbildentfernung stattfinden kann.

PHOTOMATIX CL-KOMMANDOZEILENBEFEHLE: SETTINGS	
-t1	Mappt ein HDR mit *Details Enhancer* (benötigt die Option *-3*).
-t2	Mappt ein HDR mit *Tone Compressor* (benötigt die Option *-3*).
-x1	Lädt ein Setting im XMP-Format für die Einstellungen des *Details Enhancer*, z. B.: *-x1 EnhancerSettings.xmp*.
-x2	Lädt ein Setting im XMP-Format für die Einstellungen des *Tone Compressor*, z. B.: *-x2 CompressorSettings.xmp*.

PHOTOMATIX CL-KOMMANDOZEILENBEFEHLE: JUSTIEREN	
-a1	Justage der Bilder mit der Methode *verschiebungsbasiert*.
-a2	Justage der Bilder mit der Methode *merkmalsbasiert*.
-a1n	(oder *-a2n*) Bilder justieren, aber nicht beschneiden.
-a1s	(oder *-a2s*) Bilder justieren und die justierten Bilder sichern.

PHOTOMATIX CL-KOMMANDOZEILENBEFEHLE: FARBTIEFE	
-bi	Bit-Tiefe des gemappten Bilds.
-bi 8	8-Bit-Farbkanal.
-bi 16	16-Bit-Farbkanal.

PHOTOMATIX CL-KOMMANDOZEILENBEFEHLE	
-p	Das beabsichtigte Endprodukt ist ein 360°-Panorama, das in einem Viewer nahtlos betrachtet werden soll (funktioniert nur beim Tone Mapping mit dem *Details Enhancer* und bei einstellbarer *Fusion*, in allen anderen Fällen wird der Parameter ignoriert).
-md	Verringert den Speicherbedarf (funktioniert nur beim Tone Mapping mit dem *Details Enhancer* und bei einstellbarer *Fusion*, in allen anderen Fällen wird der Parameter ignoriert). Wird automatisch eingeschaltet, wenn der Parameter *-mh* (streifenweise Verarbeitung) verwendet wird.
-d	Zielpfad für die resultierende Datei. Der letzte Backslash „\" muss mit angegeben werden, z. B.: *-d C:\images*.
-n	Namenskonventionen für das resultierende Bild.
-n 0	Resultierender Bildname beginnt mit dem Namen des ersten Bilds der Belichtungsreihe (Standard).
-n 1	Resultierender Bildname beginnt mit einer eigenen Nummer.
-n 2	Wie *-n 1*, aber mit verkürztem Dateinamen.
-n 3	Resultierender Bildname endet mit eigener Nummer.
-n 4	Wie *-n 3*, aber mit verkürztem Dateinamen.
	In den Fällen 1 bis 4 muss die eigene Nummer mit dem Parameter *-q* übergeben werden, also z. B. *-q 3*.
-ns	Wie oben, nur wird keine eigene Nummer angehängt oder vorangestellt, sondern ein eigener Text, z. B.: *-ns 1 versuch1*.
-o	Name des resultierenden Bilds ohne Dateinamenserweiterung.
-s	Das resultierende Bild wird in einem anderen Format als die Ausgangsbilder gespeichert. Die Möglichkeiten sind *-s tif* und *-s jpg*.
-j	Angabe der JPEG-Qualität der Ausgabedatei. Standard ist 100, z. B.: *-j 90*.

5

HDR IN DER PRAXIS

U
U
TAXI

5

HDR in der Praxis

Eine Nachtszene in Halden, Südnorwegen, von der Festung Kristiansten aus aufgenommen. Als Grundlage dienten drei Bilder einer Belichtungsreihe, bei der Erstellung wurden die durch fahrende Autos verursachten Geisterbilder automatisch entfernt.

5 HDR in der Praxis

Die Technik der Belichtungsreihen krankt daran, dass sich schnell bewegende Motive nicht dargestellt werden können. Der einzige Ausweg aus diesem Dilemma ist das bereits besprochene Pseudo-HDR. Als Beispiel für diese Art HDR wird im Folgenden ein Bild vom „London Eye" verwendet.

Pseudo-HDR

■ Das Riesenrad steht nicht still, sondern läuft ununterbrochen durch. Mit einer Langzeitaufnahme kann man zwar sehr schöne Wischspuren erzeugen, ein scharfes HDR aus einer Belichtungsreihe ist jedoch nicht möglich – auch weil die Winkelgeschwindigkeit und damit der Versatz der verschiedenen Riesenradteile unterschiedlich sind.

1. Im RAW-Konverter Ihres Kameraherstellers erzeugen Sie nun drei JPEG-Dateien in möglichst großem Belichtungsabstand. Der Belichtungsabstand wird durch die beiden Faktoren Dunkelrauschen und Lichter bestimmt.
2. Bei der Entwicklung der RAW-Datei sollte immer das Histogramm im Auge behalten werden. Bei der Überbelichtung befinden sich die entscheidenden Stellen in den Schatten. Sobald dort signifikant Rauschen sichtbar wird, ist das Ende erreicht.

Vergessen Sie nicht, dass Mikrokontrast das Rauschen zusätzlich steigert. Wenn die zur Verfügung stehenden RAW-Dateien auch in den Schatten „sauber" sind, spricht nichts dagegen, das RAW mit einer Überbelichtung von 2 EV zu entwickeln.

Bei den Lichtern ist die Grenze dort erreicht, wo keine neuen Details mehr aus den Lichtern zum Vorschein gebracht werden können.

3. Das RAW-Bild des London Eye wurde mit dem RAW-Konverter des Kameraherstellers jeweils mit einer Belichtungskorrektur von +1, 1 und –1,1 EV entwickelt. Photomatix Pro erkennt normalerweise den Abstand der Belichtungen anhand der EXIF-Daten, also der Aufnahmedaten, die die Kamera in das gespeicherte Bild hineinschreibt.

   Da aber bei der RAW-Konvertierung die Belichtungsdaten in den EXIFs nicht verändert werden, erkennt Photomatix Pro beim Import, dass da etwas nicht stimmen kann – und öffnet ein Dialogfeld, in dem man die entsprechenden Belichtungskorrekturen eingeben kann.

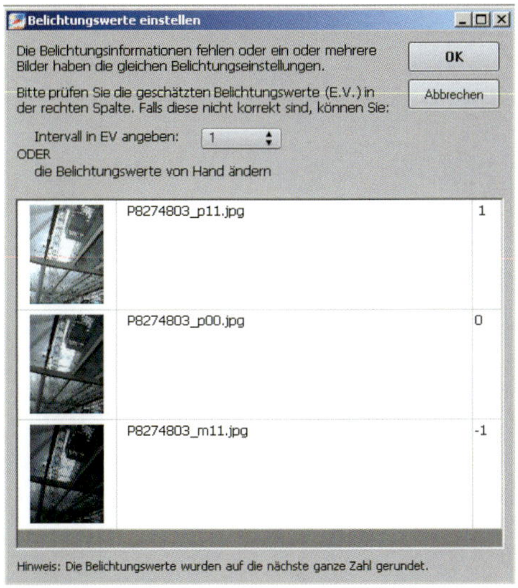

Photomatix Pro versucht, im Dialogfeld **Belichtungswerte einstellen** *die fehlende Belichtungskorrektur selbst zu erkennen, und ist dabei auch ziemlich treffsicher. Allerdings erkennt das Programm keine Nachkommastellen.*

Das Bild krankt an den üblichen Problemen: Der Himmel ist teilweise ausgefressen, andere Teile des Bilds saufen bereits wieder ab. Wie bereits gezeigt, ist der Weg direkt über die vorhandene RAW-Datei in Photomatix Pro suboptimal, zusätzlich handelt es sich auch bei diesem Bild wieder um ein RAW, das erst entzerrt werden müsste.

4. Beim Import von Dateien, die aus einem einzelnen RAW erzeugt wurden, hat man natürlich den Vorteil, weder fließendes Wasser noch Verwacklungen herausrechnen zu müssen. Diese Optionen können ausgeschaltet bleiben.

5. Beim an die HDR-Erstellung anschließenden Tone Mapping wird der *Details Enhancer* verwendet, es geht ja darum, aus dem vergleichsweise geringen Kontrastumfang des Bilds mehr Details herauszuholen. Aus diesem Grund wird die Stärke des Kontrasts sehr weit angehoben, das recht einfarbige Bild stärker gesättigt, anschließend geglättet, und der Weißpunkt wird etwas angehoben, damit von der Sonne noch etwas zu sehen ist.

Am Bildschirm sieht das Ganze so aus:

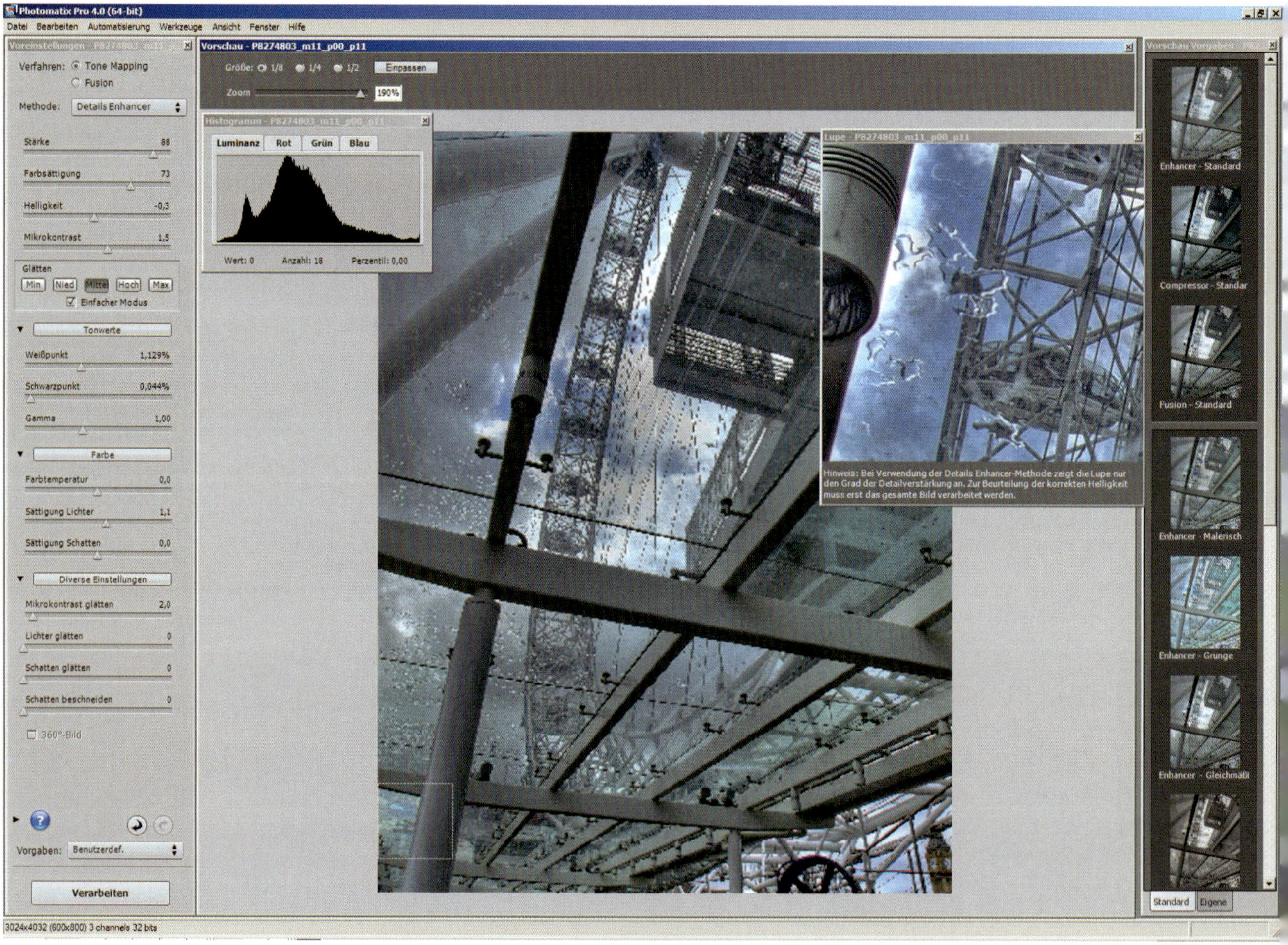

Das fertige Bild zeigt nun deutlich mehr Details und kommt dem tatsächlichen Eindruck näher. Hand aufs Herz: Ist Ihnen beim Originalbild der Big Ben aufgefallen, der sich mit aufs Bild geschmuggelt hat? Die Uhr des Big Ben zeigt übrigens 10 vor 12 GMT – nur falls die Druckauflösung in diesem Buch nicht reichen sollte.

Fusion aus der Hand

Eine klassische Anwendung für das Exposure Blending sind Aufnahmen im sonnigen Süden. Die starke Sonne produziert sehr harte Schatten, sodass man auf den Urlaubsfotos meist nur die Wahl zwischen ausgefressenem Himmel und finsteren Gassen hat. Als Beispiel hier ein kleiner Platz in Campiglia Marittima, einem kleinen toskanischen Bergdorf.

1. Die Belichtungsreihe wurde bei 28 mm Kleinbildbrennweite aus der Hand geschossen – Blende 4,5, längste Belichtungszeit 1/160, kürzeste Belichtungszeit 1/2500, Bildfolgegeschwindigkeit 5 Bilder pro Sekunde.

   Je schneller die Kamera ist, desto besser ist das für das Ergebnis. Falls Sie einen Stabilisator in der Kamera oder im Objektiv besitzen, ist nun der richtige Zeitpunkt gekommen, ihn einzuschalten. Achten Sie vor allem darauf, dass Sie Ihre Blende nicht weiter schließen, als unbedingt notwendig.

2. Wenn Sie fünf Bilder mit je 1 EV Abstand schießen, vervierfachen sich die Belichtungszeiten Ihres ersten normal belichteten Bilds. Hätten Sie in diesem Fall Blende 8 gewählt, wären Sie zwar im ersten Bild noch bei 1/125 gewesen, beim hellsten Bild der Reihe hätten Sie aber bereits 1/30 belichten müssen, was bei 28 mm Brennweite knapp wird.

   Die meisten Kameras haben zudem die längste Belichtung der Reihe am Ende, und genau da wird es sowieso etwas schwieriger mit dem Halten. Belichtungsreihen mit mehr als 4 EV Gesamtumfang sind nur noch in Ausnahmefällen aus der Hand zu machen.

Das Bild zeigt die typischen Probleme eines Urlaubsfotos. Die Wolken am Himmel sind bereits ausgefressen, das Himmelsblau ist blass, die Gemäuer liegen dafür im finstersten Schatten. Der Kontrast der Szene liegt bei 12 Blendenstufen. Die Ergebnisse der Belichtungsreihe werden zuerst in Photomatix Pro geladen.

3. Die Ausgangsbilder müssen ausgerichtet werden. Da es sich um ein Bild aus der Hand handelt, ist die Methode *Ausgangsbilder ausrichten mit – merkmalsbasierter Methode* passend.

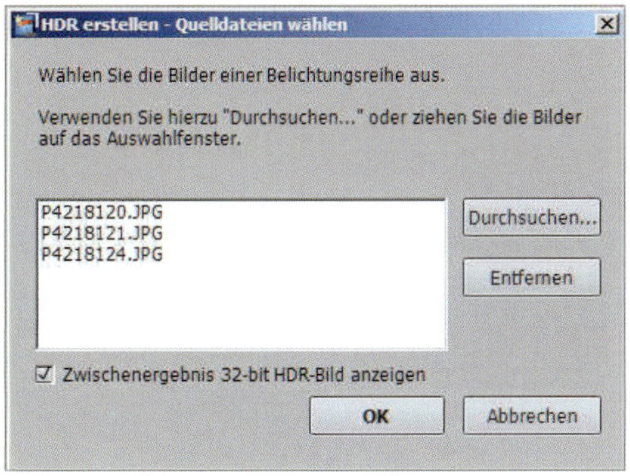

Auch in diesem Fall wurden lediglich drei der fünf Bilder verwendet. Die Zwischenbelichtungen wurden nicht berücksichtigt, sie liefern keine zusätzliche relevante Bildinformation und sorgen höchstens für Geisterbilder.

4. Im letzten Schritt müssen anhand von Histogramm und optischem Eindruck nun noch die entsprechenden Schwerpunkte gesetzt werden. In diesem Fall bleiben trotz Exposure Blending schwarze Schatten in den Toreinfahrten und Fenstern übrig. Das entspricht aber dem natürlichen Eindruck und ist kein Fehler.

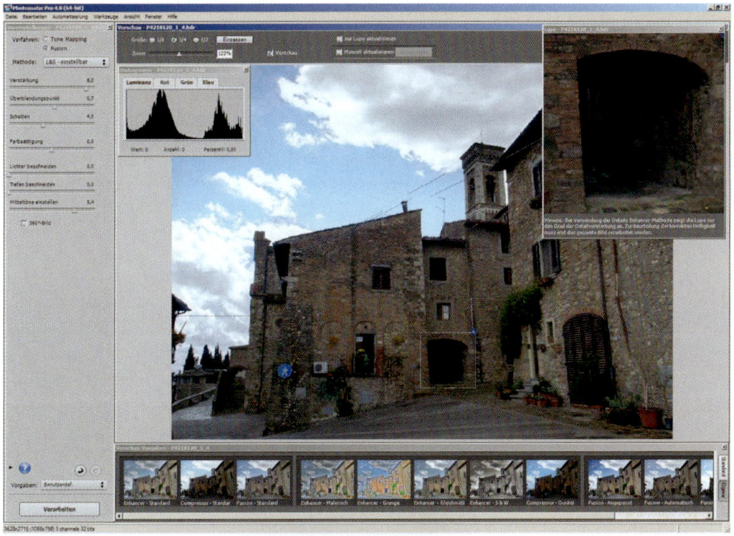

5. Das gleiche Bild als Mapping aus einem HDR bekommt eine völlig andere Charakteristik. Man kann nun zwar auch das Moped in der Tordurchfahrt und die Balken unter dem Dachüberstand erkennen, das Bild wirkt aber flacher, da die Schatten beim Tone Mapping ausgeglichen wurden. Es ist klar, dass, sobald die tiefsten Schatten verschwinden, um dort Details sichtbar zu machen, die helleren Schatten ausgebügelt werden. Dabei war bei der Erstellung des HDR-Mappings durchaus ein noch natürlicher Eindruck beabsichtigt. Was aus solch einem Bild mit der Einstellung *Grunge* gemacht werden kann, mag sich jeder selbst ausmalen.

Innenraumaufnahmen

Besonders gern werden Interieurs mit Belichtungsreihen realisiert. In Innenräumen hat man keine Probleme mit Passanten, die durchs Bild laufen, Wind und Wolken spielen kaum eine Rolle, und man kann meistens ein Stativ aufstellen. Solange man nicht den Blick aus dem Fenster detailgenau abbilden möchte, reichen meistens auch wenige Aufnahmen für einen ausreichenden Kontrastumfang.

Tilten, Shiften und Lensbaby

Solange es „nur" um die Darstellung des Innenraums geht, gibt es ein paar Tricks, deren Berücksichtigung sich lohnt. Es dreht sich in diesem Kapitel nicht um Panoramen, sondern um einzelne Innenaufnahmen. Die werden meist mit Weitwinkelobjektiven gemacht, mit sogenannten Tilt- und Shift-Objektiven, soweit vorhanden. Tilten und Shiften sind Techniken, die aus dem Plattenkamerabereich kommen. Bei diesen Kameras sind Objektiv und Plattenträger nur durch einen Balgen verbunden. Dadurch kann das Objektiv im Verhältnis zur Platte nahezu beliebig gekippt oder verschoben werden. In modernen Plattenkameras werkeln mittlerweile allerdings höchstauflösende Digitalrückteile, und aus dem simplen Brett mit Balgen ist mittlerweile die „optische Bank" geworden - Hightechmechaniken höchster Präzision.

Shiften

Beim Shiften verschiebt man die optische Achse des Objektivs senkrecht zur optischen Achse der Kamera. Um es anschaulicher zu machen: Man verschiebt das Objektiv vor der Kamera nach links oder rechts oben oder unten. Prinzipiell könnte man, mit dem gleichen Effekt, auch einen Schritt zur Seite machen. Manchmal geht das nicht, und dann ist das Shiften praktisch.

Wirklich interessant wird es, wenn man das Objektiv nach oben schiebt. Denn dann erhält man eine Perspektive, als würde man auf einer Leiter stehen. Das ist vor allem bei der Fotografie von Gebäuden sehr nützlich. Man vermeidet damit die stürzenden Linien, die man bekommt, wenn die Sensorebene von der Gebäudefront weg gekippt ist - was zwangsläufig passiert, wenn man von der Straße aus fotografiert, das ganze Gebäude draufhaben und nicht auf der unteren Hälfte des Bilds ausschließlich Asphalt sehen will. Man fotografiert nach oben.

Mit einem Shift-Objektiv hält man die Kamera parallel zum Gebäude, shiftet das Objektiv - und siehe da, das Bild sieht aus, als wäre es aus dem ersten Stock aufgenommen. In Wirklichkeit ist ein Shift nichts anderes als ein geschickt ausgenutzter Abbildungsfehler. Denn die Optik zeigt natürlich keinesfalls die Perspektive, die jemand aus dem ersten Stock hätte, der ja zum Beispiel dann die Oberseite einer Markise über dem Eingang ablichten würde.

Der Standpunkt ist immer noch der gleiche, aber die stürzenden Linien sind weg. Umgekehrt kann man natürlich über einen Shift auch stürzende Linien und Perspektive erzeugen oder verstärken.

Die Verzerrung, die das Shiften produziert, kann mittlerweile sehr einfach über die Bildbearbeitungssoftware nachempfunden werden. Allerdings verliert man beim Entzerren via Computer Auflösung, da man nicht den oberen Teil des Gebäudes „auseinanderziehen" kann, sondern den unteren Teil „stauchen" muss, um keine interpolierten Bildteile zu erhalten.

Auch um einen Laternenpfahl kann man mit einem Shift-Objektiv „herumshiften". Zum Beispiel stellt man fest, dass der optimale Kamerastandpunkt für das Bild gerade von einem Laster versperrt wird. Also stellt man sich neben den Laster, shiftet zur Seite, und

Der Kölner Dom von Süden, Aufnahme auf Analogdia ohne Shift-Adapter.

Der Kölner Dom von Süden, Aufnahme auf Analogdia mit einem Zörk-Shift-Adapter.

plötzlich sieht das Bild aus, als wäre es vom Standpunkt des Lasters aus aufgenommen worden. Leider kann man auch mit diesem Trick noch nicht ums Eck fotografieren.

Tilten

Beim Tilten eines Objektivs wird das Objektiv zur Sensorebene so verschwenkt, dass die Scheimpflug-Regel erfüllt ist. Was sehr mathematisch klingt, hat dramatische Auswirkungen auf die Schärfeebene. Ein Objektiv, das nur „geshiftet" wird, bildet zwar das Haus entzerrt ab, die oberen Stockwerke sind aber immer noch unscharf. Wird das Objektiv zusätzlich auch noch „getiltet", ist das gesamte Haus nicht nur gerade, sondern auch noch scharf.

Was im Freien noch nicht zu dramatisch ist, wird im Makrobereich spektakulär. Eine Raupe, von der man normalerweise, wenn man sie von vorne fotografiert, nur den Kopf scharf bekommt, ist auf einmal von vorn bis hinten scharf. Ein Detail, etwa ein Kieselstein, auf einer Straße fotografiert, kann mit einem Shift-Objektiv so aufgenommen werden, dass die Straße bis zum Horizont scharf ist – und das bei offener Blende.

Shiften und Tilten sind nicht umsonst auch heute noch die Domäne der Kameras mit Planfilmen und großformatigen Digitalrückteilen. Eines der großen Probleme bei kleineren Formaten sind nämlich die extrem kleinen Verstellwege, die die Mechanik der Optik bewältigen muss. Obwohl der Verstellwinkel selbst von der Filmdiagonalen unabhängig ist, ist es der Verstellweg der Mechanik sehr wohl. Durch Live-View und elektronische Sucherlupen wird die Scharfstellung beim Shiften und Tilten mittlerweile auch im Kleinbildbereich und darunter wieder erleichtert, aber von der Exaktheit und der Qualität einer optischen Bank ist man immer noch sehr weit entfernt. Hinzu kommt, dass Shift-/Tilt-Objektive einen wesentlich größeren Bildkreis liefern müssen, als der Sensor abbildet. Speziell im Weitwinkelbereich sind also sehr aufwendige auskorrigierte Konstruktionen mit sehr kurzen Brennweiten notwendig.

Lensbaby

Eine Mischung aus Tilt- und Shift-Objektiv ist das Lensbaby, das es mittlerweile in drei verschiedenen Versionen gibt, wovon zwei sogar reproduzierbare Ergebnisse erlauben – eine wichtige Voraussetzung für Belichtungsreihen. Hat man lediglich das Lensbaby Muse, bleibt einem nur ein Pseudo-HDR aus

[i]

SCHEIMPFLUG-REGEL

Die Scheimpflug-Regel (nach Theodor Scheimpflug, 1865–1911) besagt, dass bei der fotografischen Abbildung die Bild-, Objektiv- und Objektebene entweder parallel zueinander liegen oder aber sich in einer gemeinsamen Schnittgeraden schneiden. Das klingt sehr kompliziert, besagt aber nichts anderes, als dass man ein hohes Gebäude nicht von unten bis oben scharf bekommt, wenn man es von schräg unten fotografiert, es sei denn, man kann Objektiv und Bildebene so trickreich verschwenken, dass sich alle drei Ebenen in einer Geraden schneiden. Zu Zeiten der Plattenkameras waren auch die Plattenhalter kippbar, heutzutage sind die Kameras auf dem Stativ fest montiert, und die Objektive werden verschwenkt.

einem RAW übrig. Ein solches Lensbaby-Bild ist das am Anfang des Buchs gezeigte Bild des Paares vor dem Sonnenuntergang. So weit der kurze Exkurs zu Tilt- und Shift-Objektiven.

Für eine korrekte Darstellung von Innenräumen sind diese Objektive fast unentbehrlich. Es wimmelt nur so von waagerechten und senkrechten Linien, dazu kommt das Problem, einen Raumeindruck wiederzugeben, der nicht durch den 50°-Winkel des Gesichtsfelds bestimmt wird, sondern durch den Gesamteindruck. Wenn Sie mit einem 50-mm-Normalobjektiv versuchen, einen Innenraum zu fotografieren, erhalten Sie lediglich einen engen Ausschnitt, der über den gesamten Raum nicht viel aussagt.

HDR-Innenaufnahmen

Der Innenraum ist also die Domäne von auskorrigierten Ultraweitwinkeln – und guten HDR-Belichtungen. Prinzipiell können Sie mit etwas Sorgfalt mit allen Objektiven, die Brennweiten unter 35 mm Kleinbild anbieten, Innenräume fotografieren. Sie müssen dabei aber eventuelle Tonnenverzerrungen am Rand im Auge behalten.

Das Bild wurde in ein Pseudo-HDR umgewandelt und gemappt. Durch das HDR werden Details aus dem Schatten geholt, und bei der Gelegenheit wird auch gleich der Sonnenuntergang noch etwas aufgepeppt.

Das HDR einer Dorfgaststätte, in der seit gut 50 Jahren fast nichts mehr verändert wurde. In diesem Beispiel werden gleich mehrere Fehler und Probleme sichtbar: stürzende Linien und mangelnde Schärfentiefe. Das HDR wurde mit der Photomatix Pro-Version 2.0 erstellt, die noch keine so ausgereiften Einstellungsmöglichkeiten bot wie die neueren Programmversionen.

Das Bild des Speisesaals der Villa Palagione wurde mit 18 mm Brennweite und Blende 4 aufgenommen. Fünf Belichtungen zwischen 1/4 und 1/60 Sekunde wurden mit dem **Details Enhancer** *zu einem Bild montiert.*

Ein Problem von Innenräumen ist prinzipiell die Raumhöhe. Bei einer Raumhöhe von 250 Zentimetern oder darunter liegt die Mitte und damit die Objektivhöhe, die Boden und Decke in gleichem Verhältnis abbildet, bei knapp über einem Meter. Die Perspektive von da unten ist aber die eines Kindes. Sie liefert nur in den wenigsten Fällen den gewünschten Raumeindruck.

Wird die Kamera aber auf einer Augenhöhe von etwa 170 Zentimetern platziert, ist die Zimmerdecke deutlich überbetont, der Raum wirkt drückend, die Decke zu niedrig. Die Alternative ist, die Kamera zwar auf Augenhöhe zu setzen, aber dann nach unten zu schwenken. Genau das wurde beim Bild der Gaststube gemacht – mit dem Effekt von wild stürzenden Linien.

Mit dem verwendeten 28-mm-Objektiv hält sich das noch in Grenzen, mit einem 14-mm-Weitwinkelobjektiv würde das Foto schon sehr abgefahren wirken. Aus diesem Grund werden bei professionellen Interieurs gern Shift-Objektive eingesetzt.

Bei Innenaufnahmen mit einem lichtstarken Weitwinkelobjektiv sollte man unbedingt auf die Schärfentiefe achten. Beim Bild der Gaststube wurde genau das nicht gemacht, es wurde bei offener Blende auf die hintere Gaststubenecke scharf gestellt. Der Effekt sind deutliche Unschärfen an der Decke und im Vordergrund. Dafür ist die Welt

i

AUTOFOKUS ABSCHALTEN

Es kann sich rentieren, im Innenraum den Autofokus abzuschalten und über eine eventuell vorhandene Live-View-Lupe die Schärfeebene genau so zu legen, dass der Innenraum scharf, die Außenwelt aber etwas verschwommen wird. Je kürzer allerdings die Brennweite ist, desto weniger Probleme gibt es mit der Schärfentiefe.

außerhalb der Gaststube knackscharf - umgekehrt wäre besser gewesen.

Problematisch in diesem Beispiel ist vor allem das Mischlicht im Raum. Sowohl auf dem Tischtuch als auch in der Spiegelung auf dem Bild an der Wand kommt das bläuliche Tageslicht durch, während der Raum durch Glühlampenlicht erleuchtet ist. Da bei gemappten Bildern oft die Sättigung erhöht wird, fällt das noch stärker auf.

Bei der Vorbereitung der Belichtungsreihen sollte also bereits darauf geachtet werden. Entweder muss das Mischlicht kreativ in die Bildgestaltung einbezogen werden, oder es sollte komplett auf Kunstlicht verzichtet werden. Durch eine entsprechende Auslegung der Belichtungsreihen können auch dunkle Ecken durchgezeichnet dargestellt werden. In diesem Fall konnten die stürzenden Linien vermieden werden, weil der Saal deutlich höher als ein normales Zimmer und die Decke zudem durch den Torbogen und die Linien an der Wand gut gegliedert ist.

Nachtaufnahmen

Nachtaufnahmen sind ein beliebtes Sujet für HDRs. In den allermeisten Fällen benötigt man aufgrund der langen Belichtungszeiten sowieso ein Stativ, und dann sind weitere Belichtungen auch kein großes Problem mehr. Einzige Ausnahme sind Aufnahmen des Nachthimmels. Durch die Erdrotation wandern die Sterne so schnell, dass die verschiedenen Belichtungen die Himmelskörper an unterschiedlichen Stellen sehen. Dabei handelt es sich nicht nur um eine Verschiebung, die Photomatix Pro ja ausgleichen kann, sondern um eine Rotation, deren Mittelpunkt nur dann auf dem Bild ist, wenn man zufälligerweise Richtung Norden fotografiert hat.

Es werden bei der Astrofotografie zwar durchaus auch Mehrfachbelichtungen eingesetzt, das dort verwendete Verfahren hat jedoch mit dem beim HDR-Tone Mapping eingesetzten nicht viel gemeinsam. Zudem sind viele beeindruckende Bilder von Sternennebeln und Galaxien ein Konglomerat aus Bildern, von denen nur die wenigsten im sichtbaren Spektrum aufgenommen wurden. Wenn man so will, ist Astrofotografie ein „Frequenz-DRI", während HDR ein „Amplituden-DRI" ist (DRI - Dynamic Range Increase).

In der Astrofotografie werden unterschiedliche, vom Menschen visuell nicht erfassbare Spektren (Infrarot, Ultraviolett, Röntgenstrahlung, Gammastrahlung) aufgefangen und in sichtbare Farben umgesetzt. Welche Farbe dabei welches Spektrum symbolisieren soll, liegt im Ermessen dessen, der das Bild umsetzt. Röntgenstrahlung hat im eigentlichen Sinne keine Farbe, ob man sie nun im Bild rot, grün oder violett darstellt, ist Geschmackssache, keine Farbe ist richtiger als eine andere. Das normale HDR ist dagegen eine reine Amplitudenkompression. Die dargestellten Frequenzen des Spektrums bleiben gleich - die Farbsättigung mal außen vor gelassen -, nur die Intensität wird komprimiert.

Gewitterfotografie

Es gibt aber noch eine Sorte Nachtaufnahmen, die zwar normalerweise vom Stativ stattfindet, aber trotzdem keine Belichtungsreihen erlaubt: die Gewitterfotografie.

LESEZEICHEN

http://www.blids.de

Um zur richtigen Zeit am richtigen Ort zu sein, gibt es Informationsdienste im Internet, bei denen man den Verlauf einer Gewitterfront verfolgen kann. Eine der Adressen ist beispielsweise der Blitzinformationsdienst von Siemens.

i

BLITZE FOTOGRAFIEREN

Blitze zu fotografieren kann gefährlich sein, wenn Sie sich dabei im Freien aufhalten. Einen sicheren Abstand zum Gewitter gibt es nicht. Der Blitzeinschlag ist völlig unberechenbar, und es kann Sie nicht nur der direkte Blitzeinschlag umbringen, sondern auch die Schrittspannung. Wenn Sie also breitbeinig dastehen und in einem Bereich von zehn Metern der Blitz einschlägt, verursacht die Erde, die einen gewissen Widerstand hat, einen Spannungsabfall zwischen der Position Ihres linken und der Ihres rechten Beins. Da auch Ihr Körper kein Isolator ist, wird ein Teil des Blitzstroms im Boden durch Ihren Körper fließen und zu unkontrollierbaren Muskelkontraktionen führen. Gummisohlen helfen nur in den Randbereichen des Spannungstrichters und auch nur dann, wenn sie trocken und sauber sind.

Kameraeinstellungen festlegen

1. Das Gewitter naht. Stellen Sie die Kamera auf manuellen Fokus und ihre Hyperfokaldistanz. Und beachten Sie, dass Kameras und Stative aus Metall bestehen. Stellen Sie also sicher, dass sowohl Kamera als auch Stativ geschützt sind und auch Sie besser im Trockenen sitzen.

   Es gibt Spezialisten, die im Auto bleiben, die Kamera samt Stativ auf den Beifahrersitz verfrachten und durch das geöffnete Seitenfenster fotografieren. Sie sollten sich dann aber während der Belichtungszeit nicht rühren, das Auto wackelt sonst mit.

   Falls Sie nicht über ein Fahrzeug mit senkrecht stehenden Seitenscheiben verfügen, kann das allerdings für den Innenraum des Fahrzeugs eine gewisse Grundfeuchtigkeit zur Folge haben. Sich bei starkem Wind und Regen mitsamt Auto unter einen Baum zu stellen, ist ebenfalls keine brauchbare Idee.

2. Bei sehr starkem Wind müssen Sie das Stativ besonders sichern, um die Bilder verwacklungsfrei zu halten, aber auch um die Kamera zu schützen. Stellen Sie das Stativ möglichst niedrig, klappen Sie die Beine so weit wie möglich aus und beschweren Sie die Stativfüße mit Steinen.

3. Das nächste Problem ist die Ausrichtung. Meistens fotografiert man in die Richtung, aus der das Gewitter kommt – mithin gegen den Wind. Regen weht also direkt auf die Frontlinse. Speziell wenn Sie ein Weitwinkel benutzen, kann das die Blitzjagd sehr schnell beenden. Es gibt im Zubehörhandel Gummisonnenblenden, die in solchen Fällen etwas helfen können.

4. Stellen Sie die Kamera auf Blende 5,6 und ISO 100 ein, das ist ein guter Anfang. Je weiter Sie die Blende zumachen, desto dunkler werden auch die Blitze. Je nach Heftigkeit des Gewitters müssen Sie die Blende auch noch weiter schließen. Die Belichtungszeit richtet sich nach dem Umgebungslicht.

5. In stockdunkler Nacht können Sie den Verschluss über die Bulb-Funktion der Kamera mit einem Fernauslöser so lange geöffnet halten, bis der Blitz kommt. Ist ein beleuchteter Ort mit auf dem Bild, können 30 Sekunden allerdings schon zu lange sein. Bulb hat gegenüber einer fest eingestellten Zeit den Vorteil, dass Sie direkt nach einem Blitz die Belichtung abbrechen können.

Ein einfaches Gewitterfoto als JPEG direkt aus der Kamera sieht eher unspektakulär aus. Das Gleiche, als Pseudo-HDR umgewandelt, ist deutlich knackiger:

Bei Photomatix Pro 4 wird das Linearbild nicht angezeigt, sondern ein normal entwickeltes RAW. In diesem Fall wurde auf das Bild ein Grunge-Filter angewendet, der den Vordergrund hervorholt und auch kleinste Details betont.

6. Schalten Sie auf jeden Fall den Dark Frame ein, falls Ihre Kamera diese Funktion besitzt. Dabei wird nach jeder Langzeitbelichtung eine weitere Aufnahme mit identischer Länge, aber geschlossenem Verschluss gemacht. Dadurch kann in der Kamera das Bildrauschen reduziert werden.
7. Letzte, wichtige Einstellung: RAW.

Als Beispiel hier ein HDR eines Sonnenuntergangs über Halden. Die beiden Bilder rechts sind die Extreme der Belichtungsreihe mit vier Bildern zwischen 8 Sekunden und 1/8 Sekunde, jeweils bei Blende 5 und 100 mm Brennweite.

Nächtliche Stadtszenen

Immer wieder gern sieht man nächtliche Stadtszenen als HDR. Hier hat sich bei den HDR-Programmen in den letzten Jahren Erhebliches getan. Während die ersten Versionen mit fahrenden Autos überhaupt nicht zurechtkamen und statt der Scheinwerferspuren, die nur in einem Bild auftauchten, dicke schwarze Streifen platzierten, haben das aktuelle Versionen gut im Griff. So kann man nun auch belebte Straßenkreuzungen fotografieren. Zu beachten ist, dass diese Erkennung nur im automatischen Modus arbeitet. Wählt man den halb automatischen Modus, in dem man von Hand Geister entfernen kann, muss man sich um diese schwarzen Streifen selbst kümmern.

1. Die Bilder der Belichtungsreihe wurden in Photomatix Pro zu einem HDR zusammengerechnet und dann mit dem *Details Enhancer* gemappt.
2. Wie man sieht, werden die Spuren der roten Rücklichter eins zu eins übernommen, die Spuren der Autoscheinwerfer ebenfalls, aber grau wiedergegeben. Dieses Grau könnte man durch eine Änderung des Weißpunkts korrigieren, dadurch würde sich aber der Charakter des Bilds ändern. Deutlich sieht man in diesem Bild die unterschiedlichen Lichtfarben.

Auf der Straße und im Bahnhof herrscht das rotorangefarbene Licht der Natrium-

Die Belichtungen liegen zwischen 1/4 Sekunde und 3,2 Sekunden bei Blende 5. Während der Belichtungsreihe fuhr ein Pkw auf der rechten Spur auf die Kreuzung zu und bog nach rechts Richtung E6 ab. Von links kam ein Kleintransporter. Zudem kam von rechts auch noch ein Lkw, und einige Ampeln wechselten von Rot auf Grün.

dampflampen, die Dächer sind durch das vom Himmel reflektierte Licht (Farbtemperatur über 8.000 Kelvin) bläulich, die Zimmerfenster durch Glühlampenlicht (3.000 Kelvin) orange.

Der Weißabgleich für dieses Bild wurde auf Tageslicht, 5.300 Kelvin, gesetzt. Prinzipiell wäre es natürlich möglich gewesen, den Weißabgleich per Graukarte auf die erforderlichen 16.000 Kelvin zu justieren, dadurch würde auch das Gebüsch eine natürliche grüne Farbe erhalten. Alle Straßen würden jedoch im Orange versinken.

3. Letztlich ist es Geschmackssache, ob man eher die warmen Farben des Kunstlichts bevorzugt oder den Widerschein der blauen Stunde. Definitiv keine Lösung ist der Weißabgleich auf Kunstlicht. Die Fenster wären dann zwar wunderbar reinweiß erleuchtet, der Rest des Bilds wäre aber absolut blau. Lediglich der gut beleuchtete rote Zug im Bahnhof stäche heraus.

Während das Sonnenuntergangsbild von Halden mit dem *Details Enhancer* gemappt wurde, ist es natürlich auch möglich, den *Tone Compressor* zu verwenden. Dies wurde bei der Aufnahme der Straßenkreuzung gemacht.

Das HDR wurde mit der Option *Hintergrund-Bewegung* berechnet, was Pkw und Transporter bis auf die Lichterspuren einwandfrei entfernte, der große Lkw (ein Autotransporter) von rechts ist an der Ampel aber noch schemenhaft zu erkennen. Wird als Berechnungsmethode *Bewegte Objekte* verwendet, erscheint links wie durch Zauberhand der Transporter, der Lkw ist dafür vollständig verschwunden, und auch die Bremsspuren des Pkws sind auf einmal wie weggeblasen. Dafür sind an der Kreuzung auf einmal hässliche Flecken auf der Straße zu erkennen.

Die Bilder haben einen Abstand von 1 EV. Wird nun das HDR nicht mit allen Bildern, sondern lediglich aus den drei wichtigen in 2 EV Abstand berechnet, ist mit der Option *Hintergrund-Bewegung* auf einmal alles in Butter. Alle Autos sind verschwunden, obwohl sie auf den zugrunde liegenden Bildern vorhanden sind, die Lichtspuren sind da, und dafür sind die Artefakte weg. Ganz nebenbei ist das Bild deutlich schärfer und klarer.

Optimaler Abstand für Belichtungen einer Belichtungsreihe

Auch dieses Beispiel zeigt wieder: Der optimale Abstand für Belichtungen einer Belichtungsreihe beträgt 2 EV. Mehr Belichtungen machen das Bild nicht besser, sondern meistens schlechter. Der mathematische Hintergrund ist klar: Bei jeweils 1 EV Abstand wird für jedes Pixel in den Mitteltönen der Mittelwert von 5 Belichtungen verwendet (insgesamt 4 EV Abstand), da alle Pixel in diesem Bereich gültige Werte haben (also weder abgesoffen noch ausgefressen sind).

Dadurch schleichen sich aber zwangsläufig Unschärfen ein, denn auch das Ausrichten der Bilder kann immer nur mit einer bestimmten endlichen Genauigkeit passieren. Stehen für die Ermittlung lediglich 3 Pixel zur Verfügung, ist das immer noch genug, da ja eigentlich sogar ein einziges korrekt belichtetes Pixel ausreicht.

Wenn also HDR-Fotografen davon sprechen, dass sie bei einer Belichtungsreihe mit 1 EV Abstand jedes zweite Bild wegwerfen, hat das nichts mit Sorglosigkeit zu tun, sondern mit Qualitätsbewusstsein. Weniger ist hier mehr.

Nachtaufnahme mit Vollmond

Das nächste Bild zum Thema Nacht wäre mit einer der früheren Versionen von Photomatix Pro noch nicht möglich gewesen. Es handelt sich um eine Nachtaufnahme mit Vollmond, bei der die gesamte Belichtung fast eine Minute dauerte, davon die letzte Belichtung 15 Sekunden. Wenn man weiß, dass der Vollmond in zwei Minuten um seinen Durchmesser weiterwandert, müsste das Resultat eigentlich unbefriedigend sein.

Die Statue wurde von einem kleinen Strahler von links außerhalb des Bilds beleuchtet. Das Bild ist das mittlere der drei Bilder mit 8 Sekunden Belichtungszeit.

Die Belichtung mit 2 Sekunden zeigte einen kleineren Mond und abgesehen von den erleuchteten Fenstern so gut wie keinen Hintergrund. Bei der 15-Sekunden-Belichtung dagegen ist bereits die Front der Statue hoffnungslos ausgefressen. Zum Zeitpunkt der Aufnahme der Belichtungsreihe, Anfang 2008, war die Software noch nicht dazu imstande, einen Versatz des Mondes während der Belichtungsreihe auszugleichen, aus diesem Grund entfiel die eigentlich notwendige 30-Sekunden-Belichtung. Mit Photomatix Pro verrechnet und mit *Details Enhancer* gemappt, kommen schon deutlich mehr Details ans Licht.

Es fällt auf, dass das Bild kleiner ist als das zugrunde liegende und zudem die Mauer auf einmal parallel zum Bildrand ausgerichtet ist.

Hier wurde der **Details Enhancer** *nur geringfügig anders eingestellt: Die Stärke wurde reduziert, die Helligkeit erhöht, und schon ist aus der Nacht eine Dämmerung geworden.*

Das Bild, es zeigt das Nürnberger Opernhaus, wurde aus drei Bildern mit Blende 7,1 und Belichtungszeiten zwischen 1/4 Sekunde und 8 Sekunden montiert – Abstand jeweils 2 EV. Das hellste Bild der Reihe zeigt starke Überstrahlungen an den Laternen. Trotzdem ist der Nachthimmel dunkel.

Des Rätsels Lösung: Vor dem 15-Sekunden-Bild wurde die Kamera offensichtlich etwas verrückt. Photomatix Pro gleicht den Versatz aus und reduziert den Bildausschnitt auf den kleinsten gemeinsamen Nenner. Der Bildeindruck des gemappten HDR liegt nun deutlich näher an der Wirklichkeit. Natürlich kann Photomatix Pro aus den Bildern auch noch mehr Details herausholen und buchstäblich die Nacht zum Tage machen.

Derlei Spielereien finden natürlich ihre Grenzen im Rauschen, das nun aus den aufgehellten Schattenbereichen aufsteigt. Wenn man aber ausreichend Belichtungen gemacht hat, ist theoretisch auch eine scheinbare Tageslichtaufnahme möglich.

Beleuchtete Innenstadtaufnahme

Sehr beliebt sind Innenstadtaufnahmen von beleuchteten Baudenkmälern, Brücken und Leuchtreklamen. Beim nächsten Bild wurde eine Ansicht des Opernhauses in Nürnberg verwendet, bei dem ein Sechsfach-Crossfilter eingesetzt wurde, um die Lichter und Laternen mit dekorativen Strahlenkränzen zu versehen. Prinzipiell kann man solche Strahlenkränze zwar auch produzieren, indem man ein Objektiv verwendet, das an der Überschneidung der Blendenlamellen Stufen aufweist, man muss dann aber stark abblenden, um die Sterne ausreichend ausgeprägt zu erhalten. Da jede Stufe Abblendung eine Verdopplung der Belichtungszeit bedeutet, kann es eng werden; viele Kameras können nicht länger als 30 Sekunden belichten, und der notwendige Dark Frame sorgt zusätzlich für Zeitverlust.

Mit einer Belichtungszeit von 60 Sekunden wäre der wolkenlose Nachthimmel zwar heller geworden, dafür hätte aber das starke Licht für Reflexe im Gitter des Crossfilters gesorgt, die man mühsam hätte entfernen müssen. Solange man nicht die Möglichkeit

hat, urbane Themen vor Ende der blauen Stunde abzulichten, wenn am Himmel noch Resthelligkeit vorhanden ist, sollte man den Himmel schwarz lassen. Zur Demonstration ein Bild der Straße der Menschenrechte, bei der mittels *Details Enhancer* auch der Himmel aufgehellt wurde:
Man sieht deutlich, dass das Rauschen im Himmel trotz Dark Frame und niedriger ISO-Zahl stark angehoben wird. Die unscharfen Lichtreflexe sind übrigens eine Folge davon, dass die Lichter nicht punktförmig, sondern flächig strahlen. Um beim Opernhaus nicht ebenfalls einen ungewollten Sternenhimmel zu produzieren, wurde als Methode der *Tone Compressor* gewählt.
Der *Tone Compressor* muss in diesem Fall völlig anders eingestellt werden als bei

Die Straße der Menschenrechte in Nürnberg. Drei Belichtungen mit Blende 5,6 und Belichtungszeiten von 1, 4 und 15 Sekunden.

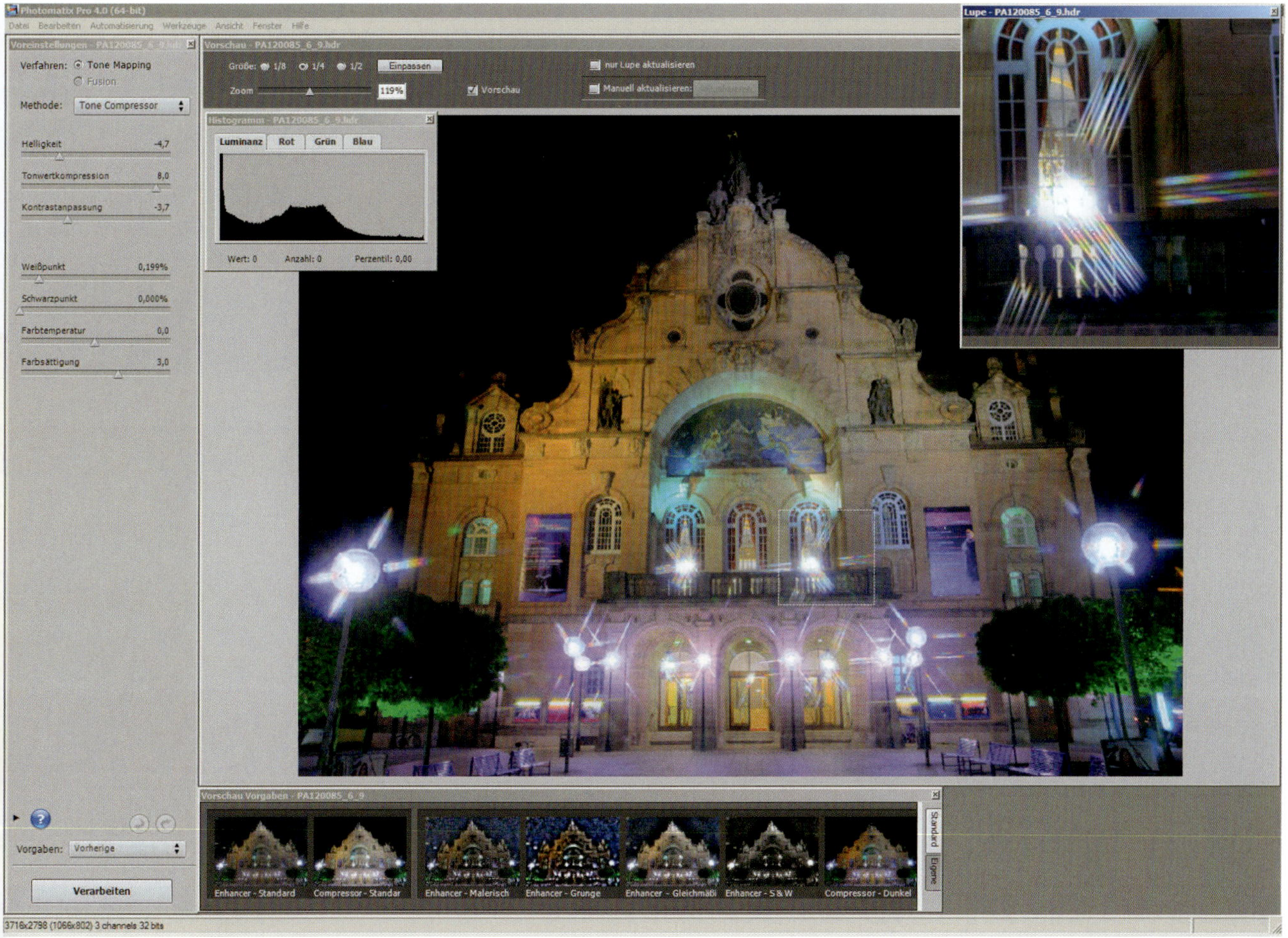

Trotz Dark Frame und niedrigem ISO-Wert nimmt das Rauschen zu.

natürlicher Beleuchtung, wenn es doch meist genau darum geht, Kontraste auszugleichen und ausgefressenen Himmel zu vermeiden. In diesem Fall soll dagegen ja gerade der Hintergrund dunkel bleiben, und lediglich Mitten und Lichter sollen komprimiert werden. Theoretisch wäre es auch möglich gewesen, so kurz zu belichten, dass auch die Lichter der Kronleuchter im ersten Stock nicht weiß, sondern klar definiert zu sehen gewesen wären. Das hätte aber dem Bildeindruck nicht unbedingt gutgetan. Man muss nicht alles machen, was technisch möglich ist.

In diesem Fall wurde übrigens ein manueller Weißabgleich vor Ort per Graukarte durchgeführt. Dass das Opernhaus trotzdem so bunt beleuchtet erscheint, ist dem wilden Mischmasch unterschiedlicher Leuchtmittel zu verdanken. Sehr schön sieht man anhand der Spektren in den Strahlen, dass die meisten Lampen lediglich über eine sehr eingeschränkte Farbwiedergabe verfügen.

Hier das fertig gemappte Bild. Es fällt auf, dass es am Rand mehr Luft hat als das überbelichtete Bild, das als JPEG direkt aus der Kamera kommt. Auch hier zeigt sich wieder, dass Photomatix Pro Beschnitt und Objektivkorrekturen des Kameraherstellers ignoriert und das gesamte RAW verarbeitet.

Passanten

Ein größeres Problem bei Nachtaufnahmen in der Stadt sind natürlich Passanten. Entweder man wartet, wie vor dem Opernhaus, bis der Platz menschenleer ist, oder man hat zwangsläufig bewegte Schatten auf dem Bild. Bei Einzelaufnahmen könnte man mittels starker Graufilter die Belichtungszeiten so verlängern, dass Passanten nicht mehr sichtbar sind. Bei HDRs ist das nicht möglich, da hier auch immer kurze Belichtungszeiten verwendet werden – sofern man nicht Belichtungszeit und Blende gleich lassen will und nur die Graufilter vor der Linse auswechselt.

Während diese Passanten in früheren Photomatix-Versionen recht unangenehme Effekte verursachten, sind sie mittlerweile durch die Funktion zur Geisterentfernung gut zu beherrschen. Gelegentlich sind Passantengeister sogar durchaus wünschenswert, da sie für eine Belebung der Szene sorgen.

Auch beim Bild des Hamburger Hauptbahnhofs, das aus drei JPEG-Bildern mit je 2 EV Abstand erzeugt wurde, waren Passanten im Bild. Das Bild enthielt ohne weitere Bearbeitung neben einer geisterhaften Flagge auch noch ein Geistertaxi sowie störende Lichtartefakte am Taxistand. Während die Passanten weniger störend waren, konnte durch eine entsprechende Geisterentfernungsaktion das Bild deutlich verbessert werden.

er Hamburger auptbahnhof im pischen HDR-ok. Durch ein rgleichsweise gressives Tone apping wurde der olkige Himmel äsenter, das samte Bild erhält n typischen HDR-ok.

Zur blauen Stunde an der Straße der Menschenrechte in Nürnberg. Das Germanische Nationalmuseum ist völlig überstrahlt, das Model befindet sich dagegen im Schatten.

Hier liegt der Originalweißabgleich auf **Tageslicht***, aus diesem Grund herrschen die Blautöne des reflektierten Himmelslichts vor. Eine Änderung des Weißabgleichs, der den Säulen die graue Originalfarbe zurückgibt, resultiert bei ansonsten gleichen Einstellungen in einer etwas konventionelleren Farbgebung.*

Personenaufnahmen

Im vorherigen Abschnitt wurden Abend- und Nachtaufnahmen besprochen, zur Einführung in dieses Kapitel dient nun gleich wieder eine Abendaufnahme. Anders als bei einigen der bereits gezeigten Tagesaufnahmen ist aufgrund der notwendigen langen Belichtungszeiten am Abend ein Stativ zwingend erforderlich.

Das folgende Beispielbild an der Straße der Menschenrechte in Nürnberg ist zur blauen Stunde entstanden. Das Germanische Nationalmuseum ist völlig überstrahlt, die Dame rechts steht im Schatten. Um nun den hohen Kontrastumfang dieser Szene bewältigen zu können, ist eine Belichtungsreihe notwendig.

Das Bild hat bereits 8 Sekunden Belichtungszeit bei Blende 5 und 40 mm Brennweite. Die folgenden Bilder wurden in jeweils 2 EV Abstand bis zu 1/8 Sekunde geschossen. Da zwischendurch auch noch Passanten durchs Bild liefen, dauerte die gesamte Prozedur 51 Sekunden, in denen das Model stocksteif stehen bleiben musste.

Das Ergebnis nach einem Tone Mapping in Photomatix Pro mit *Stärke 100*, leicht erhöhter *Farbsättigung*, maximaler *Helligkeit* und einem *Weißpunkt* auf *0,2 %* entspricht dem typischen HDR-Look von Abendaufnahmen zur blauen Stunde.

Das größte Problem ist dabei – wie immer – der Mensch. Menschen können nicht ruhig stehen, das ist physiologisch ausgeschlossen. Genauso wie ein Fahrradfahrer nicht exakt geradeaus fahren kann, ohne umzufallen, kann ein Mensch nicht frei stehen, ohne zu schwanken. Dieses Schwanken bewirkt, dass der Mensch die Balance halten kann. Die ständige Bewegung hilft den Bewegungssensoren im Ohr, die Lage des Körpers im Raum festzustellen und zu korrigieren. Je nach Empfindlichkeit des Gleichgewichtsorgans und der Reaktionsschnelligkeit des Muskelapparats ist das Schwanken mehr oder weniger stark ausgeprägt. Im Normalfall fällt es nicht auf und der Person selbst sowieso nicht, da das Gehirn das Schwanken intern verrechnet und zum Beispiel auch das vom Auge gelieferte Bild intern korrigiert.

Im konkreten Fall der HDRs folgt daraus, dass eine Person auf einer länger belichteten HDR-Aufnahme entweder liegen oder sich irgendwo anlehnen muss. Auch der Kopf schwankt nämlich, wenn er nicht irgendwo angelehnt ist. Was dabei herauskommt, wurde schon im Kapitel über die Geisterbilder gezeigt.

Personen auf HDR-Aufnahmen sollten also so platziert werden, dass sämtliche Extremitäten unterstützt werden – oder die Personen müssen so klein abgebildet werden, dass der Schwankungsweg unterhalb der Auflösung des Sensors liegt.

In diesem Bild, einem HDR vom fünften Stock des Mohrentorturms zur Nürnberger Burg, konnte sich das Model an die Fensterlaibung anlehnen und so auch die längere Belichtungszeit von 1/2 Sekunde sowie die drei weiteren Bilder ohne Bewegung überstehen. Die Kamera stand dabei auf einem Stativ, und die Belichtungszeit wurde nach jedem Bild per Hand umgestellt. Der Abstand zwischen den Belichtungen betrug jeweils 2 EV.

Im Original des nächsten Bildbeispiels wurde der Weißabgleich auf den Schneefall vor dem Fenster eingestellt. Im Mohrentorturm an der Nürnberger Stadtmauer (im Hintergrund erkennt man die Nürnberger Burg) ist der fünfte Stock mit Halogen-Einbauspots beleuchtet, die vor Ort nicht abzuschalten sind, sodass es zu einer Mischlichtsituation kam. Für das Mapping wurde der Weißabgleich schließlich auf 3.400 Kelvin gestellt, sodass das Außenlicht deutlich kälter wirkt.

Um die extreme Schärfentiefe zu meistern, wurde der Fokus nicht etwa auf die Augen des Models gelegt, sondern per Hand auf das Fensterkreuz. Die verwendete Brennweite betrug 76 mm, Blende 11. Aber selbst das reichte bei Weitem nicht aus für eine Schärfe durch das gesamte Bild, die Schärfentiefe liegt hier bei knapp einem Meter. Erst mit 28 mm Brennweite und Blende 14 würden Burg und Häuser leidlich scharf,

Auch hier: Obwohl die beiden keinen Muskel bewegten und auch windgeschützt saßen, sodass es keine wehenden Haare gab – die wehende Flagge im Hintergrund machte bei früheren Photomatix-Versionen Probleme.

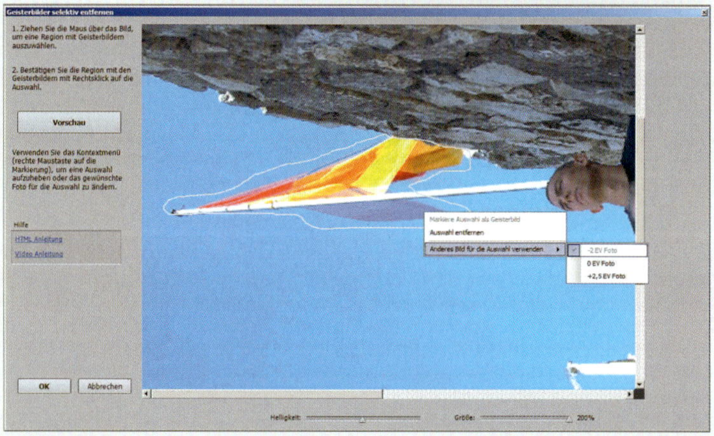

Man sieht deutlich noch den Schatten der Geisterfahne, die hier entfernt wurde.

allerdings müsste man dazu so nahe ans Model heran, dass es zu starken Verzerrungen der Anatomie käme – was im konkreten Fall nicht gewünscht war.

Einfacher wird es bei Aufnahmen am Tag. Wenn die einzelnen Belichtungen innerhalb von höchstens zwei Sekunden durchgeschossen werden können – wozu eine Kamera mit hoher Serienbildgeschwindigkeit und einer Möglichkeit für automatische Belichtungsreihen notwendig ist –, sind auch Aufnahmen von sitzenden oder stehenden Personen möglich.

Im nächsten Beispiel waren gleich zwei Models gefragt, die Aufnahmen wurden noch dazu aus der Hand gemacht. Das Bild zeigt die dunkelste der drei Belichtungen, die jeweils im 2-EV-Abstand gemacht wurden. Deutlich zu erkennen: Treppengeländer, Himmel und Fahne sind korrekt belichtet, der Rest ist hoffnungslos unterbelichtet.

Mit dem Dialog zur halb automatischen Entfernung von Geisterbildern wurde dieses Problem zuerst beseitigt.

Das Bild wurde nun mit *Fusion* entwickelt, dabei wurde die *Verstärkung* auf *8,8*, der *Überblendungspunkt* auf *8,2*, die *Schatten* auf *6,5* und die *Farbsättigung* auf *2* gesetzt. Die Tiefen wurden etwas beschnitten, um mehr „Knack" ins Bild zu bringen, und die Mitteltöne wurden ein wenig angehoben, um mehr Licht in den Schatten zu erzeugen.

Das Resultat sieht vergleichsweise natürlich aus. Auf den ersten Blick würde hier niemand eine Belichtungsreihe als Ausgangsmaterial vermuten.

Natürlich kann man aus dem gleichen Material mit ein bisschen Spielfreude auch ein anderes Bild produzieren. In diesem Fall wurde die Vorgabe *Grunge* als Ausgangsmaterial genommen. *Grunge* sorgt aber im eigentlich strukturlosen blauen Himmel für eine extreme Übersteigerung des leichten Pixelrauschens, das auch aufgrund des JPEG-Ausgangsmaterials im Himmel zu finden ist. Deshalb wurde der Himmel stark geglättet. Trotzdem findet in einigen Teilen des Bilds eine Kontrastumkehr statt - erkennbar an den typischen „Halos", den Leuchterscheinungen an der Grenze zwischen zwei Bereichen ähnlicher Helligkeit, aber unterschiedlicher Farbe.

Generell ist es eine gute Idee, zum Einstieg in das *Tone Mapping* immer erst eine der Vorgaben auszuprobieren. Die Ergebnisse sind nicht immer vorhersehbar, da beim HDR Mathematik auf Natur trifft und eine *Natürlich*-Einstellung in dem einen Bild die Beleuchtung wunderbar wiedergibt, im zweiten Bild aber, das möglicherweise eine Belichtung mehr hat, um ein Spitzlicht abzufangen, das Ergebnis vielleicht zu dunkel wirkt.

Dass die Ergebnisse nicht unbedingt exakt der Vorschau entsprechen, wurde ebenfalls bereits angesprochen. Auch das ist wahrscheinlich derzeit kaum zu ändern. Die benötigte Rechenleistung für eine Echtzeitvorschau ist derzeit noch nicht auf jedem Desktop verfügbar. Man bedenke, dass es hier um eine vollständige Verarbeitung von Dateien geht, die im besten Fall etwa 10 MByte aufweisen, größere Projekte können auch 1 GByte groß sein. Die Dateien werden ja nicht einfach von 32 Bit in 8 Bit umgewandelt, sondern unter Berücksichtigung Hunderter Nachbarpixel neu interpretiert.

Halos, Grauschleier im Himmel und die bonbonbunte Hautfarbe sind beabsichtigt. Wie bereits gezeigt, geht es auch anders.

6

HDR-PANORAMEN

6

HDR-Panoramen

6 HDR-Panoramen

HDR-Panoramen gelten zu Recht als die Königsdisziplin im Bereich HDR-Fotografie. Zum Thema Panoramen gibt es jede Menge Literatur, in diesem Kapitel soll auch gar nicht auf die Grundlagen der Panoramafotografie eingegangen werden, und auch die unterschiedlichen Projektionsarten sollen nicht das Thema sein. Im Folgenden geht es um die speziellen Anforderungen, die ein HDR-Panorama stellt.

Der Nodalpunkt

▲ *Ausschnitt eines HDR-Panoramabildes in einem Motorradmuseum, entstanden aus insgesamt sechs Bildern mit kurzer Brennweite bei einer schwierigen Mischlichtsituation.*

■ Es ist wie der alte Streit um den Schraubendreher. Seit einigen Jahrzehnten heißt das Gerät ganz offiziell laut DIN so, und der alte Begriff Schraubenzieher, der noch aus Holzschraubenzeiten stammte, als man Schrauben anzog, ist eigentlich nicht korrekt. Das hindert den Schraubenzieher aber nicht daran, zu Millionen in deutschen Haushalten in der Schublade zu liegen – neben dem Zollstock, der eigentlich korrekt Gliedermaßstab heißt und keine Zoll auf der Skala hat.

Beim Nodalpunkt liegt die Sache ähnlich, jedoch etwas dramatischer, da es den Nodalpunkt wirklich gibt. Er liegt aber in fast allen Fällen an anderer Stelle als die tatsächlich gesuchte Eintrittspupille des Objektivs. Macht sich nun jemand darüber schlau, was denn

eigentlich der Nodalpunkt ist, landet er auf der falschen Fährte. Leider ist auch die „Eintrittspupille" eines Objektivs eine recht spröde Größe, da sie nur bei manchen Objektiven zufällig mit der Frontlinse übereinstimmt. Bei Nikon-Objektiven kann man die Eintrittspupille gelegentlich in der Nähe des goldenen Rings finden, und es gibt Objektive, bei denen die Eintrittspupille gar nicht im Objektiv liegt, sondern auf der Höhe des Bajonetts. Die Sache ist also reichlich virtuell.

Wenn Ihnen also jemand erklärt, Sie müssten den Nodalpunkt, den bildseitigen Knotenpunkt, ermitteln, um Panoramen machen zu können, reichen Sie ihm einen Schraubenzieher und einen Zollstock, auf dass er sein Objektiv aufschraube und nachmesse. Leider hat sich der Nodalpunkt auch bei den Herstellern der Panoramaadapter in den Köpfen festgesetzt, und so spricht selbst Novoflex auf seiner Website davon, dass das – mechanisch hervorragende – VR-System dazu diene, die Kamera um den Nodalpunkt zu drehen. Der Nodal Ninja hat die falsche Bezeichnung sogar im Namen, was dem Hersteller durchaus bewusst ist, denn er stellt das auf seiner Website richtig, und auch bei Manfrotto geht es um den „Nodal Point".

Seien Sie sich also darüber bewusst, dass, wenn es in diesem Buch um den Nodalpunkt geht, in Wirklichkeit die Eintrittspupille des Objektivs gemeint ist und nicht einer der beiden Knotenpunkte.

Die Kenntnis des Nodalpunkts verhindert, dass Ihnen ein sogenannter Parallaxenfehler einen Strich durch Ihre Panoramarechnung macht. Einen Parallaxenfehler kennen Sie vielleicht noch von den früher üblichen Sucherkameras. Der Blick durch den Sucher zeigte, vor allem im Nahbereich, ein anderes Bild als das, was später auf dem Film auftauchte. Einen ähnlichen Fehler erhalten Sie, wenn Sie eine Kamera auf dem Stativ schwenken, wie Sie es mit einer Filmkamera machen können.

Ein Beispiel für einen Parallaxenfehler, der durch Nichtbeachtung des Nodalpunkts entstanden ist, sehen Sie hier. Es ist Teil eines HDR-Panoramas, das zwar vom Stativ, aber ohne Nodalpunktadapter gemacht wurde.

Man sieht deutlich, dass das hintere Schutzblech des hinteren Motorrads, die Sitzbank und das vordere Schutzblech gegeneinander verschoben sind. Auch wenn es hier im Buch nicht nach viel aussieht, in der Datei ist der Fehler immerhin 100 Pixel breit, was ein erfolgreiches Stitchen zuverlässig verhindert.

DER NODALPUNKT

Als Nodalpunkt wird meistens fälschlicherweise der Punkt der Eintrittspupille eines Objektivs bezeichnet. Tatsächlich ist der Nodalpunkt (Knotenpunkt) der Punkt auf der optischen Achse, auf den die Lichtstrahlenden scheinbar zulaufen – wenn sie vor und hinter dem Objektiv im gleichen Winkel austreten. Die beiden „echten" Nodalpunkte (vorne und hinten) werden Sie in der fotografischen Praxis eher nicht brauchen. In der Panoramafotografie wird aber immer vom Nodalpunkt gesprochen. Gemeint ist dabei die Eintrittspupille oder auch der Drehpunkt des Objektivs bei einer bestimmten Brennweite. Da Nodalpunkt aber so schön fachmännisch klingt und die entsprechenden Zubehörteile auch als Nodalpunktadapter verkauft werden, hat sich der Begriff eingebürgert. Der englische, korrekte Begriff ist „No-parallax-point" und als solcher deutlich anschaulicher benannt.

Man darf die Wichtigkeit des Nodalpunkts aber auch nicht überbewerten. Bei Panoramen, bei denen das der Kamera nächste Objekt weiter als 20 Meter entfernt ist, benötigen Sie keinen Nodalpunktadapter mehr, ein einfacher Drehteller auf dem Stativ reicht – es sei denn, Sie arbeiten mit extrem hochauflösenden Kameras.
In diesem und in allen Fällen, in denen Sie im Vordergrund Details haben, müssen Sie für jede Objektiv-Kamera-Kombination und für jede Brennweite den Nodalpunkt ermitteln. Wenn Sie zufällig mit dem Olympus-E-System fotografieren und Zuiko-Digitalobjek-

tive verwenden, können Sie den folgenden Abschnitt überspringen und sich von *olypedia.de* die komplette Liste der Nodalpunkte aller Objektiv-Kamera-Brennweiten-Kombinationen herunterladen.

Den Nodalpunkt ermitteln

Panoramasoftware arbeitet nicht mit Augenmaß, sondern mit digitalen Daten. Wenn der Nodalpunkt nicht hundertprozentig stimmt, büßen Sie das später mit ungenauen Stitching-Ergebnissen und Mehraufwand bei der Korrektur. Arbeiten Sie also bei der Ermittlung des Nodalpunkts extrem sorgfältig.

DIE DAUMENSPRUNGREGEL

Für eine Ermittlung der Entfernungen im Motiv ist die „Daumensprungregel" von Nutzen. Strecken Sie Ihren rechten Arm nach vorne aus und peilen Sie mit einem Auge über den Daumen einen Gegenstand im Motiv an, dessen Entfernung Sie schätzen möchten. Nun schließen Sie das eine Auge und peilen mit dem anderen, ohne Ihren Daumen zu bewegen. Der angepeilte Gegenstand ist anscheinend zur Seite gesprungen. Schätzen Sie nun die scheinbare „Sprungweite", also den Abstand zwischen Daumen 1 und Daumen 2. Multiplizieren Sie diesen Abstand mit 10, und Sie erhalten die ungefähre Entfernung zum Motiv.

Prinzipiell gibt es zwei Vorgehensweisen, je nachdem, ob Sie eine Kamera mit Live-View – also mit der direkten Anzeige des Sucherbilds am Display – besitzen oder eine Kamera, die dieses Feature nicht besitzt. Zudem sollte die Live-View-Kamera eine Sucherlupe haben, die eine 1:1-Ansicht ermöglicht.

Wenn Sie keine Kamera mit einer solchen Lupe besitzen, kommen Sie nicht darum herum, viele, viele Bilder zu schießen und sie jedes Mal genau unter die Lupe zu nehmen. Falls Ihre Kamera die Möglichkeit bietet, die aufgenommenen Bilder in 1:1-Ansicht (also 100-%-Ansicht) auf dem Kameramonitor anzusehen, müssen Sie wenigstens nicht nach jeder Auslösung die Dateien auf den Computer überspielen.

1. Zuerst benötigen Sie einen Panoramakopf bzw. einen Nodalpunktadapter. Solange Sie keine mehrzeiligen Panoramen (Multi-Row-Panoramen) erzeugen wollen, reicht eigentlich schon eine Art Blechwinkel mit einem Langloch, durch das die Stativschraube passt, in dem Sie die Kamera festschrauben und in einer Längsrichtung verstellen können.

Im Bild sichtbar ist ein Nodal Ninja 3 auf einem Manfrotto-Neiger.

2. Als Nächstes sorgen Sie dafür, dass sich die optische Achse Ihres Objektivs und die Drehachse des Stativs schneiden. Wenn die Stativschraube der Kamera nicht in der optischen Achse liegt, müssen Sie sich für Ihren Panoramaadapter ein entsprechendes T-Stück besorgen, damit Sie Ihre Kamera entsprechend versetzen können.

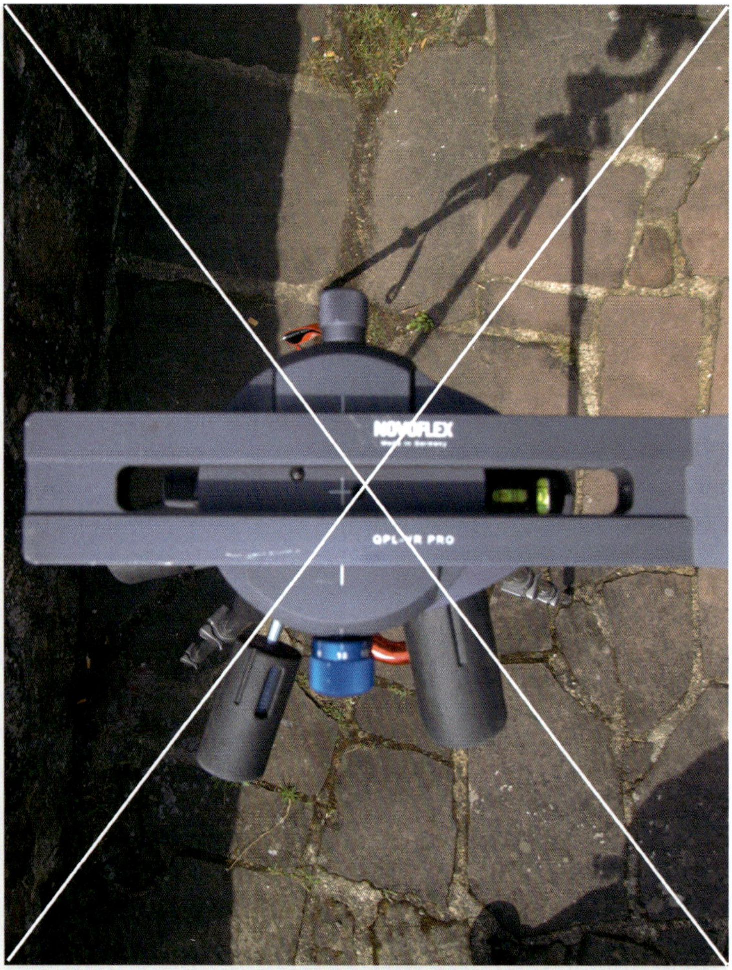

In diesem Bild wurde die optische Achse nach Sicht mit dem Drehpunkt auf Flucht gebracht. Erst mit dem Lineal konnte festgestellt werden, dass die Genauigkeit nicht ausreichte. Am Schatten des Stativs sehen Sie übrigens, wie die Konstruktion aussieht. Auch hier empfiehlt es sich, die entsprechenden Punkte in aller Ruhe zu Hause auszumessen.

Alle Panoramaadapter haben in der Mitte der Panoramaplatte eine Markierung, die den Drehpunkt der Platte anzeigt. Beim Nodal Ninja ist das ein Kreis mit acht schwarz-weißen Kreissegmenten, beim Novoflex-Adapter es ein simples weißes Kreuz.

3. Montieren Sie Ihre Kamera nun an den Panoramaadapter und richten Sie das Objektiv senkrecht nach unten. Wenn Sie jetzt ein Bild machen, sollte die Mittenmarkierung exakt in der Mitte des Bilds sein. Tut sie das nicht, justieren Sie Ihren Adapter so lange, bis es passt. Weil Sie diesen Punkt nur einmal für jede Kamera finden müssen, können Sie ihn markieren. Der Nodal Ninja hat speziell für diesen Zweck sogar kleine anschraubbare Plastikplättchen, mit denen Sie eine entsprechende Markierung realisieren können.

4. Wenn Sie eine Kamera mit abnehmbarem Batteriegriff haben, nehmen Sie ihn für das Panorama am besten ab. Der Verstellweg des Novoflex reicht zwar auch für richtig große Kameras aus, die Kamera hängt aber in diesem Fall nur an einer Stativschraube an der Seite. Eine hundertprozentige Fixierung ist das nicht. Die Eloxierung der Schienen sorgt zwar für pflegeleichte Oberflächen, verhindert aber bei manchen Kameras, dass sie sich drehsicher befestigen lassen. Deshalb sollten Sie auf dem Ausleger das Gewicht so weit wie möglich reduzieren.

Das Auflagemaß

Nun muss noch ein Wert erklärt werden, der zur rationellen Ermittlung des Nodalpunkts notwendig ist: das Auflagemaß. Bei allen Kameras mit Wechselobjektiv ist der

AUFLAGEMASSE VERSCHIEDENER BAJONETTTYPEN IN MM							
M42	**Canon EOS**	**Nikon F**	**Pentax K**	**Leica M**	**Minolta AF**	**Olympus OM**	**Olympus FT**
45,5	44	46,5	45,5	27,8	44,5	46	38,85

Abstand von der Sensorebene zur Bajonettoberfläche ein bestimmter Wert, eben das Maß von der Sensorebene bis zur Auflage des Objektivs. Das ist das Auflagemaß. Es ist für jedes Bajonett spezifisch.
Diesen Wert können Sie an Ihrer Kamera nachmessen und eine Markierung am Gehäuse anbringen, die anzeigt, wo die Sensor- oder Filmebene sitzt. Die Markierungen, die die Hersteller teilweise dort anbringen, müssen nicht zwangsläufig stimmen. Bisweilen liegt die Markierung auch bewusst einen Millimeter daneben, da die physikalische Lage des Sensors aufgrund des Glaspakets aus UV-Filter, IR-Filter und AA-Filter einen Millimeter hinter der eigentlichen Bildebene liegt, weil dieses Glaspaket selbst wieder eine Verlagerung der Bildebene bewirkt. Das Auflagemaß wird jedoch nicht nach der tatsächlichen Lage der Sensoroberfläche bemessen, sondern nach der Lage der Bildebene.

5. Der nächste Schritt ist, den Abstand des Mittelpunkts der Stativschraube zur Sensorebene zu ermitteln. Auch dafür ist ein gutes Lineal vonnöten. Nahezu jede Kamera hat hier einen anderen Abstand. Nodalpunkte werden von den Objektivherstellern grundsätzlich ab Filmebene angegeben, am Nodalpunktadapter wird aber ab Stativschraube eingestellt. Wenn Sie Nodalpunktangaben innerhalb eines Systems übertragen und nicht nach einem Kamerawechsel alle Punkte neu ausmessen wollen, müssen Sie auch diesen Wert getrennt behandeln.

6. Nun wird der Nodalpunkt selbst ermittelt. Stellen Sie Ihren Nodalpunktadapter am Ausleger auf Mittelstellung und suchen Sie sich in Ihrer Wohnung zwei hintereinanderliegende scharfe Kanten. Die erste Kante sollte kurz hinter der Naheinstellgrenze des Objektivs liegen, die zweite Kante etwa drei bis vier Meter dahinter.

Im Beispiel wurde mit einem 22-mm-Objektiv mit Blende 11 durch die Tür in einen Flur fotografiert. Das mit Tesafilm am Türrahmen befestigte Geodreieck zeigt, dass der Parallaxenfehler bereits auf der kurzen Entfernung zwischen Geodreieck und Türrahmen zuschlägt. Das Dreieck ermöglicht durch seine Transparenz und die Maßeinteilung eine sehr einfache Justage des Nodalpunkts, da Sie die Abweichung nicht schätzen müssen, sondern direkt am Geodreieck ablesen können.

In diesem Beispiel muss die Kamera am Adapter deutlich nach hinten geschoben werden. Die Richtung, in die korrigiert werden muss, ergibt sich aus der Perspektive. Im linken Bild sind der Türrahmen der zweiten Tür im Flur und die Kante des Türblatts in Kontakt, auf dem rechten Bild ist deutlich Raum dazwischen. Schiebt man die Kamera in Richtung Tür, wird der Abstand zwischen Türblatt und Rahmen größer, da man näher an das Türblatt heranrückt. Also wird die Kamera nach hinten verlagert.

7. Das wird so lange vorgenommen, bis die beiden Linien in beiden Bildern den gleichen Abstand zueinander haben. Um das nicht schätzen zu müssen, wurde das Dreieck mitfotografiert. Speziell wenn Sie den Abstand nicht am Computer beurteilen, sondern auf dem Bildschirm der Kamera (egal ob mit Live-View oder erst beim gespeicherten Bild), ist der Maßstab eine deutliche Hilfe.

Oft werden Straßenlaternen, Säulen oder sonstige runde Peilpunkte verwendet. Diese sind nicht genau genug begrenzt, zudem sind an den Kanten von runden Gegenständen die Hell-Dunkel-Kontraste zum Hintergrund meist reduziert. Scharfe Türkanten sind dagegen ideal. Wie Sie anhand der Vergrößerungen sehen können, ist eine gute Schärfentiefe natürlich Voraussetzung für die exakte Ermittlung des Nodalpunkts. Arbeiten Sie im Live-View mit Lupe, sollten Sie Ihre Abblendtaste - falls vorhanden - nutzen.

In vielen Anleitungen wird geraten, einfach beim Schwenken durch den Sucher zu sehen und sich den Abstand der beiden Linien zu merken. Diese Methode ist schnell, und die Ergebnisse sind blanker Zufall. Sie haben schon allein im Sucher lediglich eine Gesichtsfeldauflösung von gerade 2 Megapixeln. Eine genaue Beurteilung eines gemerkten Abstands ist schlichtweg nicht möglich und sorgt nochmals für einen Fehler.
Bei Versuchen hatten mit der Suchermethode geschätzte Nodalpunkte einen Fehler von durchschnittlich +/- 8 mm. Mit der hier vorgestellten Methode betrug der Fehler gegenüber der Herstellerangabe maximal 1 mm. Sorgfalt und Aufwand zahlen sich also aus.
Es gibt auch Veröffentlichungen, in denen geraten wird, die gleiche Prozedur zusätzlich für den Hochkantschwenk vorzunehmen, also für Multi-Row-Panoramen für den Schwenk nach oben. Das ist unnötig. Es gibt nur einen Punkt der Eintrittspupille, völlig egal, in welche Richtung Sie schwenken. Sollten Sie beim Hochkantschwenk einen anderen Nodalpunkt ermitteln als beim Seitwärtsschwenk, sollten Sie die Nodalpunktermittlung entweder jemand anderen machen lassen oder das verwendete Objektiv in Reparatur schicken.

i

NODALPUNKT IM FREIEN

Eine Ermittlung des Nodalpunkts im Freien ist selten einwandfrei möglich. Oft bekommen Sie gerade an den wichtigen Kanten Überstrahlungen von der Sonne oder im schlimmsten Fall sogar chromatische Aberrationen, die die Ermittlung des Nodalpunkts zur Qual werden lassen. Berechnen Sie die Schärfentiefe mit dem korrekten Zerstreuungskreis, nicht mit 1/1500 der Bilddiagonalen. Vor allem bei höher auflösenden Kameras würden Sie damit erheblich an Genauigkeit verlieren.

Panoramaadapter im Selbstbau

Im Internet werden reihenweise Selbstbauanleitungen für Panowinkel veröffentlicht, meistens spielt dabei Flachmaterial aus dem Baumarkt eine wichtige Rolle, und auch Stahlwinkel, die normalerweise zum Befestigen von Blumenkästen an Balkonbrüstungen dienen, werden gern verwendet, da sie bereits über Langlöcher verfügen. Für ein Quick-and-dirty-Pano sind diese Konstruktionen zu verwenden, für HDR-Panoramen sind sie nicht zu empfehlen. Für ein gutes HDR-Pano stehen Sie bis zu zwei Stunden am Stativ. Wenn während dieser Zeit irgendetwas wackelt oder eine Klemmung nachgibt, sehen Sie das erst, wenn Sie die Bilder stitchen wollen.

Berücksichtigen Sie beim Panowinkelbau und beim Kauf, dass Sie genug Platz und Verstellweg haben müssen, damit die Kamera frei in alle Richtungen geschwenkt werden kann, unabhängig vom eingestellten Nodalpunkt. Zusätzlich sollte der Verstellweg horizontal groß genug sein, um Ihre Kamera auch zentrieren zu können. Wenn Sie eine Kamera mit anmontiertem Batteriegriff besitzen, wird es bei vielen Winkeln bereits knapp. Möchten Sie auch mit Kompaktkameras Panoramen erstellen, müssen Sie darauf achten, dass Sie einen Offset einbauen, mit dem Sie die Tatsache ausgleichen können, dass die Stativschrauben der meisten kompakten Kameras nicht in der optischen Achse sitzen. Auch einige kommerziell vertriebene Panowinkel besitzen keine Möglichkeit für einen Stativschraubenoffset.

HDR-Panoramen: die Planung

Wie bei allen Panos ist die Vorbereitung auch bei HDR-Panoramen die halbe Miete. Im Unterschied zum normalen Panorama, bei dem Sie einen Beleuchtungskompromiss zwischen den verschiedenen Ecken des Panoramas finden müssen, können Sie beim HDR-Panorama die dunkelste Stelle und die hellste Stelle anmessen, dazwischen mit 2 EV Ihre Belichtungspunkte festlegen und dann loslegen. Falls Ihre Kamera keine Möglichkeit hat, eine frei definierbare Belichtungsreihe abzuarbeiten, rentiert es sich, die ermittelten Belichtungszeiten auf einen kleinen Zettel zu schreiben, sodass man diesen Zettel dann abarbeiten kann.

Fokus fix auf Hyperfokaldistanz stellen

Wie bei einem Panorama üblich, sollten Sie den Fokus fix auf die Hyperfokaldistanz stellen und anschließend das Objektiv nicht mehr anfassen. Die Aktivierung einer Spiegelvorauslösung sollte selbstverständlich sein, wenn längere Belichtungszeiten anstehen, ist ein nachgeschalteter Dark Frame von Vorteil.

Wenn Sie mit einem Zoomobjektiv arbeiten, kann es sinnvoll sein, das Zoom mit Klebeband zu fixieren, damit es sich beim Zenit- oder Nadirbild nicht selbstständig macht.

ISO-Einstellung auf niedrigstem Wert

Als ISO-Einstellung empfiehlt sich der kleinstmögliche Wert. Es gibt mittlerweile Kameras, die als Basis-ISO nicht mehr ISO 100 anbieten, sondern ISO 200. Bei ISO 100 besitzen diese Kameras meist einen um eine Blende verminderten Dynamikumfang in den Lichtern. Trotzdem ist das Rauschen bei ISO 100 nochmals reduziert. Den verminderten Dynamikumfang können Sie durch eine zusätzliche Belichtung mit kürzerer Zeit ausgleichen, höheres Rauschen nicht.

Es gibt nur einen Grund, höhere Empfindlichkeiten zu verwenden: wenn Sie unter extremem Zeitdruck arbeiten müssen und eventuelle Belichtungszeiten von mehreren Sekunden nicht realisierbar sind. Achten Sie aber darauf, dass Sie nicht am anderen Ende mit der kürzestmöglichen Verschlusszeit der Kamera in Konflikt geraten.

Bildstabilisator besser ausschalten

Falls Sie einen internen Stabilisator haben, stellen Sie ihn nur dann an, wenn Sie in Versuchen vorher festgestellt haben, dass die Fotos vom Stativ damit besser werden. Im Normalfall sollte der Stabi aus bleiben.

Spiegelvorauslösung

Schalten Sie bei Panoramen vom Panoadapter grundsätzlich die Spiegelvorauslösung ein. Wenn Ihre Kamera das nicht anbietet, verwenden Sie einen Selbstauslöser. Panowinkel sind schlimme „Wackelkandidaten". Eine Alternative ist die Verwendung eines Fernauslösers, trotzdem ist eine Spiegelvorauslösung immer eine gute Idee.

Indoor und outdoor: der ideale Zeitpunkt

Bei Panoramen stehen Sie fast immer unter Zeitdruck. Die Lichtverhältnisse ändern sich, die Schatten wandern, und wenn man Pech hat, wandern auch Passanten durchs Bild. Bei HDR-Panoramen gilt Gleiches – es ist nur noch schlimmer. Gute Planung ist hier alles. Wenn Sie ein Innenraumpanorama machen wollen, suchen Sie sich einen möglichst trüben Tag zur Mittagszeit aus. Ziehende Wolken können dafür sorgen, dass Ihre gesamten Belichtungsreihen durcheinanderkommen. Wollen Sie outdoor fotografieren, ist ebenfalls die Mittagszeit ideal, beginnen Sie am besten etwa eine Stunde früher. Natürlich ist das Licht abends besser, Sie sollten dann aber unbedingt darauf achten, dass Sie keine wandernden Schatten im Bild haben, und das Panorama nicht zu sehr ausdehnen. Für ein Outdoor-Panorama müssen Sie pro HDR-Bild eine Minute rechnen, wenn alles klappt. Für ein Multi-Row-Panorama sind sehr schnell 30 Bilder nötig, für ein Kugelpano können es auch mal 40 oder mehr Bilder sein. Bringen Sie also ausreichend Zeit und Geduld mit.

HDR-Panoramen immer im Hochformat

Schießen Sie HDR-Panoramen immer im Hochformat. Der Grund ist ganz einfach: Beim Stitchen wird die gerade Kante des Bilds gebogen. Sie erhalten also an der Kante

In diesem HDR (einem Teil eines größeren Panoramas) wurden zwei Querformatbilder gestitcht, die schräg nach unten fotografiert wurden. Wenn man hieraus ein rechteckiges Bild schneiden würde, wäre nicht mehr viel übrig. Die Ursprungsbilder waren im Format 4:3. Bei dem bei DSLRs üblichen 3:2-Format ist der Effekt noch stärker.

des Panoramas eine Wellenlinie. Je breiter nun Ihr ursprüngliches Bild ist, desto ausgeprägter ist die Wellenlinie.

Im Hochformat benötigen Sie für das Panorama mehr Bilder - die Frage ist, wie viele Sie tatsächlich brauchen. Dazu ist wieder Mathematik notwendig, denn Sie müssen zuerst den Bildwinkel Ihres Objektivs feststellen. Wenn Sie jetzt denken, das sei kein Problem, weil es im Datenblatt stünde, muss das nicht zwangsläufig so sein. Die meisten Hersteller geben nämlich den diagonalen Bildwinkel des Objektivs an.

Betreiben Sie beispielsweise ein Fisheye-Objektiv mit 180° diagonalem Bildwinkel am Kleinbildsensor im Hochformat, bleiben von diesen 180° gerade noch etwa 120° übrig. Bei mindestens 30 % Überlappung haben Sie noch 90° Abdeckung pro Bild. Sie benötigen also mindestens vier Bilder, um ein 360°-Panorama zu machen.

Speziell beim Fisheye kommt aber dazu, dass die Bilder nicht korrigiert sind und Sie naturgemäß in großen Teilen des Bilds Fußboden oder Himmel haben. Am Himmel findet der Stitcher wenig Kontrollpunkte, am Boden ist es ebenfalls manchmal schwierig. Aus diesem Grund gelten die vier Bilder für das 360°-Panorama nur bei optimalen Bedingungen. Besser sind sechs Bilder. Sie haben dann pro Bild 60° Abdeckung und können sicher sein, auch genug Strukturen für einen Stitch zu haben.

Gleichen Sie aber speziell diese Aussage mit Ihrem persönlichen Equipment und Ihrer verwendete Panosoftware ab. So manche Panoramasoftware kommt mit sehr großen Überdeckungen nicht zurecht. Autopano Pro zum Beispiel hat es gern etwas knapper.

Automatische Panoramen

Es gibt mittlerweile einige Kameras, die eine Panoramafunktion eingebaut haben. Davon gibt es zwei Sorten: Die einen bieten lediglich eine die Panoramaherstellung unterstützende Funktion, sie blockieren während der Panoramaerstellung den Fokus, den Weißabgleich und die Belichtung, sodass das komplette Pano gefahrlos durchfotografiert werden kann - eine extrem praktische Einrichtung.

Die zweite Sorte ist eine kamerainterne Software, die in kurzer Abfolge Bilder macht, um sie dann direkt in der Kamera zusammenzusetzen. Man muss theoretisch nur noch das Panorama abschwenken, und das Panoramabild ist fertig gestitcht. Aus der Hand funktioniert das natürlich nicht. Die Software kann den zwangsläufig entstehenden Parallaxenfehler nicht beseitigen, und auch vom Panoadapter ist der Nährwert der Funktion beschränkt, da der verarbeitbare Bildwinkel bisher noch beschränkt ist und zudem Multi-Row-Panoramen ausgeschlossen sind.

Panoramabrennweite und Sensorformat

Die folgende Tabelle macht Ihnen das Leben etwas leichter und zeigt Ihnen für die wichtigsten Sensorgrößen und Panoramabrennweiten die Anzahl der notwendigen Bilder für ein 360°-Panorama. In der ersten Tabelle finden Sie zunächst eine gerundete Bildwinkel-Brennweiten-Umrechnung für die verschiedenen Sensorgrößen. Dabei geht es nicht um den diagonalen Bildwinkel, sondern um den Bildwinkel an der kurzen Seite, also den für die Hochkantpanoramafotografie wesentlichen Winkel. Die Brennweiten wurden - außer beim 1/1,7-Zoll-Sensor - auf den nächstliegenden Millimeter gerundet. Die Tatsache, dass die Brennweiten in dieser Tabelle aufgeführt werden, bedeutet allerdings nicht, dass es sie für diesen Sensor auch auf dem Markt gibt.

BILDWINKEL	BRENNWEITE BEI SENSORFORMAT						
	40,2 x 53,7	36,8 x 49,1	Kleinbild	APS-N	APS-C	FT	1/1,7"
85°	22	20	13	9	8	7	3
80°	24	22	14	9	9	8	3,3
70°	29	26	17	11	11	9	4
60°	35	32	21	14	13	11	4,9
50°	43	39	26	17	16	14	6
40°	55	50	33	22	20	18	7,7
30°	75	69	45	29	27	24	10,7
20°	114	104	68	45	42	37	16

Anzahl der Bilder für 360°-Panoramen

Die nächste Tabelle gibt an, wie viele Bilder beim jeweiligen Bildwinkel mit 30 % Überlappung für ein 360°-Panorama nötig sind. Da es hier nur um den Bildwinkel geht, spielt die Sensorgröße oder die Brennweite keine Rolle mehr.

ANZAHL DER NOTWENDIGEN BILDER FÜR EIN 360°-PANORAMA									
Bildwinkel	180° Fisheye	85°	80°	70°	60°	50°	40°	30°	20°
Anzahl	6	6	7	8	9	11	13	18	26
Schrittweite	60°	60°	51,5°	45°	40°	33°	28°	20°	14°

Je nach Panoadapter können Sie die Schrittweite oder die Anzahl der Aufnahmen einstellen. Für Bildwinkel und Brennweiten, die zwischen den aufgeführten Werten liegen, gilt natürlich Entsprechendes.

Anzahl der Bilder für Mehrzeilenpanoramen

Eine weitere Tabelle brauchen Sie bei Mehrzeilenpanoramen (Multi-Row), wenn Sie also mehrere Panoramen übereinander ablichten. Leider sind die Seitenverhältnisse der Sensoren unterschiedlich, sodass sich die Bildwinkel unterscheiden. Daher sind zwei Tabellen für die unterschiedlichen Seitenverhältnisse notwendig. Dabei werden die einzelnen Brennweiten mit dem in der vorherigen Spalte angegebenen kleineren Bildwinkel angegeben.

Der tatsächlich über die Längsseite aufgenommene Bildwinkel ist natürlich größer. Es gibt Fotografen, die bei Multi-Row-Panoramen mit der waagerechten mittleren Reihe beginnen und dann beim Schwenk nach oben oder unten weniger Bilder machen, da ja auch der Drehwinkel kleiner wird. Dieses Verfahren hat mehrere gravierende Nachteile: Sie müssen am Panokopf mehrmals den Drehwinkel umstellen, was schiefgehen kann. Und Sie müssen des Weiteren für jede Brennweite die korrekte Anzahl der verminderten Bilder ausrechnen.

Schließlich kann auch noch Ihr Zenit-Stitch danebengehen, wenn Sie sich irgendwo verrechnet haben. Es ist deshalb aus ganz praktischen Gründen sinnvoll, einen Drehwinkel für das gesamte Panorama beizubehalten, es sei denn, Sie haben einen motorisierten Panokopf, der sämtliche Drehwinkel automatisch berechnet und einstellt.

ANZAHL NOTWENDIGER REIHEN FÜR EIN 180°-PANORAMA BEI 4:3-SENSOREN (MITTELFORMAT, FOURTHIRDS UND KOMPAKTKAMERAS)									
Bildwinkel	180° Fisheye	85°	80°	70°	60°	50°	40°	30°	20°
Anzahl	1	2	2	2	3	3	4	6	9
Schrittweite	-	60°	60°	60°	45°	45°	36°	25°	18°

ANZAHL NOTWENDIGER REIHEN FÜR EIN 180°-PANORAMA BEI 3:2-SENSOREN (APS UND KLEINBILD)									
Bildwinkel	180° Fisheye	85°	80°	70°	60°	50°	40°	30°	20°
Anzahl	1	2	2	2	3	3	4	5	8
Schrittweite	-	60°	60°	60°	50°	50°	40°	30°	20°

Dabei sind das Zenit- und das Nadirbild (also das Bild des Himmels und das Bild des Bodens) grundsätzlich nicht enthalten. Zu Zenit- und Nadirbild sowie zum Aufbau von Multi-Row- und Kugelpanoramen später mehr.

Vorbereitungen vor Ort

Wenn Sie vor Ort angekommen sind und Ihren Panoramastandort ausgewählt haben, überprüfen Sie Folgendes:

1. Wirft mein Stativ Schatten? Stativschatten sind manchmal vermeidbar, indem man sich gleich in den Schatten stellt. Das erspart später die mühsame Retusche des Schattens in Photoshop.
2. Steht das Stativ hundertprozentig stabil? Lachen Sie nicht. Es gab Situationen, in denen nach der Hälfte das Panoramas auf einmal der Untergrund nachgab und

Aufnahme der Straße der Menschenrechte mit Fisheye-Objektiv, Mitte April, kurz nach 15 Uhr. Die Schatten sind bereits sehr lang, Fotograf und Stativ sind überdeutlich im Bild.

Aufnahme des Nadirbilds aus der Hand, Fisheye-Objektiv. Im Bild nicht nur die – unvermeidlichen – Füße des Fotografen, der korrekt darauf geachtet hat, dass sein eigener Schatten nicht im Bild ist, sondern auch der Kameragurt, die Füße des Assistenten, das entfernte Stativ und der Rollwagen mit der Fotoausrüstung samt Schatten. Beim Nadirbild aus der Hand kann man nicht durch den Sucher sehen, man muss solche Probleme also im Vorfeld berücksichtigen.

ein Bein des Stativs langsam, aber sicher einsackte. Damit ist die bisherige Arbeit reif für den Datenschredder. Kandidaten für wackelnde Stative sind auch Holzböden. Denken Sie daran, dass Sie bei einigen Bildern des Panoramas unter Umständen nach Auslösen der Kamera schnell außer Sicht laufen müssen – auch um Ihren Schatten aus dem Bild zu bringen. Wenn Sie dabei den Holzboden nicht berücksichtigen, kann das Stativ springen.

3. Ist Ihre Kameraausrüstung außer Sicht? Ein Standardfehler. Vor allem bei 360°-Panoramen landet man irgendwann an dem Ort, an dem die Kameratasche steht. Da HDR-Panoramen „blind" geschossen werden, fällt das erst auf, wenn man mit offenem Mund vor dem PC sitzt und die Ergebnisse stitchen will. Dabei muss nicht einmal die Tasche selbst auf dem Bild sein, es reicht bereits der Schatten der Tasche.
4. Ist ausreichend Platz auf der Speicherkarte, und sind die Akkus vollständig geladen? Ein Wechsel der Speicherkarte oder der Akkus mitten im Panorama kann dafür sorgen, dass eine Einstellung verschoben wird.
5. Steht die Panoramaplatte waagerecht? Und, wichtiger, steht die Drehachse senkrecht? Es ist unerheblich, ob Ihre Kamera etwas schief steht, das kann der Stitcher ausgleichen. Aber die Drehachse des Panotellers muss definitiv senkrecht stehen. Das prüfen Sie am besten dadurch, dass Sie probeweise einen 360°-Schwenk des Panoadapters vollführen und beobachten, ob die Wasserwaage des Tellers dabei außer Tritt kommt.

6. Stellen Sie Ihre Kamera auf die zu Brennweite und Blende passende Hyperfokaldistanz ein. Wenn Sie es genau haben wollen, messen Sie per Gliedermaßstab einen entsprechenden Punkt in Ihrer Umgebung aus und stellen auf diesen scharf. Dann stellen Sie den Autofokus ab.
7. Setzen Sie die Kamera auf manuellen Modus und stellen Sie die erste Ihrer ausgemessenen Belichtungsstufen ein.
8. Sichern Sie Ihren Kameragurt oder montieren Sie ihn ganz ab.
9. Setzen Sie Ihren Panoramaadapter auf 0° und stellen Sie, falls Sie haben, eine entsprechende Rastung ein. Um wie viel Grad Sie drehen müssen oder wie viele Bilder Sie pro 360° benötigen, entnehmen Sie oben stehender Tabelle.
10. Fotografieren Sie immer im Uhrzeigersinn. Sie haben dann später in Ihrer Bildverwaltung alle Bilder bereits in der richtigen Reihenfolge vorliegen. Moderne Stitch-Software verarbeitet Bilder aber unabhängig von ihrer Aufnahmereihenfolge.
11. Wenn Sie einen Fernauslöser besitzen, benutzen Sie ihn auch.

Es wurde oben bereits angesprochen: HDR-Panoramen werden blind geschossen. Sie kontrollieren nicht bei jedem Bild vorher durch den Sucher den Bildausschnitt, und Sie kontrollieren auch nicht jede Aufnahme hinterher auf dem Display. Ersteres ist verständlich: Die Verwacklungsgefahr ist zu groß. Aber auch die Kontrolle des Displays kann bis auf einen kurzen Blick unterbleiben. Eine Manipulation an der Kamera, etwa ein Zoom ins Bild, verbietet sich von selbst, und bei den falsch – zu dunkel – belichteten Bildern ist es am Display schwierig, etwas zu erkennen.

Sinnvoller und für das Endergebnis wichtiger ist es, dass Sie schnell und planmäßig arbeiten. Wenn Sie vorher alles korrekt eingestellt und kontrolliert haben, müssen Sie während des Panoramashoots nicht mehr durch den Sucher schauen. Bleiben Sie aber trotzdem konzentriert. Eine einzige vergessene Belichtung kann Ihr gesamtes Panorama ruinieren.

180°-Panoramen

Das folgende Panorama wurde im April am Hauptbahnhof Fürth in Franken geschossen. Verwendet wurden ein Nodal Ninja 3-Panoramaadapter und ein 28-mm-Objektiv, ISO 100 und Blende 7,1, damit die Schärfentiefe ausreicht. Die verwendete Kamera hatte einen FT-Sensor, sodass eine äquivalente Schärfentiefe wie bei Kleinbild, Blende 14, erzielt werden konnte. Speziell wenn es um große Schärfentiefen geht, haben die kleineren Sensoren einen deutlichen Vorteil.

Das Panorama besteht aus 21 JPEG-Einzelbildern, ursprünglich sogar aus 34 Bildern, davon wurden jedoch die Bilder mit 1 EV Belichtungsunterschied gelöscht. Beim ersten Bild der Reihe, dem linken Rand, wurde noch dazu ein Bild zu wenig geschossen, dort fehlt die hellste Belichtung mit 1/6 Sekunde. Die Bilder wurden mit Photomatix Pro im Batch-Modus in HDR-Dateien zusammengerechnet. Dabei wurde die verschiebungsbasierte Methode angewandt, da die Bilder mit Stativ aufgenommen wurden. Und es wurde versucht, bewegte Objekte zu entfernen, da die Passanten im Bahnhof natürlich nicht regungslos verharrten.

Fertig gemappte Quellbilder

Hier abgebildet sind die bereits fertig gemappten Bilder, die aber für das Panorama nicht verwendet wurden, da direkt mit den HDR-Dateien weitergearbeitet wurde.

Gemapptes Quellbild 1.

Gemapptes Quellbild 2.

Gemapptes Quellbild 3.

Gemapptes Quellbild 4.

Gemapptes Quellbild 5.

Gemapptes Quellbild 6.

Gemapptes Quellbild 7.

GENEHMIGUNG EINHOLEN

Aufnahmen von und auf Bahnanlagen erfordern übrigens eine Genehmigung der Deutschen Bahn. Werden die Bilder aber nur und ausschließlich für Hobbyzwecke verwendet, also etwa auf der privaten Homepage, ist das Fotografieren auch ohne Genehmigung möglich. Es gibt dafür eine entsprechende allgemeingültige Erlaubnis, die von der Bahn-Website heruntergeladen werden kann. Die Fotos dürfen jedoch nicht auf kommerzielle Portale wie etwa flickr hochgeladen werden.

Stitching mit Photoshop CS5

1. Die diesen gemappten Bildern zugrunde liegenden HDR-Dateien werden in Photoshop CS5 mit der Funktion *Datei/Automatisieren/Photomerge* zu einem zylindrischen Panorama zusammengebaut. Nachdem Sie Quelldateien mit *Durchsuchen* geladen haben, wählen Sie im Bereich *Layout* die Option *Zylindrisch*. Danach aktivieren Sie das Kontrollfeld *Bilder zusammen überblenden* und bestätigen die Einstellungen mit *OK*.

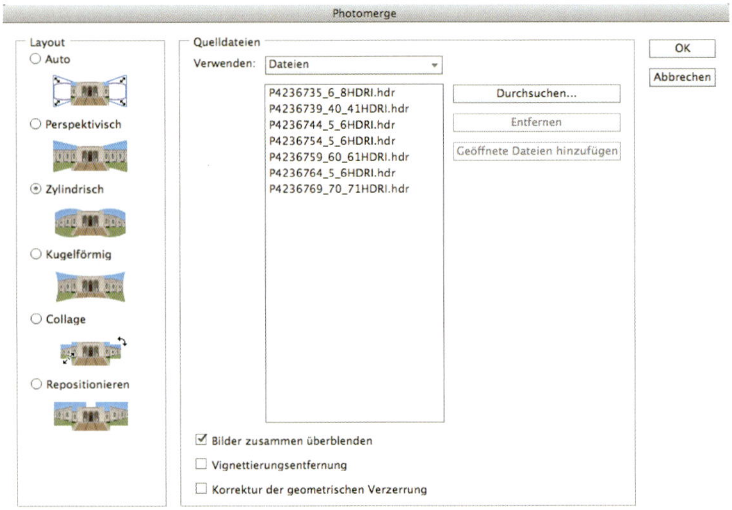

2. Der Zusammenbau funktioniert bei einer entsprechenden Hardwareausstattung sehr flott. Wenn Sie HDR-Panoramen machen wollen, sollten Sie sowieso weder am Arbeitsspeicher noch an der Festplattenkapazität sparen. In diesem Beispiel dauerte der Zusammenbau auf einem iMac mit 4GByte Arbeitsspeicher ca. 3 Minuten. Das fertige Panoramabild dieses Beispiels wird eine Größe von 28,9 MByte haben.

3. Während des Zusammenbaus wird zunächst der Datenbankcache für die Objektprofile aktualisiert, und anschließend werden die Ebenen ausgerichtet. Das resultierende Bild ist natürlich linear und noch nicht gammakorrigiert. Deutlich sieht man die überlappenden Bereiche und die Wellenform am oberen und unteren Bildrand, da die auskorrigierten Weitwinkelbilder quasi wieder in die eigentlich perspektivisch richtigere Tonnenform zurückgerechnet werden.

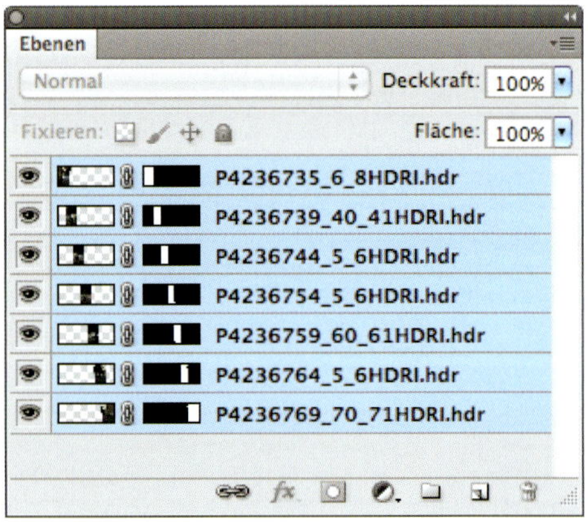

Das für die Aufnahmen verwendete Objektiv ZUIKO Digital 14-54 mm hat bei 14 mm (28 mm Kleinbild) keine wahrnehmbare Tonnenverzerrung. Viele andere Objektive, vor allem im Weitwinkelbereich, sind aber nicht so perfekt auskorrigiert. Es ist dennoch kontraproduktiv, die Tonnenverzerrung vor dem Stitchen per Software herauszurechnen. Jeder digitale Korrekturvorgang ist mit Datenverlust verbunden, und aus diesem Grund sollten Sie die Daten so wenig wie möglich bearbeiten.

4. Den ersten manuellen Bearbeitungsschritt führen Sie erst nach dem Erstellen des HDR-Panoramas aus. Dabei wird das Panorama, um die Wellen oben und unten loszuwerden, mit dem *Freistellungswerkzeug* beschnitten.

   In diesem Beispiel wurden die zugrunde liegenden HDR-Bilder im 32-Bit-Modus gestitcht, das Mapping kommt erst später. Warum nun dieser Aufwand? Bereits zwei Schritte vorher waren schon die gemappten Einzelbilder-JPEGs vorhanden, die auch ein ganz ansehnliches Panorama ergeben hätten. Wenn man den Verlust beim Stitchen in 8-Bit-JPEG vermeiden will, könnte man ja die gemappten Bilder auch in 16-Bit-TIFF speichern.

5. Sobald Sie das HDR-Panorama beschnitten und fertig abgespeichert haben, konvertieren Sie das Bild mit *Bild/Modus/16-Bit-Kanal* in ein 16-Bit-Bild und beginnen anschließend damit, das Panorama zu mappen. Dafür bietet Photoshop CS5 die neue Funktion *HDR-Tonung*, die Sie im Menü *Bild/Korrekturen* finden. In diesem Fall wird die *HDR-Tonung* automatisch gestartet, unmittelbar nachdem Sie das Bild in den 16-Bit-Modus konvertiert haben.

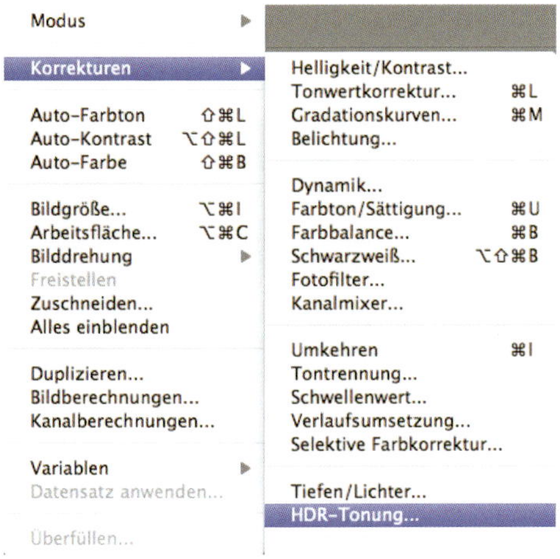

Das von Photoshop CS5 erzeugte Panorama.

6. Im Dialogfeld *HDR-Tonung* können Sie aus diversen *Vorgaben* wählen, die *Leuchtkonturen* anpassen, *Farbton und Detail* ändern und Einfluss auf die *Farbe* selbst nehmen. Die Methode *Lokale Anpassung* ist dem *Details Enhancer* von Photomatix Pro noch am ähnlichsten, ist aber mit Vorsicht zu genießen. Die dabei entstehenden Effekte wirken schnell übertrieben, wenn aber genau das beabsichtigt ist, ist Photoshop extrem leistungsfähig. Wir beschränken uns auf eine leichte Anpassung der Einstellung *Toning-Kurve und Histogramm*.

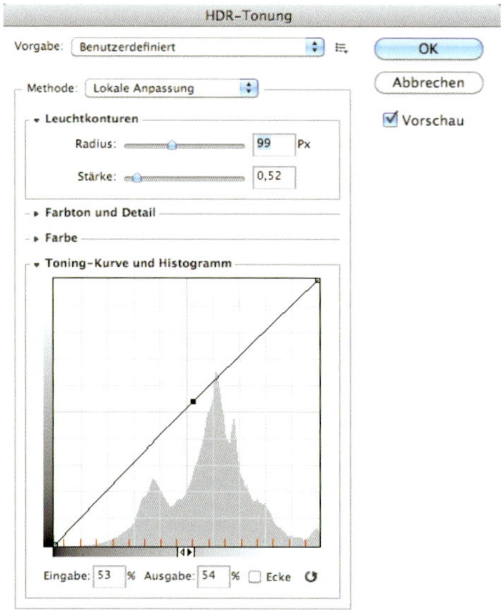

7. Das von Photoshop erzeugte Panorama steht dem von Photomatix Pro in nichts nach. Lediglich die Farben wirken leicht übersättigt, was aber nicht falsch ist.

Photomatix Pro kann einen solchen Effekt nicht produzieren, dafür ist es in Photomatix Pro wesentlich einfacher, natürlich wirkende HDR-Mappings zu erstellen, denen man die Herkunft aus dem Computer nicht ansieht.
Prinzipiell gibt es mehrere Wege, ein HDR-Panorama zu erstellen:

- Einzelbilder zum HDR zusammenrechnen, die HDR-Bilder stitchen und dann das Panorama mappen.
- Einzelbilder zum HDR zusammenrechnen, mappen und dann die gemappten Bilder stitchen.
- Einzelbilder jeweils für jede Belichtungsreihe stitchen, dann die fertigen Panoramen zum HDR zusammenfügen und anschließend mappen.

Von diesen drei Wegen gibt es nur einen guten Weg: Nummer eins.
Nachteil von Weg Nummer zwei: Hat das eine Bild einen größeren Kontrastumfang als das danebenliegende, ist das Tone Mapping zwischen den Bildern nicht gleichmäßig. Man bekommt sehr schnell Farb- und

Das Photomatix Pro-Mapping derselben Szene mit einem geringfügig angepassten **Natural***-Preset sieht deutlich echter aus.*

Helligkeitsunterschiede, die beim Stitchen auffallen und mühsam per Hand korrigiert werden müssen.

Nachteil von Weg Nummer drei: Diese Version funktioniert nur dann, wenn man eine Belichtungsreihe hat, die einwandfrei zu stitchen ist – und das Programm diesen Stitch-Vorgang als solchen abspeichern und anschließend auf ein anderes Set von Bildern anwenden kann – und diese keine Verschiebungen gegenüber dem Masterset beinhalten.

Die Panoramaprogramme Hugin und PTGui können das beispielsweise, beide können HDRs aber auch direkt stitchen. Es gibt für Verfahren zwei oder drei also nur einen einzigen Grund: Sie müssen Einzelbilder vor dem Stitchen bearbeiten und haben kein Photoshop CS5 und kein CinePaint, also keine Möglichkeit, 32-Bit-Dateien direkt zu bearbeiten.

Single-Row-Panoramen

Ein Spezialfall eines Single-Row-Panoramas ist ein Panorama mit Graufilter. Graufilter sorgen nicht etwa dafür, dass das Bild grau wird, sondern werden dazu verwendet, Belichtungszeiten künstlich zu verlängern. Die Stärke von Graufiltern wird unterschiedlich angegeben, für den Fotografen sind aber vor allem die Blendenstufen wichtig, die man bei Verwendung eines Graufilters weiter öffnen kann.

NEUTRALDICHTE	FAKTOR	BLENDENSTUFEN
ND 0,6	4x	2
ND 0,9	8x	3
ND 1,8	64x	6
ND 3,0	1.000x	10
ND 5,0	100.000x	17

Graufilter können gestapelt werden, aber jeder zusätzliche Filter erhöht die Randschattenproblematik und senkt damit die Bildqualität. Wenn Sie Filter stapeln, addiert sich der Lichtverlust. Der Stapel aus einem ND 0,9 und einem ND 1,8 bringt also 9 Blendenstufen. Graufilter mit niedriger Neutraldichte werden verwendet, wenn Sie bei hellem Sonnenschein mit geöffneter Blende arbeiten wollen, um ein Motiv freizustellen.

Vorsicht bei unvollständiger Beschreibung von Filtern. Es gibt Hersteller, die ihre Filter mit ND-2 oder ND-4 bezeichnen. In diesem Fall sind meistens die Faktoren gemeint. Ein ND-8-Graufilter dieses Herstellers hat in Wirklichkeit eine ND von 0,9. Filter mit Neutraldichten von 4 gibt es auf dem normalen Markt nicht zu kaufen, obwohl sie, etwa von Heliopan, durchaus erhältlich sind. Eine gewisse Richtschnur kann auch der Preis sein. Bei einem neuen ND 3,0-Filter unter 50 Euro ist gesundes Misstrauen angebracht.

Will man mit Graufiltern fließendes Wasser so fotografieren, dass es wirklich weich und samtig wird, reichen ND 0,9-Filter nicht mehr aus. Die Belichtungszeiten müssen sich jenseits der Sekunde bewegen. 10 Sekunden sind ein guter Wert. Allerdings kommt das auch auf die Fließgeschwindigkeit des Wassers an.

Wenn Sie die Blende weiter schließen, etwa auf Blende 11 – bei noch kleinerer Blende geraten Sie, je nach Sensordiagonale, wieder in den Bereich der Beugungsunschärfe –, können Sie mit einem ND 3 bei Tag Belichtungszeiten von etwa 30 Sekunden erreichen. Das reicht meistens auch für die dritte Anwendung von Graufiltern aus: das Leerfegen von Straßen und Plätzen. Wenn Sie einen belebten Platz fotografieren wollen und sich dabei weniger für das quirlige Leben als für den Platz selbst interessieren, haben Sie nur selten die Möglichkeit, den Platz für die Dauer des Fotos sperren zu lassen.

Mit einem ND 3-Graufilter können Sie 30 Sekunden belichten. In dieser Zeit bewegen sich die Autos und die Menschen. Der Anteil des Lichts, das sie reflektieren, am Bild auf dem Sensor Ihrer Kamera sinkt damit. Menschen und Autos erscheinen schemenhaft, und je schneller sie sich bewegen und je länger Sie belichten, desto mehr verschwinden sie. Mit einem ND 5 können Sie eine Viertelstunde lang belichten. In der Zeit haben sich sogar die hartnäckigsten Touristen aus dem Staub gemacht.

Der Slussen in Stockholm, abends um halb sieben Uhr.

Gleiche Szene, fünf Minuten später, aber mit ND 3-Graufilter aufgenommen. Die leicht unterschiedlichen Farben werden durch den Warmton des Graufilters hervorgerufen.

Graufilter dienen also dazu, den Lichteinfall ins Objektiv zu reduzieren, um die möglichen Belichtungszeiten zu verlängern. Das ist, wie bereits besprochen, eigentlich besonders bei HDR und Panoramen kontraproduktiv, schließlich versucht man ja, gerade die Belichtungszeiten möglichst kurz zu halten.

Im nächsten Beispiel wurde ein Graufilterpano am Jokkfall in Schweden gemacht. Die Belichtungszeiten reichten von 8 Sekunden bis zu einer 1/4 Sekunde bei drei Bildern. Verwendet wurde ein B&W-Graufilter mit ND 3,0. Insgesamt besteht das Panorama aus 24 RAWs.

Wichtige Autopano Pro-Einstellungen

Das Stitchen der Einzelbelichtungen mit dem Freeware-Stitcher Autostitch schlug fehl, da sich die Wolken am Himmel bewegt hatten, der gesamte Fluss keinerlei festen Punkt bot und die Bäume vom aufgewirbelten Dunst überlagert waren. Die einzelnen Belichtungsreihen wurden also zuerst in HDR-Bilder umgewandelt, und dann wurden die HDRs mit Autopano Pro in ein Panorama verwandelt.

Autopano Pro kann sich zwar in Grenzen die Bilder für ein Panorama selbst zusammensuchen und auch selbst Belichtungsreihen zusammenfügen, aber bei HDR-Panoramen entstehen sehr oft mehrere GByte Daten. Da geht es einfach schneller, die HDRs von

Zwei der zugrunde liegenden Belichtungen.

Photomatix Pro im Batch-Betrieb zusammenrechnen zu lassen und Autopano Pro dann nur noch die fertigen Dateien zu übergeben.

Autopano Pro überprüft zuerst die Daten und baut dann selbstständig ein Panorama zusammen. Dabei ist das Programm verblüffend treffsicher. Wenn allerdings beim Erstellen des Panos Fehler auftauchen, schlechte Passer etwa, gibt es den freundlichen Tipp, sich die Sache doch noch mal genauer anzusehen.

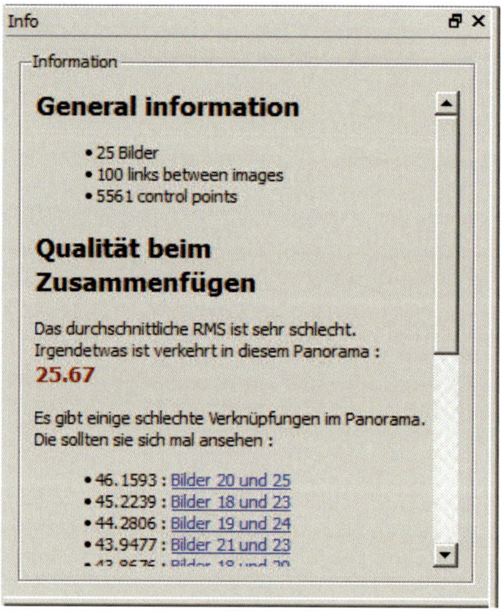

In der Vorschau gibt Autopano Pro auch gleich den RMS-Wert eines Panos und der einzelnen Bilder an.

RMS ist die Abkürzung für „Root Mean Square" und bedeutet nichts anderes als das quadratische Mittel – im Unterschied zum arithmetischen und zum geometrischen Mittel.

Der RMS eines Panoramas wird durch die mittlere Abweichung der Kontrollpunkte bestimmt. Ein RMS unter 2 bedeutet, dass im quadratischen Mittel die Kontrollpunkte zwischen zwei Bildern um nicht mehr als zwei Einheiten abweichen. Ein solches Ergebnis ist optimal, die Stitching-Ergebnisse sind auch in der 100-%-Ansicht einwandfrei.

Ab einem RMS von 3 sollte man sich, obwohl Autopano Pro von „sehr gutem Passer" spricht, das Panorama in der 100-%-Ansicht ansehen. Meist sind einzelne Kanten bereits gedoppelt. Ab einem RMS von 5 ist das Panorama eigentlich nur noch als „quick and dirty" zu bezeichnen und lediglich in Webauflösung genießbar.

Der hohe RMS bedeutet dabei nicht unbedingt, dass die zugrunde liegenden Bilder schlecht sind, sondern nur, dass Autopano noch etwas Nachhilfe bei der Punktesuche benötigt. Wenn allerdings, wie beim Bild aus dem Motorradmuseum, Parallaxenfehler von 100 Pixeln auftreten, ist ein erfolgreicher Stitch hoffnungslos.

Der RMS wird übrigens von jedem Panoramaprogramm als Index für die Güte des Passers verwendet, jedes Panoramaprogramm verwendet jedoch seine eigene Methoden, diesen zu berechnen. Ein Vergleich der RMS von Autostitch und Hugin ist nicht möglich.

i

DAS QUADRATISCHE MITTEL

Das quadratische Mittel von verschiedenen Werten wird berechnet, indem alle Werte quadriert, dann die Quadrate addiert, die Summe durch die Anzahl der Werte geteilt und aus dem Ganzen schließlich noch die Wurzel gezogen wird. Das Besondere am geometrischen Mittel ist, dass diese Formel Ausreißer nach oben stärker gewichtet als Ausreißer nach unten.

Es gibt aber noch ein paar andere Fallstricke, die beim Stitchen von HDR-Panos mit Autopano Pro zu beachten sind. Das erste Problem bei HDR-Panoramen mit Autopano Pro ist die Windows-interne Speicherverwaltung. 32-Bit-Windows kann nur 3,5 GByte Speicher verwalten, und das ist für ein anspruchsvolles HDR-Pano mit 40 Bildern à 10 Megapixeln schon zu wenig.

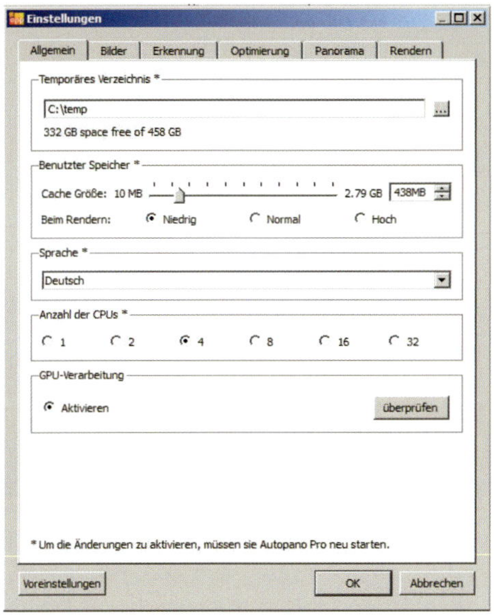

Der wichtigste Regler, um das letzte Stück Performance aus dem vorhandenen Hauptspeicher herauszuquetschen, lautet *Cache Größe*. Je größer Sie den Cache machen, desto schneller arbeitet Autopano Pro, aber desto mehr Speicher müssen Sie auch tatsächlich freihaben – und zwar an einem Stück. Vor allem Letzteres ist unter 32-Bit-Windows eher selten.

Der Speicher ist dort sehr schnell in einzelne Teile zerstückelt, und wenn Autopano Pro kein den Cache-Einstellungen entsprechendes Stück freien Speichers findet, stellt es die Arbeit am Panorama mit einer darauf hinweisenden Fehlermeldung ein. Abhilfe schafft die Minimierung der Cache-Größe: je größer das Panorama, desto kleiner die Cache-Größe. Wenn Sie einen Rechner mit einem 64-Bit-Betriebssystem und komfortablen 8 oder mehr GByte besitzen, ist dieser Wert nicht so kritisch.

Ebenso heikel sind die Parameter *Automatische Farbkorrektur* und *Autom. Farbhistogramm*. Der erste Parameter ist bei der Standardinstallation aktiviert und sorgt beim Stitch von HDR-Bildern gelegentlich für absurd knallbunte Farbflächen an Kontrastkanten. Diese Parameter sollten nur bei 8-Bit-Panoramen verwendet werden.

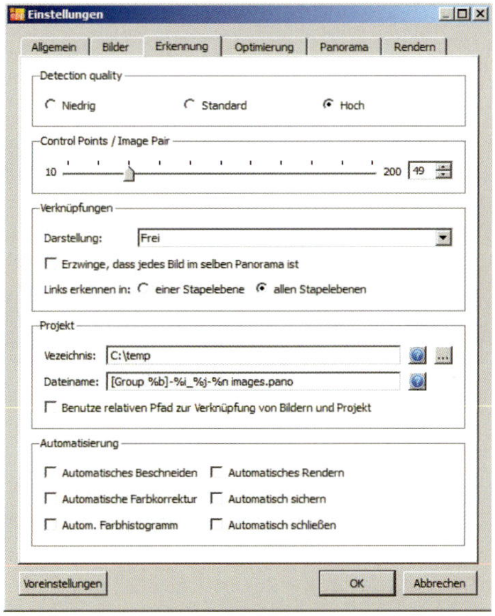

Ähnliche Effekte kann *Smartblend* hervorrufen. *Smartblend* ist die Methode, mit der Autopano Pro die unvermeidlichen Farbübergänge ausgleicht. Die abgebildeten Herstellervorgaben sind für kontrastschwächere HDR-Bilder in Ordnung, bei Kontrastumfängen jenseits der 14 EV produziert *Smartblend*, wie übrigens auch der alternativ verfügbare Multiband-Blender, schwarze Artefakte.

Je nach Kontrastumfang muss der Regler *Minimal pyramidal* auf 256 oder noch höher ge-

Aktivierte Farbkorrektur und Smartblend mit zu kleinen Werten. Jedes HDR-Panorama muss auf solche Farbartefakte überprüft und gegebenenfalls mit anderen Werten neu gerendert werden. Nicht immer ist der Fehler so krass, oft lauern aber die Artefakte in dunklen Toren und kleinen Schattenbereichen und treten erst beim Tone Mapping störend auf.

stellt werden. Damit ist man die schwarzen Flecken los, leider sind dann aber die Kanten zwischen den einzelnen Bildern recht scharf. Das behebt man mit dem Regler *Transition smooth*, der dann auch mal einen Wert von 20 oder mehr erreichen darf.

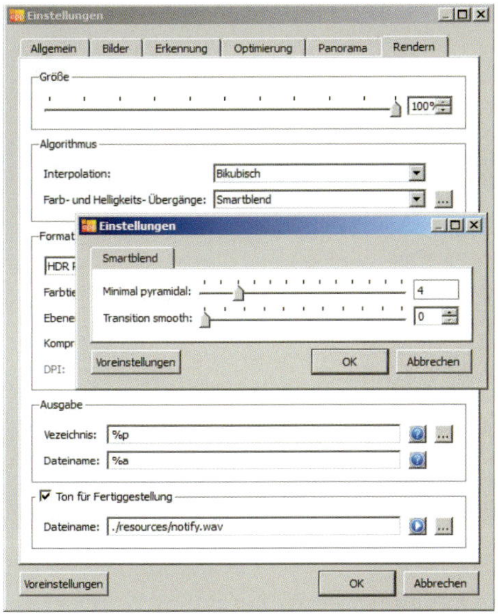

Sind diese Einstellungen korrekt getroffen und wurde anschließend Autopano neu gestartet, steht einem erfolgreichen Stitch nichts mehr im Weg. Der Neustart ist nicht nötig, solange man das entsprechende Projekt noch nicht gestartet hat. Die Werte werden nämlich im Projekt gespeichert und nur dann in das Projekt übernommen, wenn sie vor dem Laden oder Erstellen des Projekts geändert wurden.

Vor dem Klick auf die blaue *Render*-Schaltfläche empfiehlt es sich, das Panoramaprojekt zu speichern. Wenn irgendetwas schiefgeht oder man nach dem Rendern feststellt, dass doch ein paar Stitches nicht sauber sind, kann man sich das langwierige Neueinlesen und Analysieren des Projekts sparen.

In diesem Beispiel müssen einige Kontrollpunkte neu definiert werden. In der Stitching-Software Hugin muss man das von Hand machen, in Autopano Pro gibt man lediglich den Bereich an, in dem das Programm dann selbstständig nach Kontrollpunkten sucht.

Je nach Qualität der gefundenen Kontrollpunkte werden diese grün, braun oder rot markiert. Die roten Kontrollpunkte sollte man lieber gleich wieder löschen, die braunen zumindest kontrollieren.

Besonders nett ist, dass die Person auf der Brücke verblüffend gut durch die ganzen Bearbeitungsschritte gekommen ist.

Nach dem Ende der Kontrollpunktdefinition muss das Panorama erneut ausgerichtet werden. Meistens hat sich dann die Qualität der Ausrichtung deutlich verbessert. Freundlicherweise hellt Autopano Pro das HDR im Kontrollpunkteditor so auf, dass man gut damit arbeiten kann. Das vollständig montierte Panorama wird schließlich im *Tone Compressor* gemappt.

Multi-Row-Panoramen

Für ein Multi-Row-Panorama benötigen Sie einen Multi-Row-fähigen Panoramaadapter. Die gelegentlich verwendeten Panoramawinkel sind dafür nicht geeignet. Auch die selbst gebauten Flacheisenwinkel kommen bei Multi-Row-Panoramen an ihre Grenzen. Für diese Fotos sind exakt einstellbare Ausleger mit Grad-Bemaßung zwingend erforderlich.

Auch hier ist wieder die Planung das A und O des Panoramas. Zuerst müssen Sie vor Ort abklären, mit welcher Brennweite Sie arbeiten wollen, und dann den Anfangswinkel am Adapter einstellen. Meistens fängt man mit nach oben gerichteter Kamera an, da der Himmel die kritischste Stelle ist.

Das im Folgenden vorgestellte 360°-Multi-Row-Panorama einer Burgruine wurde mit 34 mm Brennweite (Kleinbild) gemacht und besteht aus insgesamt 72 Bildern mit je 2EV Abstand, also zwei Reihen mit je zwölf HDR-Bildern. Dabei wurde keine waagerechte Horizontlinie geschossen, stattdessen wurde bereits die erste Reihe mit 15° nach oben versetzt, die zweite Reihe mit 15° nach unten. Dadurch konnte das ganze HDR-Panorama innerhalb von 9 Minuten durchgeschossen werden.

Das Panorama wurde Anfang April vormittags gemacht, da später im Jahr das Laub der Bäume die Burg verdeckt hätte. Die Sonne stand also noch tief, der Stativstandpunkt

lag im Schatten, sodass man keine Probleme mit eigenen Schatten hatte. Das Problem der wandernden Schatten auf dem Boden wurde durch die Umgehung der waagerechten Reihe gelöst. Die erste Belichtungsreihe, die 15° nach oben versetzt war, sparte den kompletten Boden aus, sodass die kritischen Bodenschatten nur auf der zweiten Reihe auftauchten und dort keinen Ärger verursachten.

Eine horizontale Belichtungsreihe hätte in diesem Fall das Schlechteste aus beiden Welten vereint, sodass schließlich der Lichteinfall vom Bergfried bis zum Lagerfeuer zweimal die Richtung gewechselt hätte. Die obere Reihe wurde zuerst geschossen, da man damit noch eine Kontrolle über den Sonnenstand und eventuelle Wolken behält. Je später man den Himmel „erledigt", desto unkontrollierbarer wird er. Die folgenden Bilder sind die hellsten Aufnahmen der Belichtungsreihen.

Teilbild 1

Teilbild 2

Teilbild 3

Teilbild 4

Teilbild 5

Teilbild 6

Teilbild 7

Teilbild 8

Teilbild 9

Teilbild 10

Teilbild 11

Teilbild 12

Teilbild 13

Teilbild 14

Teilbild 15

Teilbild 16

Teilbild 17

Teilbild 18

Teilbild 19

Teilbild 20

Teilbild 21

Teilbild 22

Teilbild 23

Teilbild 24

In diesem Fall wurde die obere Reihe des Panoramas im Uhrzeigersinn gemacht, die untere Reihe gegenläufig. Dadurch wurden mögliche Schattendifferenzen im bildwichtigen Teil, der Burg, minimiert, die Schattendifferenz im Gebüsch ist nicht so dramatisch, da das Gebüsch im Notfall abgeschnitten werden kann. Zudem herrschte zum Aufnahmezeitpunkt starker Wind, sodass abzusehen war, dass die Ergebnisse bei den schwankenden Ästen in diesem Bereich sowieso suboptimal werden würden.

Zuerst wurden die Original-JPEGs über einen Batch in Photomatix Pro automatisch zum HDR verarbeitet. Die resultierenden 24 HDR-Dateien wurden dann parallel in Photoshop und Autopano Pro automatisch gestitcht. Während Autopano Pro den Stitch auch am linken und rechten Rand korrigiert, sodass das resultierende Panorama ohne Änderungen auch für ein interaktives 360°-Panorama verwendet werden kann,

Der Mittelpunkt wird vor dem Verschieben neu definiert.

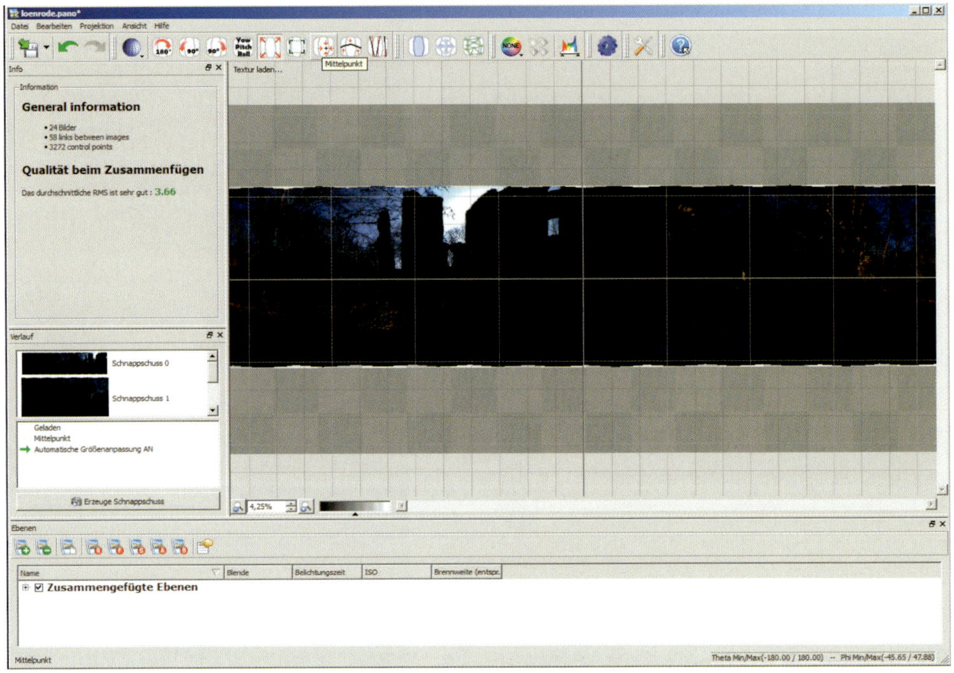

stellt Adobe Photoshop die Ränder links und rechts in Schrägprojektion dar. Das könnte bei Bedarf von Hand angepasst werden. Auch die Qualität des Photoshop-Stitchs lässt zu wünschen übrig. Dunkle Stellen erhalten auf einmal einen leuchtenden Blaustich. Bezüglich der Verarbeitungsgeschwindigkeit geben sich die beiden Programme allerdings nichts. Beide benötigten für den Stitch des Panoramas etwas weniger als eine

Das fertige Panorama.

Stunde auf einem QuadCore-Rechner mit 8 GByte Hauptspeicher.

Autostitch legt den Anfang des 360°-Panoramas an eine nicht immer ganz nachvollziehbare Stelle. In Photoshop ist das einfacher, hier wird der Anfang des Panos auf das erste Bild gelegt. Bei 360°-Panoramen will man aber meistens den Mittelpunkt selbst bestimmen. Dafür gibt es in Autopano Pro ein Werkzeug, mit dem man den Mittelpunkt des Panoramas problemlos ändern kann. Sobald man einen neuen Mittelpunkt definiert hat, wird das Panorama entsprechend verschoben.

Beim Rendern sollte man – vor allem bei großen Projekten – wieder den Hauptspeicher im Auge behalten, auch wenn Sie bereits andere Projekte mit größerem Cache erfolgreich hinter sich gebracht haben. Es kann sein, dass ein vorher geladenes Programm den Hauptspeicher zerstückelt – fragmentiert – hinterlassen hat und Autopano Pro nun nur noch mit winzigen Speicherstückchen arbeiten kann.

Vor allem wenn Sie vorher sehr große Projekte in Photoshop bearbeitet haben, ist ein Rechnerneustart unter Umständen empfehlenswert. Wohlgemerkt: Die Programme, die den Hauptspeicher fragmentiert haben, können längst beendet sein, der Speicher ist aber immer noch nicht am Stück wieder freigegeben.

Das fertige HDR-Panorama wird nun mit dem *Details Enhancer* von Photomatix Pro behandelt und mit der Voreinstellung *Malerisch* gemappt. Photomatix Pro weist beim Öffnen der Datei darauf hin, dass es sich hier um ein Bild mit 160 Megapixeln handelt, und fragt nach, ob man lediglich eine Vorschau öffnen wolle. Falls Sie einen PC besitzen, mit dem Sie solche HDR-Dateien gestitcht haben, ist das Öffnen des fertigen Panoramas in Photomatix Pro meistens weniger das Problem. Sie können die entsprechende Meldung in den Einstellungen von Photomatix Pro an Ihre Bedürfnisse anpassen.

HDR-Kugel-panoramen

Die aufwendigsten Panoramabilder sind Kugelpanoramen oder auch 360°-x-180°-Panoramen. Dabei wird horizontal 360° und vertikal 180° abgelichtet. Kugelpanoramen entsprechen prinzipiell ideal der menschlichen Wahrnehmung, da der Mensch seine Umwelt in einer Kugelsphäre sieht. Ein interaktives Kugelpanorama gibt also den Eindruck eines Motivs in idealer Weise wieder. In einem Buch ist ein solches Panorama natürlich nicht abzudrucken, es sei denn, man druckt eine Art Bastelbogen zum Ausschneiden, den man sich dann über den Kopf stülpt.

Die herkömmliche Form ist ein Panorama, das von der Kugelsphäre auf die Ebene „abgewickelt" wird. Das Verfahren ist noch aus der Schule bekannt, dort ging es immer darum, die runde Erde auf eine flache Karte abzubilden.

In diesem Fall geht es allerdings nicht um die Oberfläche einer Kugel, sondern um deren Innenseite. Wird diese Innenseite abgewickelt und in die Ebene projiziert, ergeben sich charakteristische Verzerrungen. In einer viereckigen Weltkarte wären die Polarregionen absurd vergrößert, die Antarktis

Beim Vollpanorama vom Hochfelln sieht man die Verzerrungen deutlich: Die eigentlich geraden Kondensstreifen sind halbkreisförmig gebogen, das Gipfelkreuz samt Verspanndrähten scheint gebogen.

größer als Afrika. Genau diesen Effekt erhält man, wenn man ein Kugelpanorama auf die Ebene abbildet.

Prinzipiell ist ein Kugelpanorama nichts anderes als ein normales Multi-Row-Panorama mit einem Deckel und einem Boden. Der Deckel ist das „Zenitbild". Der Zenit ist der Punkt am Himmel, der sich genau über dem Betrachter befindet. Das Gegenteil davon, der Punkt unter dem Betrachter, ist der Nadir (arabisch Nathir = Gegenteil).

Bei einem Kugelpanorama fängt man immer mit dem Zenitbild an. Der Grund ist ähnlich wie beim normalen Panorama, man hat damit den Himmel besser unter Kontrolle. Bei einem HDR-Kugelpanorama gilt das in verstärktem Maße. Wenn Sie nicht gerade mit einem Ultraweitwinkel mit mehr als 100° diagonalem Bildwinkel unterwegs sind, ist ein HDR-Kugelpanorama eine zeitaufwendige Angelegenheit.

Was bereits zur Vorbereitung von Panoramen gesagt wurde, gilt hier natürlich in besonderem Maße. Sie müssen die Entwicklung des Lichts während des Fotografierens abschätzen und entsprechend belichten, sodass Ihnen nicht an der hellsten oder an der dunkelsten Stelle der Belichtungsbereich ausgeht. Bei einem HDR-Kugelpano werden Sie zudem viele Bilder haben, die am Display fast nur Schwarz zeigen, und bereits beim Zenitbild, wenn Sie die Kamera senkrecht nach oben schwenken, haben Sie sowieso weder eine Chance, in den Sucher zu sehen, noch das Bild am Display zu betrachten.

Überprüfen Sie also den Bildwinkel Ihres Objektivs. Sie selbst haben lediglich einen Bildwinkel von diagonal 50°. Sie sehen also nicht alles, was Ihr Objektiv sieht. Wenn Sie glauben, das Blickfeld sei frei, muss das noch lange nicht der Fall sein. Am besten ist, Sie dre-

i

DAS GESICHTSFELD

Der Mensch hat im Allgemeinen mit beiden Augen zusammen ein Gesichtsfeld von fast 180°. Das bedeutet, innerhalb dieses Winkels kann er Bewegungen wahrnehmen. Halbwegs scharf sehen kann er jedoch nur in einem Winkel von etwa 50°.

hen vor Beginn der Aufnahme die Kamera einmal auf dem Panoramaadapter und rasten auf jedem später benötigten Winkel ein. Schauen Sie durch den Sucher und merken Sie sich Linien im Bild, bis zu denen der Bildwinkel des Objektivs reicht. Bis zu diesen Linien muss das „Schussfeld" frei sein.

Auch das Einstellen der Hyperfokaldistanz ist beim Kugelpanorama eine Sache für sich. Während Sie sich beim normalen Panorama darüber nicht allzu viele Gedanken machen müssen – vier, fünf Meter passen eigentlich immer –, haben Sie beim Kugelpanorama einen wesentlich geringeren Abstand zum ersten Punkt, der scharf werden muss: dem Fußboden. Sie können das Stativ auch nicht bis zum Anschlag nach oben ausziehen. Zum einen wird die Sache meistens wackelig, zum anderen kommen Sie dann beim Erstellen des Nadirs ins Schleudern. Stellen Sie also auf eine Hyperfokaldistanz von etwa 2,5 Meter scharf und benutzen Sie einen guten Schärfentieferechner, um die passende Blende auszurechnen. Einen gewissen Anhaltspunkt gibt die Tabelle vorne im Buch.

Als Beispiel dient eine Innenansicht der Klosterkirche Seligenporten. Das HDR-Panorama wurde mit einem 22-mm-Objektiv und dem Nodal Ninja 3 gemacht.

Die Schärfe wurde auf eine Hyperfokaldistanz von etwa 1,5 Metern gestellt, Blende 8, Belichtungsreihe 1 Sekunde, 1/4, 1/20, 1/80, 1/250 Sekunde. Als Erstes wäre das Zenitbild notwendig, in diesem Fall wurde das aber ausgelassen, da der Ausleger des Nodal Ninja nicht lang genug ist, um die notwendige Nodalpunktlänge von 117 mm ein-

Die Seligenportener Klosterkirche von außen. Die Sonne steht hoch, aber ziehende Wolken sorgen für ständig wechselnde Lichtverhältnisse.

zustellen und trotzdem die Kamera noch nach unten zu schwenken. Das Zenitbild ist aber entbehrlich, da der Bildwinkel des Objektivs groß genug ist. Die erste Reihe wurde also mit einem Versatz von 30° zur Senkrechten geschossen. Da das 22-mm-Objektiv an der langen Seite einen Bildwinkel von über 75° aufweist, ist damit die Fläche des Zenits zu 100 % abgedeckt.

Für die zweite Reihe wurde die Kamera um 45° nach unten gekippt, also auf 75°. Die waagerechte Schrittweite betrug 9 Bilder, also 40°. In der Senkrechten beträgt der Bildwinkel des Objektivs 76°, also 38°

Die Ausrichtung des Zenitbilds ist völlig egal. Es ist auch kein Muss, dass das Zenitbild 100 % lotrecht in den Himmel weist, solange nur alles abgebildet ist.

zu jeder Seite der optischen Achse, sodass eine völlig ausreichende Überlappung gewährleistet ist. Speziell in Kirchen ist das wichtig, da Fenster und Kirchenbänke oft so gleichförmig sind, dass der Stitcher hin und wieder durcheinanderkommt.

Die folgenden Reihen wurden jeweils ebenfalls um 45° versetzt fotografiert. Die dritte Reihe hatte die optische Achse bei 120° mit einer Abdeckung bis auf 158°. Einige der Bilder dieser Reihe hatten bereits Teile des Stativs am unteren Bildrand. Eine vierte Reihe war also nicht mehr notwendig.

Als Abschluss des Panoramas ist nun das Nadirbild nötig, um das sich viele Panoramafotografen drücken, indem sie einfach das Stativ ausschneiden und in den Boden des Panoramas ihr Logo einbauen. Während das Nadir bei einem normalen Panorama noch recht einfach ist - man schraube die Kamera vom Stativ, stelle das Stativ weg und mache von der Stelle, an der das Stativ stand, ein Freihandbild senkrecht nach unten -, funktioniert das bei HDR-Belichtungsreihen so nicht mehr.

Der erste Schritt ist, die Kamera senkrecht nach unten zu richten und den Boden zu fotografieren. Nutzen Sie dabei die Spiegelvorauslösungszeit, um zur Seite zu sprinten. Beim „normalen" Nadir sind ein paar Füße auf dem Bild kein Drama. Bei einem HDR aus einer Belichtungsreihe mit fünf Bildern haben Sie nicht ein Paar Füße drauf, sondern deren fünf.

HDR-Nadir aus der Trones-Kirche in Mittelnorwegen. Der Fotograf hat den Bildwinkel des Objektivs unterschätzt. Rechts erkennt man seine Füße.

Wenn Sie in RAW fotografieren, sollten Sie zudem berücksichtigen, dass die allermeisten RAWs größer sind als die entsprechenden JPEGs. Die Kameras schneiden intern den Rand ab, da sie ihn zur Korrektur von Linsenverzerrungen benötigen. Photomatix Pro schneidet den Rand aber nicht ab - inklusive der darin befindlichen Füße. Schauen Sie also, dass Sie aus dem Bild kommen.

Nun drehen Sie den Panoramateller um 90° und machen nochmals eine Belichtungsreihe. Damit haben Sie auch den Boden, der bisher vom Querbalken verdeckt war, abgelichtet. Diese 90° sind aber abhängig von der Konstruktion Ihres Panoramawinkels. Beim Nodal Ninja etwa ist eine Drehung um 180° sinnvoller.

Es gibt zwei Möglichkeiten: Entweder Sie lassen es gut sein und retuschieren den Rest in Photoshop heraus, oder Sie machen ein echtes Nadirbild vom Stativ, dazu benötigen Sie aber am besten einen Assistenten. Die Photoshop-Methode ist bei einem gleichmäßig roten Teppich durchaus machbar, bei einem abwechslungsreichen Kopfsteinpflaster ist das schon etwas mühseliger.

Als bessere Alternative zur reinen Stempelei ist, wenn möglich, das Stativ-Nadir immer vorzuziehen. Der Trick dabei ist, dass Sie Ihr Stativ unter der Kamera wegnehmen, es verlängern und schräg wieder hinstellen. Damit das Stativ nun nicht umfällt, benötigen Sie jemanden, der es hinten stabilisiert. Haben Sie lange Arme und sind in der Lage, Ihre Kamera blind zu bedienen, können Sie das auch selbst machen, meistens ist aber eine zweite Person die bessere Option.

Dieses Nadirbild ist in den allermeisten Fällen trotz des Aufwands nicht direkt zu verwenden, da bereits wenige Millimeter Abweichung in diesem sensiblen Bereich einen Parallaxenfehler produzieren. Das Nadirbild mit dem schrägen Stativ wird ausschließlich dazu genommen, das reguläre Stativbild zu retuschieren, also mit dem Rohmaterial aus dem Nadirbild das Stativ abzudecken. Dazu müssen die entsprechenden Schnipsel fast immer noch etwas gestaucht und gedreht, meistens auch noch im Tonwert angepasst werden.

Neben dem Nadirbild müssen die anderen Bilder, in denen das Stativ auftaucht, ebenfalls bearbeitet werden. Sie werden einfach in Adobe Photoshop beschnitten, und die gekürzten Bilder werden wieder als HDR-Dateien abgespeichert.

Der Fuß der Assistentin stabilisiert das hintere Stativbein, die Hand am Stativ sorgt dafür, dass das Stativ nicht umkippt und dass genug Druck auf den beiden anderen Beinen ist, damit diese nicht abheben oder bei Manipulationen an der Kamera (Belichtungszeit umstellen) verrutschen.

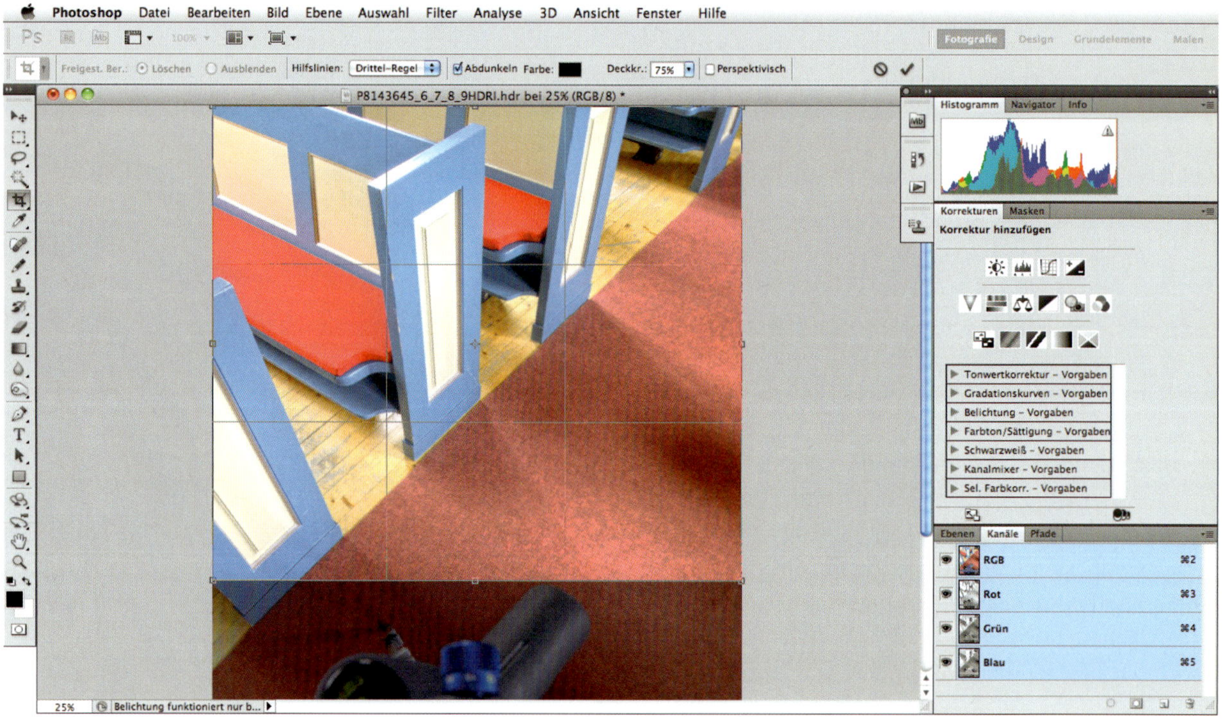

Beschnitt der Bilder in Adobe Photoshop.

Das fertige HDR-Nadir wird nun zusammen mit den restlichen von Photomatix Pro im Batch erzeugten HDR-Dateien und den beschnittenen Bildern von Autopano Pro zu einem Panorama zusammengefügt. Glücklicherweise legt Autopano Pro keinen Wert darauf, dass alle Bilder gleich groß sind. Während normale Panoramen für den Stitcher kein größeres Problem darstellen, sind Kugelpanoramen fast immer mit zusätzlicher Handarbeit verbunden.

Der einfachste Weg, den RMS Ihres Panoramas zu verbessern, ist, alle Kontrollpunkte zu löschen, die einen zu hohen Wert haben. Sind große Bereiche der Bilder völlig ohne Kontrollpunkte, empfiehlt sich das Setzen von Hand. Während man in Hugin und PTGui diese Punkte einzeln manuell setzt, ist es in Autopano Pro auch möglich, Bereiche anzugeben, in denen das Programm selbstständig sucht. Das ist oft von überraschender Ineffektivität. Es kann allerdings ebenfalls sein, dass Sie, wenn Sie glauben, ein Stitch-Problem zu haben, in Wirklichkeit einem Parallaxenfehler aufsitzen.

Anfällig dafür ist der Novoflex VRPano.Er ist zwar so gebaut, dass er spielfrei arbeitet, die Klemmräder für die Nodalpunktverstellung sitzen aber genau neben den Klemmrädern für die Winkelverstellung. Wenn Sie im Eifer des Gefechts die falsche Klemmung öffnen, kann der ganze Panoramawinkel unbemerkt verrutschen und Ihre Arbeit zunichte machen.

Kontrollfestlegung per Hand

Benötigen Sie die allerletzte Genauigkeit beim Stitchen eines Kugelpanos, führt an einer Kontrollpunktfestlegung per Hand kein Weg vorbei. Richten Sie sich allerdings in diesem Fall auf eine Bearbeitungszeit von ungefähr einer Woche ein, um etwa

Dieses Bild hat die bereits angesprochenen Verzerrungen an Boden und Decke, die durch die Projektion zustande kommen. Es kann nun ohne weitere Bearbeitung direkt einem Programm wie Pano2VR übergeben werden, das aus dem Panorama ein interaktives Kugelpanorama erstellt.

1.000 Kontrollpunkte von Hand zu definieren.

Das fertige Panorama wird nun wieder mit Photomatix Pro gemappt, in diesem Fall mit dem *Tone Compressor*:

In diesem Beispiel wurde aus dem Panorama ein Flash/Shockwave-Film erstellt, der im Webbrowser zu betrachten ist. Erst hier kommt der Vorteil von HDR mit anschließendem Tone Mapping so richtig zum Vorschein. Licht und Farben sind völlig natürlich. Der Betrachter wird nicht durch überstrahlte Fenster geblendet, er kann durch die Tür ins Freie schauen oder eben auch in die dunklen Bereiche der Kirche. Das Kugelpanorama wirkt beeindruckend realistisch.

Während sich das Panorama im oberen Beispiel vom Kontrastumfang her noch im Rahmen des Üblichen bewegte, war das schon erwähnte Panorama in der Stabkirche Borgund deutlich aufwendiger. Der Kontrastumfang dort liegt noch 4 EV über dem der Klosterkirche, da es im Inneren der Stabkirche mangels Fenstern sehr dunkel ist.

Die Überstrahlungen an den Türen wurden dadurch verursacht, dass im Inneren der Kirche mit 20 Sekunden belichtet werden musste und deshalb die Türen und ihre unmittelbare Umgebung stark ausfraßen. Deutlich zu erkennen ist auch hier die scheinbar stark gestauchte Dachpartie. Wird das Panorama in ein virtuelles Kugelpanorama verwandelt, entzerrt sich das Ganze wieder. Ein Blick in das Eck, an dem hier die Nahtstelle ist, zeigt das.

Die Flash-Animationen wurden in diesem Fall für eine Auflösung von 1.024 x 768 Pixeln gerendert. Im Web ist eine so hohe Auflösung eher unüblich, für den Druck aber notwendig.

Die Nahtstelle im Beispielbild ist deshalb sichtbar geworden, weil beim Mappen des Panoramas in Photomatix Pro der Parameter *360°* nicht aktiviert war. Ein leicht behebbarer Fehler, der hier extra belassen wurde, um den Effekt zu demonstrieren.

Das fertige Innenpanorama der Stabkirche – übrigens das erste und einzige, das bislang angefertigt wurde – zeigt, dass das Licht nur aus einem winzigen Fenster im Dach und durch die zwei Türen hereinkommt.

Durch den Blick nach oben wirkt die perspektivische Verkürzung natürlich, bei der platten Aufsicht dagegen gestaucht.

7

HDR-MOTIVAUSWAHL

7

HDR-Motivauswahl

Das Hexenhäuschen an der Nürnberger Burg im Spätherbst. HDR aus vier Bildern mit jeweils 2EV Abstand, gemappt mit einem geglätteten Filter "malerisch" und stärkerer Farbsättigung, um die Herbststimmung zu betonen. Brennweite 14 mm Kleinbild.

7 HDR-Motivauswahl

HDR-Bilder sind, soweit sie nicht als Rohmaterial für CGIs dienen, in erster Linie immer noch Bilder und sollten als solche auch nach den Regeln der Bildgestaltung gemacht werden. Ein schlechtes Bild wird nicht dadurch besser, dass man ein HDR daraus macht. Es wird oft genug nur bunter.

„Wenn dein Bild nicht gut genug ist, warst du nicht nah genug dran." Dieser Spruch von Robert Capa ist von Millionen Fotografen seitdem missverstanden worden, die nun mit langem Zoom durch die Gegend stiefeln oder den bedauernswerten Opfern die Weitwinkelboliden vor die Nase halten. Capa war Leica-Fotograf und verwendete keine Zooms – sie waren noch nicht erfunden. Für die Leica gab es gerade ein halbes Dutzend Objektive mit teils zweifelhaftem Nutzwert – entweder kratzempfindlich wie das Summar 50 mm, das die Ursache für die noch heute grassierende „Unsitte" der Schutzfilter ist, oder bei den damaligen Filmempfindlichkeiten (üblich waren ISO 25) absurd lichtschwache Telebrennweiten wie das 6,3/105 Berg-Elmar. Er fotografierte mit Normalbrennweiten und war mitten im Geschehen - anders als andere Kriegsberichterstatter, die weit hinten aus der Deckung knipsten und deshalb nur die üblichen Suchbilder - der Punkt da links hinten, das ist der angreifende Panzer - zustande brachten. Capa hatte mit seiner Technik lange Glück - bis 1954. Viele Kriegsberichterstatter sind ihm mittlerweile auf die eine oder andere Weise gefolgt.

Sein Spruch wird mittlerweile anders interpretiert: Beschäftige dich mit deinem Motiv, sei Teil davon, verstehe es, beziehe Position zu deinem Motiv. Auch das hat Capa getan. Und das ist sicher eine gute Interpretation. Bilder können jedoch nicht nur politisch relevant, sie können auch von dokumentarischem Wert sein. Sie können Werbezwecken dienen - oder auch einfach nur schön sein. Es ist Ihre Entscheidung, welches Bild Sie heute machen wollen. Machen Sie es aber bewusst.

Teil der Stralsunder Marienkirche, mit 22 mm Äquivalenzbrennweite senkrecht nach oben fotografiert. Das HDR wurde aus drei Bildern mit dem **Details Enhancer** *gemappt.*

Weite Winkel

Ultraweitwinkel haben einen Bildwinkel weit jenseits der 100°. Die erste Regel bei derlei Objektiven: Passen Sie auf Ihre Schuhspitzen auf. Die zweite Regel: Stellen Sie keine Personen in die Bildecken. Das 7-14 ist extrem verzerrungsfrei, was Tonnen- oder Kissenverzerrung betrifft. Es ist jedoch nicht flächentreu, sprich, die Projektion der gebogenen Wirklichkeit stellt zwar die Linien korrekt dar, verzerrt aber die Flächen an den Rändern.

Die Ursache liegt darin, dass Sie bei solchen Bildwinkeln mit den Tücken der Zentralperspektive zu kämpfen haben. Ein 14-mm-Kleinbildobjektiv hat einen horizontalen Bildwinkel von 102°. Um bei 102° eine Gruppe von 20 Menschen, die in zwei Reihen von etwa 6 Metern Breite stehen, formatfüllend aufs Bild zu bekommen, müssen Sie gut 2 Meter von der Gruppe entfernt stehen.

Das bedeutet, die Person direkt vor der Kamera ist 2 Meter entfernt, die Person am Ende der Reihe 3,5 Meter. Die Person am Rand erscheint also aufgrund der perspektivischen Verkürzung wesentlich kleiner. Bei einem Fisheye würde diese Person auch so abgebildet werden, bei einem korrigierten Ultraweitwinkel wird sie wieder „aufgebla-

sen", sodass die Gruppe nicht, wie sie es eigentlich müsste, links und rechts vom Mittelpunkt deutlich kleiner wird, sondern alle gleich groß bleiben. Das geht aber auf Kosten der Breite, denn das Objektiv kann nicht einfach alle in die Länge ziehen, das würde den Personen am Rand des Bilds zu einer abrupten Abmagerungskur verhelfen. Stattdessen vergrößert es die gesamte Abbildung am Rand.

Da Sie aber die Person am Rand nicht von vorne sehen, sondern in einem Winkel von etwa 45°, also schon fast von der Seite, können Sie sich vorstellen, was passiert, wenn diese Person in die Breite gezogen wird. Der Effekt beginnt bereits bei einer Brennweite von etwa 28 mm sichtbar zu werden, ab einer Brennweite von 22 mm sollte man keine Gruppenbilder mehr machen.

- Achten Sie also darauf, dass Sie bei weiten Winkeln an den Bildrändern keine Personen oder andere Gegenstände platzieren, bei denen eine Verzerrung lächerlich wirken würde.
- Ultraweitwinkelobjektive verführen dazu, mit dem Effekt zu spielen. Das „Aaaah!" durch die verzerrte Wirklichkeit nutzt sich aber sehr schnell ab. Ultraweitwinkel muss man sich erarbeiten.

Stürzende Linien

Oft legt man sich diese Objektive zu, um in die Architekturfotografie einzusteigen. Ein Ultraweitwinkel ersetzt aber keinen Shift-Adapter. Im Gegenteil, bei 14 mm Kleinbildbrennweite sorgt die kleinste Neigung der Kamera für unglaublich stürzende Linien. Bei 14 mm liegt die Bildmitte wie festgenagelt am Horizont - und mit der unteren Hälfte des Sensors fotografieren Sie Straßenpflaster. Es gibt WW-Fotografen, die aus der Not eine Tugend gemacht haben und nur noch im Hochformat knipsen - alle Sorten Kopfsteinpflaster mit ein paar Häusern im Hintergrund.

Die Ultraweitwinkel reagieren nicht nur beim Verkippen empfindlich, durch die gebogene Frontlinse und die für den Bildwinkel winzige Gegenlichtblende sind sie es auch bei Streulicht. Als WW-Fotograf muss man in allen Bereichen des Bilds genau kontrollieren, ob man sich nicht eine Reflexion eingefangen hat. Auch aus diesem Grund ist ein Stativ hilfreich - man kann dann nämlich einen Karton zum Abschatten halten, ohne die Kamera zu verwackeln.

Blickfang im Vordergrund

Wenn man keine Möglichkeit hat, den Horizont auf die Mittellinie zu setzen, empfiehlt es sich, einen Blickfang in den Vordergrund zu platzieren, der vom Rest ablenkt, oder generell senkrechte Strukturen am Rand zu vermeiden. Der klassische Bildaufbau Vor-

◂ *Der Innenhof des Rathauses in Stralsund mit 22 mm. Das HDR aus fünf Bildern mit einem Abstand von je 2 Lichtwerten zeigt Details unter den Arkaden und den blauen Himmel. Das Bild wurde bewusst aus der Froschperspektive aufgenommen, um die Länge des Raums zu betonen. Würde hier die Kamera gerade gehalten, würde die Hälfte des Bilds vom relativ uninteressanten Pflaster beansprucht werden. Diese gestalterische Leere könnte man mit Personen füllen, die jedoch während der HDR-Belichtungsreihe vollkommen ruhig ausharren müssten.*

Der Baumstumpf, aufgenommen mit einem Ultraweitwinkel mit einer Äquivalenzbrennweite von 14 mm, zeigt deutlich die Reflexe durch das seitliche Licht. Ein Abschatten der Sonne rechts hätte geholfen, in diesem Fall war der Reflex aber zu Demonstrationszwecken beabsichtigt. Auch die verwackelten Blätter am oberen Bildrand wurden bewusst im Bild gelassen. Sie hätten durch eine Bearbeitung des HDR problemlos beseitigt werden können – sie zeigen, wie der Wind bei der Bildgestaltung bisweilen schon ein Wörtchen mitzureden hat.

dergrund, Mittelgrund, Hintergrund, der durch die geringe Schärfentiefe der Telebrennweiten etwas in Vergessenheit geraten ist – beim Ultraweitwinkel ist er wieder gefragt.

Erschwerend kommt hinzu, dass der Blickwinkel des Menschen mit diagonal etwa 50° nicht ausreicht, um ein Motiv für diagonal 114° zu erfassen. Man kann zehnmal an der richtigen Stelle vorbeigehen, ohne sie wahrzunehmen. Ein Telemotiv können Sie sehen, ein Ultraweitwinkelmotiv müssen Sie denken. Sie müssen sich in Ihrer Umgebung den Hintergrund, den Mittelgrund und den Vordergrund zusammensuchen, noch einen passenden Standpunkt wählen, und dann können Sie erst die Kamera aus der Tasche nehmen.

Nutzen Sie bei Weitwinkelaufnahmen die Hyperfokaldistanz der Objektive. Speziell bei HDR-Aufnahmen ist Schärfentiefe fast die halbe Miete.

Wenn Sie kein Ultraweitwinkel dabeihaben oder sich die doch recht teuren Gläser nicht leisten wollen, können Sie den entsprechenden Bildwinkel auch durch eine Art Minipanorama erzeugen. Das Problem dabei ist,

Bei der Aufnahme des Restaurants „Ostseeperle", eines Schalenbetonbaus des Architekten Ulrich Müther von 1968, wurde als Blickfang die verlassene Sitzgruppe in den Vordergrund gesetzt. Diese lenkt etwas davon ab, dass die Linien des Baus heftig stürzen. Zudem ist der Horizont nach links gekippt, um die linke Linie des Baus in die Nähe der Senkrechten zur bringen. Verwendet wurde ein Ultraweitwinkel mit 114 mm diagonalem Bildwinkel. Das HDR wurde aus drei Bildern mit je 2 EV Abstand gemacht und schonend mit dem **Details Enhancer** *gemappt.*

dass Panoramasoftware die gestitchten Bilder auf eine Kugelsphäre projiziert und damit die charakteristischen Verzerrungen von nahen Gegenständen verursacht. Das Ultraweitwinkel ist aber auf eine rechtwinklige Abbildung korrigiert, Sie müssen Ihre Software also ebenfalls anweisen, nicht sphärisch, sondern rectilinear zu stitchen. Das weit verbreitete Tool Autostitch kann das in der Freewareversion nicht.

Doch leider ist das noch nicht alles. Die Schärfentiefe von Ultraweitwinkeln ist größer als die Schärfentiefe von längeren Brennweiten. Um auf Pixelebene die gleiche Schärfe zu erreichen, müssen die Teleobjektive wesentlich stärker abgeblendet werden.

Teleobjektive

Als Teleobjektiv gilt alles jenseits der 50 mm. Teleobjektive sind auf den ersten Blick einfacher zu handhaben, daher bekommen Kompaktkameras sehr gern lange Rüssel mit irrsinnigen Brennweiten samt Digitalzoom spendiert - aber selten brauchbare Weitwinkel. Das Tele erspart einem vordergründig erst mal die Bewegung, man kann gemütlich im Café sitzen und die Passanten auf der Straße aus der Deckung heraus „abschießen". Man braucht nicht in den Tigerkäfig zu klettern, um eine Nahaufnahme der Raubkatze zu bekommen, und das Porträt des Torwarts beim Elfmeter ist ohne großes Tele schon gleich gar nicht denkbar.

Neben diesen Pluspunkten, die theoretisch auch durch den Gebrauch der Beine zu ersetzen wären, haben Teleobjektive aber handfeste optische Vorteile.

Gestauchte Perspektive

Das Teleobjektiv staucht die Perspektive: je länger die Brennweite, desto realitätsnäher die Größenverhältnisse der hintereinander abgebildeten Gegenstände. Das fängt simpel bei einer Personenaufnahme an. Fotografieren Sie eine Frau mit einem Weitwinkel von unten, besteht sie nur noch aus Bein. Oberweite und Kopf sind unterentwickelt. Umgekehrt, von oben fotografiert, endet die Frau kurz unter dem Dekolleté. Die Beine werden vernachlässigbar kurz.

Wollen Sie diesen Problemen entgehen und fotografieren die Dame aus Bauchnabelhöhe, haben Sie doppelt verloren. Mit einem Teleobjektiv erhalten Sie die natürlichen Proportionen. Nicht umsonst geben Mietstudios an, wie viele Meter der Fotograf von der Hintergrundpappe entfernt sein kann.

Da das menschliche Auge den Effekt der gestauchten Abbildung von hintereinander befindlichen Gegenständen nicht kennt, erzeugen lange Brennweiten Effekte, die das Auge nicht korrekt einsortieren kann. Es geht davon aus, dass ein Mensch, der das Gesichtsfeld (Bild) ausfüllt, nicht weiter als 2 Meter entfernt ist. Ein Mensch, der 4 Meter entfernt ist, füllt nur noch das halbe Bild aus, wirkt also „kleiner".

Luftunruhe bei langen Brennweiten

Mit Telebrennweiten fotografieren Sie hin und wieder auch weit entfernte Motive, unter anderem dazu sind sie ja erfunden worden. Zwischen Ihnen und dem Motiv liegt Luft. Unter Umständen sogar sehr viel Luft. Luft ist keineswegs optisch unwirksam. Selbst wenn man Dunst und Staub außer Acht lässt, kann Luftunruhe bei langen Brennweiten zu sichtbaren Bildbeeinträchtigungen führen.

Licht wird an Grenzflächen gebrochen, z. B. an der Grenzfläche zwischen Luft und Wasser oder an der Grenzfläche zwischen Glas und Luft. Wenn sich Luft erhitzt, bildet sie warme Blasen, die mit Grenzflächen von der Umgebungsluft getrennt sind. An diesen Grenzflächen bricht sich das Licht. Das kann zu den berühmten Luftspiegelungen (Fata Morganas) führen oder zum typischen Asphaltflimmern. Aber es können auch regelrechte „Luftlinsen" entstehen, die dahinterliegende Objekte vergrößern oder durch sphärische Aberration Farbsäume verursachen.

Diese Luftlinsen nimmt man normalerweise nicht wahr, da die Blasen aufsteigen und der Effekt für das Auge so rasch vorbei ist, dass er das Sehen nicht nachhaltig stört. Wenn Sie aber mit einer langen Brennweite unterwegs sind, können diese Luftunruhen Sie ausgesprochen ärgern. Sie wissen ja nie, ob sich nicht gerade zwischen Ihnen und

Durch den Umstand, dass der Bildwinkel im Tele mit zunehmender Brennweite immer kleiner wird, können weit hintereinanderliegende Gegenstände voreinander abgebildet werden. Bei der Aufnahme des Kunstwerks, das sich auf einem Kreisverkehr befindet, bewirkte die mäßige Stauchung der Perspektive durch die verwendeten 108 mm Brennweite eine gewisse Stauchung. Der raumgreifende Eindruck der Plastik geht verloren, die Plastik wirkt durch den kleineren Bildwinkel trotz des tiefen Kamerastandpunkts unspektakulär. Ein Kamerastandpunkt mit einem Ultraweitwinkel direkt auf dem Kreisel hätte eine wesentlich stärkere Wirkung erzeugt, aber leider alle umliegenden beleuchteten Industriebauten und Supermärkte mit abgebildet.

Exposure Blending mit 108 mm Brennweite in der König-Otto-Höhle in Velburg.

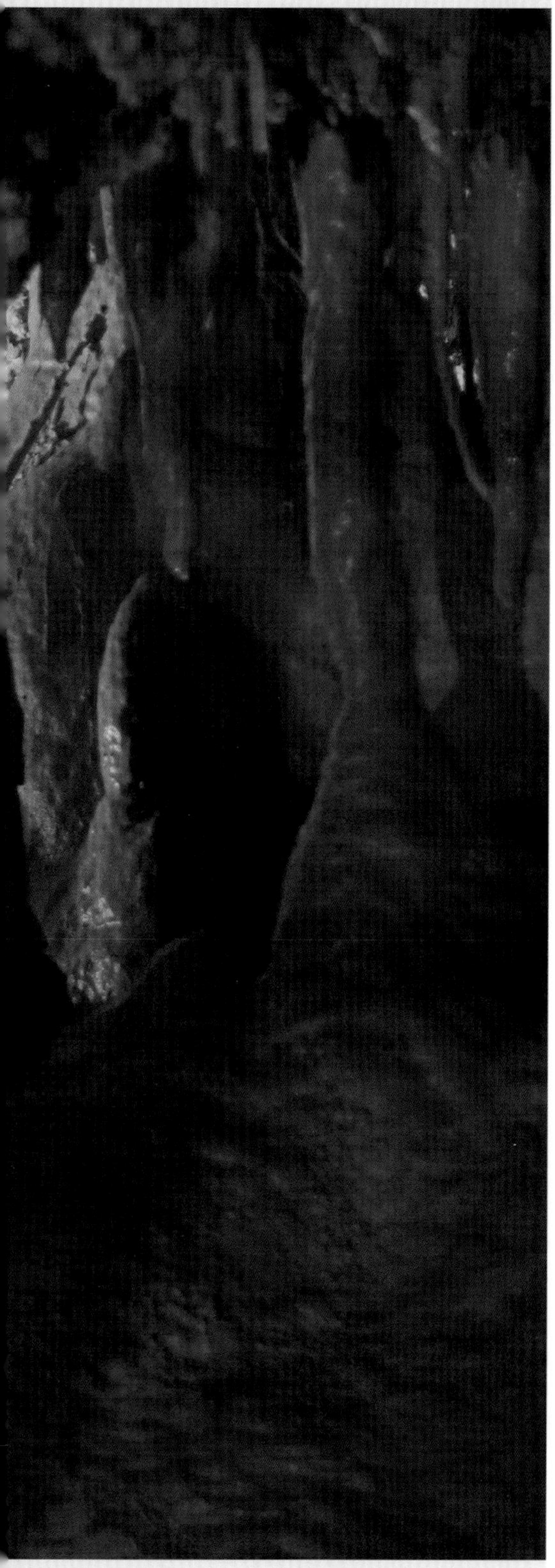

dem Motiv eine solche Blase bewegt und das nächste Bild verunstaltet - der Sensor nimmt die Linse in der kurzen Belichtungszeit nämlich sehr wohl wahr.
In der Nacht können Sie diese Luftunruhe übrigens mit bloßem Auge beobachten: Sie ist der Grund für das Flimmern der Sterne - die natürlich in Wirklichkeit nicht flimmern. Aber durch den Teppich an Luftblasen, der abends von der warmen Erde nach oben steigt, sehen Sie die Sterne wie durch einen sich ständig bewegenden Linsenvorhang. Auch aus diesem Grund werden große Teleskope auf hohe Berge gebaut.
Speziell bei Belichtungsreihen können diese Luftlinsen ausgesprochen lästig werden. Im Extremfall sorgen sie bei jedem Bild an einer anderen Stelle für Brechungen von Lichtern, sodass schließlich völlig unerklärliche Unschärfeflecken im HDR sind und das Bild unbrauchbar ist.
An einem heißen Tag können Sie in der Stadt fast sicher mit entsprechenden Flimmereffekten rechnen. Einzige Abhilfe: auf kühleres Wetter oder eine spätere Stunde warten, wenn sich der Boden abgekühlt hat. Meistens ist zur blauen Stunde der schlimmste Spuk vorbei.

Jenseits von 100 mm nur mit Stativ

Alle Telebrennweiten jenseits von 100 mm Kleinbild sind ohne Stativ im HDR-Bereich nicht mehr einzusetzen. Wird das Objektiv schwerer als die Kamera, wird nicht mehr die Kamera auf das Stativ geschraubt, sondern das Objektiv. Die Kamera hängt hinten am Objektiv - und sollte nur noch per Fernauslöser oder mit Spiegelvorauslösung bedient werden, denn ein Druck auf den Auslöser bewirkt auf einmal einen ganz anderen Hebel für eine Bewegung um den Punkt der Objektivbefestigung.

Scheuen Sie sich auf keinen Fall, Ihre Kamera-Objektiv-Kombination in der Nähe des Schwerpunkts zu befestigen. Wenn Sie einen Kugelkopf oder einen Kameraneiger als Kopf haben, kann es passieren, dass sich die Klemmung löst, und dann kracht die ganze Kamera samt Objektiv mit Wucht nach vorne. Das kann einen solchen Schwung entwickeln, dass das Stativ umgerissen und die Sache richtig teuer wird. Ist die Kamera in der Nähe des Schwerpunkts befestigt, ist der Kopf leichter zu bewegen, und selbst wenn Sie aus Versehen die Klemmung am Gelenk lösen, wird nicht viel passieren.

Eine nostalgische Laterne in einem Bauerngarten, vier Bilder, aufgenommen mit 400 mm Äquivalenzbrennweite, gemappt mit der Photomatix Pro-Vorgabe **Grunge**.

Beachten Sie: Sobald Sie längere Brennweiten einsetzen, geht Ihr Schärfebereich nicht mehr durchs ganze Bild. Wenn Sie im Unschärfebereich Spitzlichter haben, erhalten Sie Bokeh. Was bei normalen Bildern sehr gut aussehen kann, erschwert die Erstellung eines HDR erheblich, vor allem wenn die Spitzlichter durch bewegtes Laub oder bewegtes Wasser zustande kommen. Diese Lichter bewegen sich und bringen die HDR-Erstellung durcheinander.

Der optische Hintergrund dieser Erscheinung ist folgender: Werden Teile eines Bilds extrem unscharf, da die Schärfentiefe zu gering ist, steigt der Durchmesser des Zerstreuungskreises so stark an, dass schließlich die Objektkonturen aufgelöst werden. Lichtreflexe werden nun nicht mehr punktförmig abgebildet, sondern als mehr oder weniger große, helle Scheiben. Die Form der Scheiben wird durch das Objektiv bestimmt, einerseits durch die Form der Blende und andererseits durch den Korrekturzustand des Objektivs.

Das Objektiv kann auf Auflösung, auf Kontrast oder auf eine Mischung beider Parameter optimiert werden. Das hat auch Auswirkungen auf die Form und Ausprägung des Bokehs.

Vor und hinter der Schärfeebene

Bokeh ist vor und hinter der Schärfeebene meist unterschiedlich ausgeprägt. Wenn das Bokeh vor der Schärfeebene hart und im Hintergrund weich ist, spricht man von „unterkorrigierter sphärischer Aberration“. Sind die Zerstreuungskreise jedoch im Hintergrund klar abgegrenzt und im Vordergrund weich, handelt es sich um „überkorrigierte sphärische Aberration“.

Je weicher das Bokeh ist, desto besser. Bokeh soll nicht Selbstzweck sein, sondern das

[i]

SPHÄRISCHE ABERRATION

Dieser Abbildungsfehler entsteht dadurch, dass bei Linsen mit kugelförmigen Oberflächen, also bei fast allen Linsen, die Strahlen am Rand der Linse geringfügig anders gebrochen werden als im Inneren der Linse. Der Effekt ist eine Art Lichthof um den Brennpunkt, also ein Kontrastverlust, sprich Schärfeverlust, an den Kanten. Das wird durch den Einbau von asphärischen Linsen behoben.

In den Zerstreuungsscheiben ist die Form der Blende sichtbar. Sie haben teilweise einen deutlichen Rand, also ein überkorrigiertes Objektiv, bei dem der Kontrast auf Kosten der Auflösung erhöht wurde (wie bei praktisch allen modernen Objektiven). Die Reflexe stammen von einem Bach in einer Entfernung von etwa 12 Metern.

Motiv betonen und nicht davon ablenken. Es wird behauptet, die Art des Bokehs könne direkt aus dem MTF-Chart abgelesen werden. Das ist nicht korrekt. Die üblicherweise veröffentlichten MTF-Charts treffen nur Aussagen über die grobe Form des Zerstreuungskreises in der Schärfeebene, nicht jedoch im unscharfen Bereich.

Damit Bokeh entsteht

Den größten Einfluss auf das Bokeh hat jedoch nicht das Objektiv, sondern der Fotograf. Damit Bokeh entsteht, müssen sich Motiv und Hintergrund im richtigen Abstand zueinander befinden, der Hintergrund muss ausreichend beleuchtet sein und genügend kleine Reflexionsflächen aufweisen, damit in ausreichender Anzahl Spitzlichter entstehen. Ein Hintergrund ohne Spitzlichter verschwimmt einfach, gibt es zu wenig Spitzlichter, stören sie eher, sind es zu viele, überstrahlt der Hintergrund. Typische Situationen für Bokeh sind betaute oder frisch beregnete Wiesen, leicht bewegte Seen oder Bäche, beschneite Wälder bei Tauwetter so-

Selbes Objektiv, selbes Motiv, aber mit Offenblende fotografiert. Die Reflexe des Wassers werden bei Offenblende zu riesigen Kreisen.

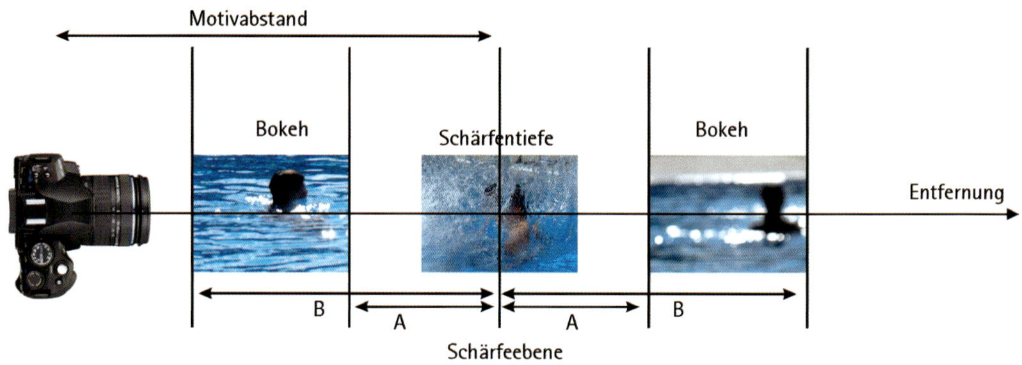

Eine Grafik veranschaulicht das Bokeh: links das Bokeh vor dem Schärfepunkt, rechts dahinter.

wie Nachtporträts mit viel Straßenbeleuchtung.

Bokeh ist eine direkte Funktion der Schärfentiefe. Wenn das Objektiv auf die Hyperfokaldistanz eingestellt ist, gibt es in der Ferne natürlich kein Bokeh mehr. Grob kann man bei den heutigen Digitalkameras davon ausgehen, dass ein Zerstreuungskreis mindestens 50 bis 100 Pixel haben sollte, damit man von Bokeh sprechen kann. Der Zerstreuungskreis sollte also mindestens 0,175 mm betragen. Spätestens bei Zerstreuungskreisen, die größer sind als 1,5 mm, wird es dann ziemlich auffällig (siehe Bild oben). Ein gutes Bokeh ist also bei einem Zerstreuungskreisdurchmesser zwischen 0,2 mm und etwa 1 mm zu erwarten.

Als HDR-Fotograf sollten Sie versuchen, größeres Bokeh auf jeden Fall zu vermeiden. Kleine Spitzlichter auf dem Wasser können von Photomatix bewältigt werden. Riesige Scheiben, wie bei dem Porträt mit Offenblende, sorgen dagegen für hässliche Artefakte. Besser ist es immer, kürzere Brennweiten zu verwenden und die Blende zu schließen.

Spiegelvorauslösung einsetzen

Vergessen Sie bei Teleaufnahmen vom Stativ nicht die Spiegelvorauslösung. Je länger die Brennweite ist, desto dramatischer wirken sich Schwingungen des Stativs aus, die durch Spiegelschlag und/oder Handauslösung verursacht werden.

Es versteht sich von selbst, dass Ihr Neiger oder Kugelkopf arretierbar sein sollte, und zwar so, dass sich das Tele auch nach einer Viertelstunde noch kein halbes Grad gegen den Erdmittelpunkt geneigt hat. Billige Köpfe können Sie so oft anschrauben, wie Sie wollen – oder das Gewinde im Gusskopf das mitmacht –, sie werden bei schweren Objektiven immer nachgeben.

i

TRAGKRAFT VON STATIV UND KOPF

Achten Sie auf die Tragkraft von Stativ und Kopf. Alles unter fünf Kilo taugt nur für Kompakt- und Bridgekameras. Mit fünf Kilo Tragkraft kommen Sie für kleinere DSLR-Systeme ausreichend weit. Für Mittelformatkameras oder längere Telebrennweiten sind höhere Tragfähigkeiten notwendig.

Makro

Als Makrofotografie wird laut DIN 19040 jede Fotografie zwischen einem Abbildungsmaßstab von 1:10 und 10:1 betrachtet. Wird noch stärker vergrößert, spricht man von Mikrofotografie. Bedeutung hat die Makrofotografie allerdings zwischen etwa 1:4 (0,25-fache Vergrößerung) und 1:1. Das größte Problem sind vor allem die extrem dünnen Schärfentiefen. Für ein gutes Makro, das nicht zu 99 % aus unscharfen Bildbereichen besteht, sind Makroschlitten und am besten ein Multifokusadapter gute Voraussetzungen. Freihandmakros bei hohen Vergrößerungsfaktoren sind schwierig, ein gutes Freihand-HDR-Makro ist reiner Zufall. Bei HDR-Makros sollten Sie auf jeden Fall auf Windeinfluss achten.

Eine Freihanddetailaufnahme im Freien. Reifkristalle an Gras. 82 mm Äquivalenzbrennweite mit Blende 5,6. HDR aus drei Bildern mit je 3 EV Abstand. In diesem Fall herrschte glücklicherweise völlige Windstille.

HDR aus drei Bildern, mit **Grunge** *gemappt. Durch die starke Erhöhung der Mikrokontraste und das Ausgleichen des Gesamtkontrasts versinkt der ursprünglich freigestellte Ast im Hintergrund.*

Das gleiche HDR, diesmal mit dem **Tone Compressor** *gemappt. Der Ast ist deutlich besser sichtbar.*

Balgengeräte und Zwischenringe

Über Balgengeräte und Zwischenringe kann der Abbildungsmaßstab des Objektivs erhöht werden. Allerdings werden über ein Balgengerät keine Objektivdaten übertragen, sodass es weder einen Autofokus noch eine Blendensteuerung gibt. Da viele Objektive mittlerweile keinen Blendenring mehr besitzen und gerade am Balgen die Blende schon im Interesse der Schärfentiefe weiter geschlossen werden muss, werden am Balgen meistens ältere, vollmechanische Objektive eingesetzt.

Um die Naheinstellgrenze des Objektivs noch weiter herabzusetzen, montiert man entweder Zwischenringe oder ein Balgengerät zwischen Kamera und Objektiv. Zwischenringe sind nichts anderes als ein Balgen, nur eben nicht so flexibel einstellbar. Bei allen Zwischenringen ist eine Fokussierung auf unendlich nicht mehr möglich – im Makrobereich allerdings auch nicht nötig. Falls Sie einen Live-View mit Sucherlupe haben, können Sie damit die Schärfeebene genauer einstellen als über den Sucher.

An die Objektive am vorderen Ende des Balgens werden hohe Anforderungen gestellt. Der Zwischenring macht ja nichts anderes, als die Bildweite zu vergrößern. Das Bild des Objektivs wird also größer, der Sensor bekommt einen kleineren Ausschnitt des Bilds. Wenn nun das Objektiv bereits im „Normalbetrieb" an der Grenze der Auflösung entlangschrammt, wird es mit einem Zwischenring nicht besser.

Retroadapter einschrauben

Es gibt auch die Möglichkeit, anstelle von Zwischenringen ein Normalobjektiv in „Retrostellung" zu betreiben. Dabei wird in den Filterring eine Halterung (ein Retroadapter) eingeschraubt und damit das Objektiv an der Kamera befestigt. Mit dieser Konstruktion können preiswert sehr gute Ergebnisse erzielt werden, auch hier wieder abhängig vom verwendeten Objektiv.

In Retrostellung steigt der Abbildungsmaßstab mit kleiner werdenden Brennweiten. Die Schärfe wird bei Retrostellung über den Abstand zum Motiv geregelt, der Abbildungsmaßstab über den Zoom. Um die jeweilige förderliche Blende einzustellen, setzen Sie das Objektiv in Normalstellung an die Kamera, stellen die Blende ein, drücken die Abblendtaste und entriegeln, während Sie die Abblendtaste gedrückt halten, das Objektiv. Die Blende bleibt bei den meisten Objektiven eingestellt. Nun können Sie das Objektiv in Retrostellung befestigen und fotografieren.

Da dieses Verfahren etwas umständlich ist, wäre es sinnvoll, die Blende über die Kamera steuern zu können. Einen voll funktionsfähigen Retroadapter für gibt es von Novoflex allerdings nur für Canon.

Die förderliche Blende, also die Blende, ab der der Schärfegewinn durch Schärfentiefe wieder durch die Beugung aufgefressen wird, hängt übrigens im Makrobereich mit dem Abbildungsmaßstab zusammen – und zwar unabhängig von Sensorgröße und Auflösung des Sensors.

ABBILDUNGSMASSSTAB	FÖRDERLICHE BLENDE
1:2	32
1:1	22
2:1	16
3:1	11
4:1	8
5:1	5,6

Makroschlitten für Festbrennweite

Während man bei der Kombination aus Zoomobjektiv und Zwischenringen mit dem Zoom scharf stellt, geht bei einer Festbrennweite ohne Makroschlitten so gut wie nichts mehr. Bei langen Zwischenringen oder Balgen liegt die Schärfeebene nahezu unverrückbar in festem Abstand vor dem Objektiv. Um die Schärfeebene zu verlegen, hilft es nur, die Kamera zu bewegen. Dazu wird diese auf einen Makroschlitten montiert, der mittels Schneckengewinde sehr fein verstellbar ist.

Nahlinsen

Nahlinsen haben gegenüber Zwischenringen und Retroadaptern den Vorteil, dass sie keinen Lichtverlust herbeiführen, die optische Rechnung der Objektive nicht verändern und dass das Objektiv nach wie vor vollständig über die Kamera steuerbar ist. Allerdings verursachen billige Nahlinsen Farbfehler, Reflexe und weiche Ränder. Gute achromatische Nahlinsen sind erheblich teurer. Dreistellige Summen sind für eine entsprechende Nahlinse völlig normal, oft enthalten die Vorsatzlinsen sogar mehrere Glaselemente.
Nahlinsen sind umso wirksamer, je länger die Brennweite der Objektive ist. (Bei Zwischenringen ist das umgekehrt.) Auf einem 300-mm-Kleinbildobjektiv reichen 1 oder 2 dpt (Dioptrien) aus, bei 80 mm kann man auch Nahlinsen mit 4 dpt verwenden.

Bildgestaltung und Aufbau

Ein Makro ist die Darstellung eines kleinen Ausschnitts der Wirklichkeit. Oft beschränken sich Makrofotografen auf dokumentarische Aufnahmen z. B. von Blumen, Stubenfliegen oder den ausgesprochen beliebten Spinnen. Abgesehen von der rein technischen Qualität einer Aufnahme sollte man aber auch bei Makromotiven Bildgestaltung und Bildaufbau etwas Zeit widmen und sich um etwas Spannung im Bild bemühen.
Die größte Herausforderung bei der Erstellung von HDR-Makros stellt der Bewegungsdrang eventuell abgebildeter Insekten dar. Kälte hilft bei der Bewältigung dieses Problems.

Landschaften

Landschaften zu fotografieren, ist keinesfalls einfach. Gestandene Fotografen können an der Aufgabe scheitern, ein Landschaftsbild mit Aussage zu schaffen. Da mag technisch alles einwandfrei sein – Drittelregel, Belichtung, Vorder-, Mittel-, Hintergrund –, und trotzdem wird es nicht mehr als ein Postkartenbild. Denken Sie auch beim Landschaftsbild, unabhängig von der Begeisterung für die Gegend und unabhängig vom guten Essen und den wunderbaren Gerüchen, an eine Bildaussage. Manche retten sich in grafische Spielereien oder spektakuläre Wolkenstimmungen. Ein wirklich gutes Landschaftsbild soll aber den Charakter der Landschaft und das Lebensgefühl dort zum Ausdruck bringen.
Seien Sie sich nicht zu schade, schöne Wälder zu fotografieren, Alleen festzuhalten, Wiesen zu knipsen. Wenn Sie das nächste Mal dort vorbeikommen, steht da vielleicht ein Industriegebiet. Aber versuchen Sie immer, nicht nur abzulichten, sondern sich auch zu fragen: „Was will ich festhalten, damit es von Dauer ist?"
Auch wenn manche Motive „totfotografiert" scheinen: Haben Sie keine Angst vor bekannten Bauwerken. Versuchen Sie, das Bauwerk in Beziehung zu einer Geschichte zu setzen. Seien Sie respektlos und verwenden Sie den berühmten Steinhaufen als Kulisse für Ihr ei-

HDR aus drei Bildern mit je 2 EV Abstand. Mapping mit Photomatix Pro **Details Enhancer**.

Das gleiche Bild wie oben, nur mit der Photomatix Pro-Vorgabe **Grunge** *gemappt.*

San Gimignano zur blauen Stunde. Ein HDR aus drei Bildern, mit dem Photomatix Pro **Details Enhancer** *gemappt.*

genes Ding. Oder gehen Sie auf die Suche nach den Geschichten, die um solche Bauwerke herum geschehen.

Natürlich kann man den Schiefen Turm von Pisa als ein Stück Architektur ablichten, aber auch einen der unmotiviert in der Gegend herumstehenden Touristen, die den Turm scheinbar abstützen, oder man bildet den Platz ab oder fotografiert direkt nach oben, oder man nutzt den Effekt der stürzenden Linien und richtet den Turm wieder gerade. Oder man fotografiert den Turm von weit weg und setzt ihn in Beziehung zu den wild wuchernden Industriegebieten am Rand von Pisa. Oder Sie lassen sich etwas völlig Neues einfallen.

◂ Ein mittlerweile tausendfach abgelichtetes Motiv: die neue Seebrücke in Sellin. In diesem Fall nicht von der Land-, sondern von der Seeseite, mit dramatischen Wolken und als HDR. Die Perspektive des Ultraweitwinkels verstärkt dabei die Dramatik im Bild.

Hyperfokaldistanz nutzen

Landschaft bedeutet meist Weite. Der Betrachter will sich etwas in dem Bild ansehen können, nutzen Sie also wieder die Hyperfokaldistanz. Für selektive Schärfe sind Landschaften der falsche Ort – Ausnahmen bestätigen wie immer die Regel. Ein Problem kann der Dunst sein, der bei Landschaften im Hintergrund für Unschärfe und Farbperspektive sorgt. Den werden Sie mit Polfiltern nicht los – der Polfilter hilft Ihnen nur, Streulicht zu beseitigen. Dunst entsteht

Blick über das abendliche Stockholm. Bei der Belichtungsreihe wurde darauf geachtet, dass die Ampel gerade auf Rot stand, sodass die größten Fahrzeuge standen. HDR aus drei Bildern, mit dem Photomatix Pro **Details Enhancer** *gemappt, einige Geisterbilder wurden entfernt. Einstellung* **Grunge** *mit höherer Glättung und zurückgenommenem Weißpunkt und zurückgenommener Helligkeit.*

meistens am Morgen, wenn der Tau verdampft. Sie haben also kurz nach Sonnenaufgang erfahrungsgemäß ein paar Minuten klare Luft. Der Morgendunst wird später von der Sonne wieder „aufgelöst", die die Wassertröpfchen verdampft. Je nach Wetterlage kann dann jedoch neuer Dunst auftreten.

Da Sie gegen den Dunst nichts machen können, schauen Sie, ob Sie ihn kreativ in Ihr Bild einbauen können. Oder Sie warten auf besseres Wetter. Seien Sie vorsichtig mit langen Brennweiten. Sie kommen schneller als gedacht in diesige Bereiche.

Schwierig wird es bei Brennweiten jenseits der 200 mm. Da können Bilder sehr schnell flau werden, nur noch bei klarster Sicht und ruhiger Luft gelingen brauchbare Fotos. Auch wenn es natürlich verlockend ist, mit langen Brennweiten weit in die Landschaft hineinzuknipsen, die Ergebnisse sind nur in Ausnahmefällen befriedigend.

Bei langen Brennweiten und diesiger Luft sinkt auch der Kontrast sehr schnell in den Keller. Ein HDR ist dann sinnlos. Wenn das Motiv nicht mehr als 5 Blenden Kontrastumfang hat, brauchen Sie kein Verfahren, das einen hohen Kontrast auf 8 Bit abbildet, sondern ein Verfahren, das den vorhandenen Kontrast auf die 8 Bit aufbläst.

Exkurs: Geo-Tagging

Landschaftsbilder können Sie mit GPS-Daten versehen. Diese Daten werden in die EXIF-Daten der JPEG-Datei geschrieben und geben an, wo genau das Bild gemacht wurde und in welcher Höhe über NN. Die meisten DSLR-Kameras haben leider „noch" keinen GPS-Empfänger an Bord, aus diesem Grund müssen Sie mit einem sogenannten GPS-Logger arbeiten, einem kleinen Gerät, das Sie einschalten, in die Jacken- oder Fototasche stecken und das dort die Signale des

Global Positioning System der USA empfängt. Unter freiem Himmel funktioniert das wunderbar, wenn Sie im Auto sitzen, sollten Sie den GPS-Logger aufs Armaturenbrett legen.

Der GPS-Logger schreibt nun – einstellbar – alle paar Sekunden die aktuelle Position in den Speicher. Am Ende Ihrer Fototour wird der GPS-Logger mit dem PC verbunden, und der „Track" wird ausgelesen. Über Google Maps können Sie sich dann sehr komfortabel anzeigen lassen, wo Sie waren. Und das Programm schreibt freundlicherweise die GPS-Daten auch noch in die JPEG-Dateien in dem von Ihnen ausgewählten Verzeichnis. Fertig.

Der „Track", den der Logger schreibt, kann natürlich nicht nur dazu verwendet werden, Ihre Bilder nachträglich zu verorten, sondern auch, um Ihre eigenen Bewegungen nachzuvollziehen – sekunden- und fast metergenau.

Für das Geo-Tagging benötigen Sie zunächst einen Logger, der oft nicht größer als ein USB-Stick ist. Ein Beispiel für einen simplen, aber leistungsfähigen Logger ist der Holux M-241.

Der nächste Schritt besteht darin, die Kamera mit der lokalen Atomzeit zu synchronisieren. Dazu gibt's Funkuhren, Webseiten im Internet, die die aktuelle Uhrzeit anzeigen, oder NTP-Server (Network Time Protocol). Da die Kamera keine Möglichkeit besitzt, sie sekundengenau einzustellen, müssen Sie mit einem gewissen Fehlerrisiko leben. Solange Sie nicht aus dem fahrenden Auto fotografieren, halten sich die Ungenauigkeiten in Grenzen.

Zudem können die meisten Programme einen Offset, also die Differenz zwischen Kamera- und Loggerzeit, berücksichtigen und die Daten entsprechend korrigieren. Diese genaue Differenz können Sie feststellen, indem Sie mit der Kamera die Website

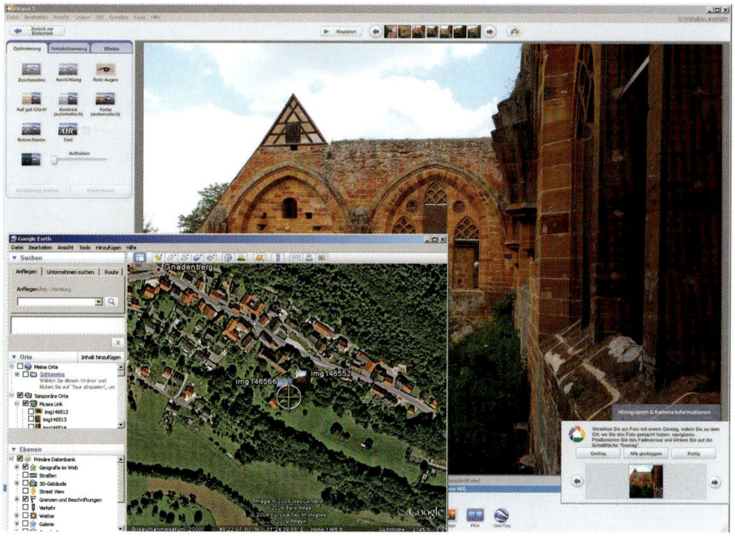

Screenshot von Picasa mit Google Earth. Die Abbildung zeigt das Luftbild der Klosterruine Gnadenberg und dahinter das dort geschossene Foto.

von Uhrzeit.org abfotografieren und dann am PC in der EXIF-Datei nachsehen, um wie viele Sekunden die interne Kamerauhr falsch geht. Der Holux hat ebenfalls eine eigene Uhrzeitanzeige, Sie können also auch das Display des Loggers abfotografieren.

Nach der Synchronisation der Kamera starten Sie den GPS-Logger und fahren bzw. laufen los, um zu fotografieren. Beachten Sie, dass der Logger innerhalb von Gebäuden, in der U-Bahn oder im Zug nicht korrekt funktioniert. Es kann sein, dass er gar keinen Empfang hat, möglicherweise ermittelt er aber auch völlig falsche Punkte. Vor allem die ersten ermittelten Trackpunkte sind mit Vorsicht zu genießen.

Auch wenn Sie den Logger tief in der Fototasche vergraben, kann der Empfang und damit der Trackpunkt verloren gehen. Gut aufgehoben ist der Logger in der Deckeltasche des Rucksacks, in der (zugeknöpften) Brusttasche oder in der Handytasche am Rucksackriemen. Vergessen Sie ihn dort aber nicht, sondern legen Sie ihn, wenn Sie im Auto sind, wieder unter die Frontscheibe.

Der Holux M-241-Logger in seinem Element.

Am Ende der Fototour können Sie den Track einfach per mitgelieferter Software ansehen, die Fotos automatisch taggen lassen oder den Track in ein anderes Format exportieren, um ihn beispielsweise mit GeoSetter weiterzubearbeiten.

Der größte Vorteil, vor allem bei Wanderungen und auf Reisen, ist, dass man auch noch nach Jahren genau nachvollziehen kann, wo das Foto geschossen wurde - und zwar nicht nur in welcher Stadt, sondern tatsächlich von welcher Seite des Gebäudes oder auf welcher Höhe des Eiffelturms. Der Aufwand für diesen Komfort ist relativ gering - das Taggen funktioniert weitgehend automatisch, die Software erstellt sogar von jedem getaggten Bild ein unverändertes Backup.

Eine andere Lösung ist der JOBO PhotoGPS, der auf den Blitzschuh aufgesetzt wird und nur dann einen Trackpunkt speichert, wenn auch tatsächlich ausgelöst wird. Wenn es ausschließlich um das Taggen von Fotos geht, ist das ebenfalls eine gute Lösung.

Industrie

In Werkhallen zu fotografieren ist eine Herausforderung für Mensch und Material. Werkhallen sind oft höher als Turnhallen, haben stark reflektierende Rohre und Beleuchtungskörper, gnadenloses Mischlicht, und dauernd steht man mit dem Stativ im Weg, weil ein Gabelstapler vorbeifahren will. Das langfristig größte Problem sind aber die Dämpfe in der Luft. Bei spanabhebenden

i

PRODUKTFOTOGRAFIE

Der spezielle HDR-Look kann sich auch in der Produktfotografie gut machen, solange es nicht um höchste Farbtreue geht. In Imageprospekten kann ein HDR als Blickfang dienen. Ob das HDR im Studio oder draußen gemacht wird, ist dabei egal. Produktfotografie ist ein extrem weites Feld, bei vielen Produkten, wie etwa Stoffen, ist der HDR-Effekt gänzlich unangebracht, es sei denn, man führt bei Outdoor-Fotos ein Exposure Blending durch. Bei vielen technischen Produkten und Halbzeugen kann ein HDR aber eine deutliche Qualitätsverbesserung bei der Bildaussage bringen, da auch ohne ein eventuell aufwendiges Lichtzelt Schlagschatten und Lichtreflexe minimiert werden können. Zudem sind die meisten Produkte prädestiniert für Belichtungsreihen: Sie sind unbeweglich.

HDR einer Betriebskläranlage, bestehend aus vier JPEG-Bildern. Tone Mapping mit dem Photomatix Pro **Details Enhancer***, Sättigung leicht erhöht.*

Maschinen werden die Schneidstähle auch heute noch mit Öl gekühlt. Das Öl verdampft und befindet sich in der Luft. Die Mengen sind vergleichsweise gering, sodass Sie nicht gleich mit Mundschutz herumlaufen müssen, sie lagern sich aber als schmieriger Film auf dem Sensor Ihrer Kamera ab. Seien Sie also bei Objektivwechseln in Werkhallen, in denen Metalle oder Kunststoffe verarbeitet werden, sehr vorsichtig. Idealerweise gehen Sie zum Wechseln ins Freie.

Es versteht sich von selbst, dass Sie ausreichend Abstand zu Drehbänken und Fräsmaschinen halten. Das Werkzeugfutter einer schnell drehenden Maschine kann Ihren Kameragurt erwischen, und dann können Sie nur hoffen, dass der Kameragurt nicht mehr um Ihren Hals hängt.

Das andere Problem sind Funkenflug und heiße Späne. Ein Span kann sich nicht nur in Ihre Haut, sondern auch in Ihre Frontlinse einbrennen. Arbeiten Sie also mit Teleobjektiven und, wenn Sie doch näher ran müssen, mit UV-Schutzfilter - sowie mit Schutzbrille für Ihre eigenen Frontlinsen. Unter Umständen sind hier auch Ohrenstöpsel angebracht.

Gehen Sie immer in Begleitung eines Ortskundigen. Er kennt Fahrwege und weiß, wo die Laufkatzen sind - damit es nicht passiert, dass Sie gerade begeistert das Detail einer 30-Tonnen-Presse ablichten, während eines der Werkstücke von oben auf Sie herabstürzt.

[8]

HDR UND BLITZLICHT

Salvatore
41

8

HDR und Blitzlicht

8 HDR und Blitzlicht

Im Unterschied zum normalen Dauerlicht aus Glühbirnen oder der Sonne haben Elektronenblitze eine extrem geringe Brenndauer von 1/125 bis hinunter zu 1/20000 Sekunde oder noch kürzer. Sie sind zudem extrem energiereich, sodass die Belichtung bei Blitzaufnahmen nicht durch die Belichtungszeit, sondern durch die Dauer bzw. die Stärke des Blitzes und durch die Blende bestimmt wird.

Bild mit Blitz und starken Schlagschatten.

Tipps für HDR-Effekte mit Blitzlicht

■ Wie bereits besprochen, ist aber genau die Blende die Größe, die man beim Erstellen der Belichtungsreihe eines HDR nicht verändern sollte, wenn man nicht gerade recht interessante Effekte bekommen will. Im Beispiel für dieses Kapitel wurde ein Playmobil-Aufbau mit einem Ultraweitwinkel fotografiert und von links oben mit einem Spot beleuchtet, um eine harte Mittagssonne zu simulieren.

Für den Hintergrund wurde ein zweiter Blitzkopf mit einer blauen Folie versehen. Dieser ist dafür zuständig, nicht nur den Hintergrund mit einem schönen Farbverlauf zu versehen, sondern über die Reflexionen auch in den Schatten bläuliches Licht zu erzeugen –

ebenfalls um eine natürliche Lichtsituation nachzubilden.

Die aus den verschiedenen Belichtungsreihen entstandenen HDRs wurden alle mit einer leicht übersättigten *Malerisch*-Vorgabe in Photomatix Pro gemappt. Das hat zwar mit einer natürlichen Darstellung nichts zu tun, zeigt aber deutlich die Unterschiede zwischen den verschiedenen Belichtungsreihen.

Die einfachste Möglichkeit für ein HDR mit Blitzlicht ist die Verwendung eines Blitzes, bei dem man die Leistung manuell regulieren kann. Bei den meisten aktuellen Systemblitzen und den besseren Studioblitzanlagen ist das möglich. Wichtig ist dabei, dass die Leistung nicht nur nominell auf einen Wert von beispielsweise 1/64 Sekunde reduziert wird, sondern dies auch vom Blitz tatsächlich halbwegs eingehalten wird. Für eine solche Belichtungsreihe wird die Belichtungszeit an der Kamera auf einen Wert oberhalb der Synchronzeit – zum Beispiel 1/60 Sekunde – und der Blitz auf manuelle Steuerung gestellt.

Wenn Sie den Blitz auf der Kamera befestigen oder über Funk oder Synchronkabel direkt ansteuern können, ist der Rest kein großes Problem mehr – solange Sie darauf achten, weder Blitz noch Kamera zu bewegen. Wollen Sie von der Seite blitzen, haben aber keine Verbindung zwischen Kamera und Blitz, können Sie die Kamera auch auf eine Sekunde Belichtungszeit einstellen und den Blitz von Hand auslösen, sobald Sie den Verschluss der Kamera klicken hören.

Blitzleistungssteuerung per Hand

Egal ob Sie die Auslösung des Blitzes der Kamera überlassen oder selbst auslösen: Die Blitzleistungssteuerung muss auf jeden Fall per Hand gesteuert werden. Einzige

Belichtungsreihe mit den Blenden 2, 4, 8 und 16.

Belichtungsreihe mit veränderter Blitzleistung. Hier wurde ein einzelner Systemblitz verwendet, dessen Abstrahlwinkel zum Hintergrund mit einer blauen Folie gefärbt wurde. Der Kontrastumfang beträgt 17.000:1, also 14 Blenden.

Ausnahme: Sie haben eine Kamera, die eine Blitzbelichtungsreihe ansteuern kann. In diesem Fall können Sie, falls Ihr Blitz die dafür notwendige Blitzwiederholrate auch zur Verfügung stellt, sogar HDR-Blitzreihen aus der Hand schießen.
Achten Sie auf jeden Fall darauf, dass ausschließlich Licht vom Blitz verwendet wird. Je geringer die Blitzleistung wird, desto größeren Einfluss gewinnt das Umgebungslicht.

Identische Belichtungswerte für Photomatix

Wenn Sie Ihre HDRs mit Photomatix Pro verarbeiten, müssen Sie berücksichtigen, dass alle Bilder identische Belichtungswerte haben. Blende und Belichtungszeit bleiben ja gleich, lediglich der externe Blitz wird anders angesteuert. Sie erhalten also den bekannten Dialog, in dem Sie die Belichtungswerte einstellen müssen. Auch beim Blitz sollten Sie natürlich - wenn möglich - immer einen Abstand von 2 EV einhalten. Die entsprechende Reihe an Ihrem Blitz können Sie in der Tabelle ablesen.

-4 EV	-2 EV	0	+2 EV	+4 EV
1/256	1/64	1/16	1/4	1/1

Sie können also mit einem normalen Blitz maximal eine Dynamik von etwa 16 Blenden erzeugen. Ist der Blitz nicht steuerbar, können Sie als Notbehelf eine ISO-Belichtungsreihe erstellen. Diese kann mit drei Bildern (ISO 100, ISO 400 und ISO 1600) immerhin noch etwa 12 Blenden Dynamik erreichen.

Ein HDR aus einer ISO-Belichtungsreihe mit ISO 100, 400 und 1600.

Graufilter einsetzen

Eine weitere Möglichkeit haben Sie, wenn Sie ein stabiles Stativ und geschickte Finger haben: Sie können Graufilter einsetzen. Das größte Problem dabei ist natürlich, die Graufilter am Objektiv zu wechseln, ohne die Kamera am Stativ zu bewegen. Bei Einschublösungen wie von Cokin oder Lee ist das deutlich einfacher als bei den üblichen Schraubfiltern. Hier eine Tabelle für eine Belichtungsreihe mit Graufiltern:

-4 EV	-2 EV	0	+2 EV	+4 EV
ND 5,0	ND 2,4 oder ND 1,8 + ND 0,6	ND 1,2 oder ND 0,6 + ND 0,6	ND 0,6	ohne

Ein ND 5,0-Filter wird normalerweise zur Sonnenfotografie verwendet. Da eine solche Auswahl an Graufiltern aber auch ihren Preis hat, ist ein entsprechendes Sortiment einstellbarer Blitze meistens sinnvoller.

Hintergrund für eine CGI-Szene

HDRs werden meistens verwendet, um eine gegebene unbefriedigende oder extrem komplizierte Beleuchtungssituation bewältigen zu können. Beim Blitzen - vor allem beim Blitzen im Studio - hat man dagegen alle Möglichkeiten, eine ungenügende Ausleuchtung des Motivs zu verbessern. Trotzdem sind Blitz-HDRs für viele Anwendungen sinnvoll, etwa auch um einen definierten Hintergrund für eine CGI-Szene zu bekommen. CGI bedeutet in diesem Fall nicht „Common Gateway Interface", sondern „Computer Generated Image".

Für CGI-Szenen werden nicht nur die digital erzeugten Objekte benötigt, sondern eben auch eine Beleuchtungssituation. Man kann diese zwar ebenfalls komplett digital erstellen, oft ist es aber gewünscht, das digitale Objekt lediglich in eine vorhandene Szene einzumontieren. Ein HDR hat nun den Vorteil, dass es bereits die komplette Beleuchtungssituation enthält. Entsprechende Programme können aus den 32-Bit-HDR-Dateien die Lichtquellen rekonstruieren und dann die Beleuchtung für die einmontierten, künstlichen Elemente errechnen - inklusive aller Spiegelungen und Überstrahlungen.

In vielen Fällen verwendet man für eine CGI-Szene natürliche Motive mit „echtem" Himmel, in die ein digitales Objekt gerendert wird. Bisweilen ist es aber auch sinnvoll, Studioaufnahmen dafür zu verwenden. In diesem Fall muss dann entweder geblitzt oder mit entsprechenden Scheinwerfern gearbeitet werden.

Scheinwerfer als Alternative sind aber nur möglich, wenn entweder die passenden Lichtformer oder, falls dann geringere Leistungen verbaut werden, entsprechend lange Belichtungszeiten zur Verfügung stehen. Bei den üblichen Einstelllichtern von Blitzanlagen sind bei Blenden von 8 oder mehr Belichtungszeiten bis zu mehrere Minuten notwendig, um eine Szene auch in den dunklen Schatten erfassen zu können. Gerichtetes Blitzlicht ist härter als Tageslicht, da Letzteres nie ausschließlich von der Sonne kommt, sondern auch das Streulicht des Himmels einen Teil zur Beleuchtung der Szene beiträgt.

Dieses HDR wurde nicht geblitzt, sondern mithilfe des Einstelllichts der Blitzanlage gemacht. Die längste Belichtungszeit lag bei 60 Sekunden.

Edelstahlkugel auf Glaskugeln, von links geblitzt. Die eine Hälfte der Kugeln ist unterbelichtet, die andere bereits überstrahlt.

Tone Mapping mit dem **Details Enhancer**. *Brennweite bei der Aufnahme 108 mm, der Fokus liegt auf der Spiegelkugel selbst.*

Chrom und polierter Edelstahl

Eine weitere Anwendung von HDRs mit Blitzanlagen sind Chrom- und polierte Edelstahlteile. Die starken Spiegelungen des Blitzes auf den hochglänzenden Oberflächen sind nur schwer in den Griff zu bekommen. Ein „Abnegern" des Blitzes, Lichtzelte und indirekte Beleuchtung sind zwar durchaus mögliche Lösungen des Problems, berauben aber den Fotografen einiger kreativer Möglichkeiten, die nur das direkte Licht bietet. Über eine Belichtungsreihe mit anschließendem Tone Mapping oder einem Exposure Blending ist auch dieses Problem in den Griff zu bekommen.

Die hier gezeigte Spiegelkugel ist natürlich ein extremes Beispiel – in der Produktfotografie verwendet man eher selten offensichtliche Tone Mappings; es geht hier aber darum, nicht nur subtile Verbesserungen vorzunehmen, sondern ein Ergebnis zu erzielen, das das Erreichbare veranschaulicht.

9 KAMERA-ZUBEHÖR

9
OLYMPUS

Kamerazubehör

Der zu allen handelsüblichen Stativen kompatible MagicBall Kugelkopf von NOVOFLEX bietet einen einzigartigen Verstellbereich von bis zu 120°.

9 Kamerazubehör

So vielfältig wie die Kameras für HDR-Bilder ist auch das dafür erhältliche Zubehör. Viele Zubehörteile erleichtern den Fotografenalltag oder sind, wie ein solides Stativ, essenziell notwendig, um ein gutes Ergebnis zu erzielen.

Stative & Co.

■ Einige Kameras besitzen heutzutage einen eingebauten Bildstabilisator. Anspruchsvollere HDRs sind trotzdem ohne ein stabiles Stativ nicht zu verwirklichen. Berücksichtigen Sie bei der Anschaffung des Stativs, dass ein Stativ dafür gedacht ist, Ihre Kamera ruhig zu halten. Ein Stativ sollten Sie auch dabeihaben, damit es vor Ort seinen Zweck erfüllen kann – es sollte also tragbar sein. Wenn Sie ein Stativ kaufen wollen, besuchen Sie am besten den Fachhändler Ihres Vertrauens mit Ihrer Kamera und dem schwersten Objektiv, das Sie verwenden wollen. Bauen Sie das Stativ auf, schrauben Sie die Kamera darauf und beginnen Sie damit, durch den Sucher zu schauen und an der Kamera herumzuwackeln. Wenn Sie sich bücken müssen, um in den Sucher zu schauen, kaufen Sie sich entweder einen Winkelsucher oder ein höheres Stativ. Wackelt die ausgezogene Mittelstütze merklich, wird sie das unterwegs ebenfalls tun. Viele billige Stative haben eine kurbelbare Mittelstütze. Stellen Sie sich vor, Sie wollen vor Ort Ihr Stativ aufbauen. Die Füße auszuklappen geht ja noch, aber dann beginnen Sie zu kurbeln und hoffen dabei, dass sich Ihr Motiv derweil nicht eine andere Gegend sucht.

Lassen Sie sich nicht von einem Stativ beeindrucken, solange noch kein Kopf und keine Kamera daran befestigt ist. Ein Stativ soll nicht nur sich selbst stabilisieren, sondern auch Ihre DSLR.

Untersuchen Sie die Klemmungen der Beine und die Stativfüße. Wenn dort irgendetwas wackelt oder sich zu leicht löst, lassen Sie die Finger davon. Vor allem die Gummipuffer der Füße sind verlustgefährdet. Stative sind kein Verbrauchsmaterial. Ein gutes Stativ ist eine Anschaffung für die nächsten 20 Jahre. Hier zu sparen bedeutet, an der falschen Stelle zu sparen.

Falls Sie einen Laserpointer haben, kleben Sie ihn auf ein langes Tele, befestigen die Konstruktion Kamera/Objektiv/Laserpointer auf die Stativ-Kopf-Kombination, die Sie sich anschaffen wollen, und drücken einige Male auf den Auslöser. Sie können feststellen, dass der Punkt das Laserpointers nachschwingt. Je länger er das tut, desto schlechter. Es bringt Ihnen jedoch nichts, ein Foto des projizierten Punkts zu machen. Der Punkt schwingt mit der gleichen Frequenz wie das Tele und ist deshalb immer kreisrund – egal wie heftig das Stativoberteil schwingt.

Wenn Sie eine Kamera mit internem Stabilisator besitzen, ist dieses Foto aber durchaus interessant. Bei manchen Kamera-Stativ-Kombinationen schwingt sich der interne Stabilisator auf dem Stativ auf, sodass das Bild des Laserpointers unscharf wird. Das bedeutet mitnichten, dass das Stativ wacklig wäre, sondern dass es im Gegenteil ziemlich stabil ist und Sie einfach den internen Stabilisator auf dem Stativ abschalten müssen.

Stativauswahl

Bei der Stativauswahl sollten Sie vor allem auf die Funktion achten, weniger auf das Material. Ob nun aus Karbon, Holz, Stahl oder Aluminium: Sie sollten stabil und tragbar sein, sehr leichte Stative benötigen noch eine Vorrichtung, um ein Gewicht daran zu befestigen.

Die meisten Stative, die über den Ladentisch gehen, sind aus Aluminium. Damit ein Alustativ aber eine vernünftige Stabilität aufweisen kann, braucht es schon recht dicke Rohre. Eine oft unterschätzte Alternative sind hochwertige Holzstative. Sie sind leicht und stabil und vor allem bei strengem Frost deutlich angenehmer anzufassen als die eisigen Metallstative.

Im Einsteigerbereich tummeln sich Walimex, Dörr und Cullmann, dann kommt Manfrotto mit einer extrem weit gesteckten Palette, darunter auch die eine oder andere weniger gute Lösung, darüber folgt Gitzo, mittlerweile eine Manfrotto-Tochter, mit sehr hochwertigen Stativen. Bei den Holzstativen hat Berlebach einen ausgezeichneten Ruf. Die Stative made in Germany sind auch mit eingebautem Kugelkopf zu haben und preislich absolut eine Alternative.

Falls Sie ein leichtes Stativ bevorzugen und trotzdem in windiger Umgebung arbeiten wollen, können Sie Ihren Rucksack unter das Stativ hängen. Das gibt eine gute Standfestigkeit, Sie müssen nur darauf achten, dass der Rucksack nicht schwingt, sondern gut zwischen den drei Beinen eingekeilt ist.

Neben den Dreibeinstativen gibt es auch Einbeine, die natürlich deutlich leichter sind und am besten mit eingeschaltetem IS benutzt werden. Einbeinstative dürfen auf keinen Fall zu klein sein, da sie bequem und ruhig vor dem Körper gehalten werden müssen. Sie sind für anspruchsvollere Belichtungsreihen unbrauchbar, können aber eine Alternative sein, wenn Sie keinen Stabilisator in der Kamera haben.

Im Notfall: Schnurstativ und Bohnensäckchen

Ein Stativ, das fast umsonst ist, in jede Hosentasche passt und nur wenige Gramm wiegt, ist ein Schnurstativ. Sie benötigen dazu eine etwa vier Meter lange reckarme Schnur, also Schnur, die sich bei Zug nicht

längt – gute Paketschnur etwa. Dazu brauchen Sie eine Schraube für das Stativgewinde.
Nehmen Sie dazu auf keinen Fall eine Schraube aus der Grabbelkiste, sondern eine echte Stativschraube 1/4" mit 12 oder 25 mm Länge, eventuell auch mit Rändel aus dem Fotozubehörhandel, für um die 2 Euro.
Binden Sie die Schraube in die Mitte der Schnur. An die beiden Enden der Schnur binden Sie feste Schlaufen. Jetzt befestigen Sie die Stativschraube am Stativgewinde der Kamera, steigen mit Ihren Füßen in je eine der Schlaufen und ziehen an.
Wenn Sie sich etwas breitbeinig hinstellen, ist die Kamera besser stabilisiert als mit einem Einbein, da sie nur noch nach vorne oder hinten schwanken kann. Sind Ihnen die Schlaufen zu viel Gefummel, können Sie auch große Beilagscheiben an die Enden binden und einfach Ihren Fuß darauf stellen. Oder, wenn Sie Bergschuhe haben, kleine Schlaufen binden und diese an den Schnürsenkelhaken einhängen.

Die Kamera liegt gut ausbalanciert auf einem Bohnensäckchen in einer Astgabel.

Mit etwas mehr Aufwand verbunden ist ein Bohnensäckchen. Neben Bohnen haben sich auch getrocknete Erbsen und Kirschkerne bewährt. Gern verwendet wird das Bohnensäckchen, um die Autotür in ein Behelfsstativ zu verwandeln oder um die Kamera im richtigen Winkel auf der Kirchenbank zu platzieren.

Panoramaköpfe

Panoramaköpfe sind Köpfe, die eine Platte mit Gradeinteilung aufweisen, auf der der Kopf gedreht werden kann, teilweise haben sie sogar eine Rastung. Um Panoramen aufzunehmen, bei denen Sie sich um einen Parallaxenfehler kümmern müssen, benötigen Sie zusätzlich allerdings noch einen Panowinkel, an dem die Kamera hochkant befestigt wird und an dem man den Nodalpunkt des Objektivs einstellen kann.
Keine Kosten sollten Sie beim Stativkopf scheuen. Es gibt Kugelköpfe, die beim Verklemmen regelmäßig verrutschen, Neiger, die nur zwei Zustände kennen – locker und fest –, und Wechselplatten, deren Mechanik chronisch wackelt. Stativköpfe gibt es von den Stativherstellern, und Novoflex stellt mit dem MagicBall eine sehr ausgereifte Lösung her, die auch Einsätze in der Sahara und der Antarktis ohne Probleme meistert.
Ob Sie sich für einen Kugelkopf oder einen Neiger entscheiden, ist eine Sache der persönlichen Gewohnheiten. Wenn Sie am Stativ sehr schnell agieren wollen, ist der Kugelkopf günstiger, der Neiger ist mehr etwas für Leute mit Zeit. Zudem können Sie den Neiger meist einfacher justieren und auch mal mit einer Videokamera für einen Schwenk nutzen. Für HDRs ist die Anschaffung eines Getriebeneigers eine Überlegung wert. Diese sind meist nochmals genauer einzustellen und vor allem bei HDR-Panoramen als Unterlage für einen Panoramaadapter unbezahlbar.

Es gibt sehr viele Gründe, ganz ohne Stativ unterwegs zu sein – aber es gibt nur einen Grund, ein schlechtes Stativ zu kaufen: wenn Sie damit unbedarfte Passanten beeindrucken und vorwitzige Räuber in die Flucht schlagen wollen.

Nodalpunktadapter

Anspruchsvollere Panoramen, die aus mehreren Reihen übereinander bestehen, benötigen einen Multi-Row-fähigen Nodalpunktadapter, also eine Mechanik, bei der die Kamera nicht nur um den Nodalpunkt geschwenkt, sondern auch noch gekippt wird. Der preiswerteste Multi-Row-Adapter ist der Nodal Ninja 3, der alle E-Kameras ohne Batteriegriff tragen kann. Leider ist er zu kurz, um Nodalpunkte jenseits von 110 mm einstellen zu können. Etwa für den doppelten Preis gibt es auch Panoadapter von Manfrotto, und mit etwa 700 Euro ist das Novoflex VR-Pro-System, das bis 125 mm verstellbar ist und damit auch für das 7-14 bis 9 mm reicht, in der Spitzenklasse angesiedelt. Der Manfrotto-Adapter hat den Vorteil, dass er an der Nodalpunktverstellung über ein Schneckengetriebe verfügt und die Einstellung so genauer möglich ist.

Für ein gelegentliches Panorama ist der Nodal Ninja äußerst brauchbar. Er findet zusammengeklappt auch in der Fototasche Platz, und wenn man mit der etwas diffizilen Einstellung zurechtkommt, arbeitet er zufriedenstellend. Erstellt man jedoch professionell Panoramen, ist der Manfrotto- oder Novoflex-Adapter die bessere Wahl – die Arbeit geht schneller, leichter und exakter von der Hand. Der Novoflex-Adapter kann die Kamera auch mit angeschraubtem Batteriegriff aufnehmen. Obwohl die Panoadapter selbst bereits eine Wasserwaage eingebaut haben, ist es dringend zu empfehlen, auf den Blitzschuh noch eine Wasserwaage zu montieren, damit man die Kamera waagerecht am Balken ausrichten kann. Die Stativschraube ist leider nur ein einziger Punkt ohne mechanische „Drehkontrolle".

Novoflex VR-Pro-Adapter.

Nodal Ninja 3 auf einem Manfrotto-Neiger.

Winkelsucher im Einsatz auf der Insel Vilm.

Infrarot- versus Kabelauslöser

Ein Fernauslöser sollte eigentlich in keiner Fototasche fehlen. Ob man zu den verbreiteten Infrarotauslösern oder zu einem Kabelfernauslöser greift, ist eine Frage des persönlichen Geschmacks. Für ein HDR sind beide geeignet. Erste Wahl sind immer die entsprechenden Produkte der Kamerahersteller. Es gibt auch für wenige Euro Nachbauten, die teilweise sogar Intervallaufnahmen ansteuern können. Die Qualität dieser Produkte ist unterschiedlich, ein Test an der eigenen Kamera sollte vor dem Kauf möglich sein.

Wenn Sie einen Infrarotfernauslöser bevorzugen, können Sie unter Umständen auch Ihre TV-Fernbedienung darauf trainieren. Diese ist zwar größer als die Herstellerfernbedienung, hat aber meistens deutlich bessere Tasten.

Wasserwaage

Es gibt im Zubehörhandel für den Blitzschuh Wasserwaagen aus Acrylglas. Sie sollen dabei helfen, die Kamera auf dem Stativ waagerecht zu positionieren. Die Wasserwaagen gibt es in unterschiedlichen Preislagen, leider zeigen nicht alle die erwünschte Genauigkeit. Bei Aufnahmen aus der Hand ist die Wasserwaage vor allem im Live-View-Modus von Vorteil. Sinnvoll ist die Wasserwaage für alle, die am Stativ selbst keine hinreichend genaue Wasserwaage besitzen. Vor allem für Aufnahmen in der Nacht ist die kleine Wasserwaage ein außerordentlich nützliches Werkzeug. Bei Panoramaaufnahmen kann sie die Wasserwaage des Panoramawinkels (oder Nodalpunktadapters) ergänzen.

Winkelsucher

Der Winkelsucher wurde mit der Erfindung des Live-View totgesagt, es gibt ihn aber immer noch, und er wird nach wie vor gern benutzt. Der Winkelsucher hat gegenüber dem Live-View den Vorteil, dass die Scharfstellung über den eingebauten Phasen-AF geschieht und deswegen sehr viel schneller ist. Auch ist man mit Winkelsucher unabhängig, was die Außenbeleuchtung anbelangt. Bei sehr hellem Sonnenschein ist der Live-View-Monitor dem Winkelsucher immer noch unterlegen.

CF- und SD/HC-Speicherkarten

Die allererste Regel bei Speicherkarten: Sparen Sie nicht bei der Anschaffung. Nehmen Sie die schnellsten Karten, die Sie sich leisten können. Auch wenn Sie nie lange Serien schießen: Spätestens wenn Sie sich die geschossenen Bilder ansehen wollen, geht das mit einer schnellen Karte deutlich fixer als mit einer langsamen. Wenn Sie HDR-Belichtungsreihen im Serienbildmodus schießen und nach Ende der Serie erst eine Minute warten müssen, bis die Daten auf der Karte abgelegt sind, kann es für einen zweiten Versuch schon zu spät sein.

Schnelle 16-GByte-CompactFlash- und 32-GByte-SD/HC-Speicherkarte.

Ganz zu schweigen davon, dass es ein erheblicher Unterschied ist, ob Sie 4 GByte Bilddaten in zehn Minuten auf den Rechner kopieren oder dafür eine Stunde Däumchendrehen einkalkulieren müssen. Falls Sie unterwegs sind und die Daten auf ein batteriebetriebenes Notebook oder einen Imagetank kopieren müssen, sind Sie für jedes Quäntchen Geschwindigkeit dankbar.

Berücksichtigen Sie, dass CF-Karten und SD/HC mittlerweile gern gefälscht werden. Kaufen Sie die Karten nur bei einem vertrauenswürdigen Händler, auch wenn sie dort ein paar Euro mehr kosten. Das Geld ist gut angelegt. Gefälschte Karten sind nicht nur ein Markenproblem - oft erreichen sie weder die angegebene Geschwindigkeit noch die Kapazität, geschweige denn die Lebensdauer.

Es ist auch schon vorgekommen, dass gefälschte Karten, da sie unsauberer verarbeitet sind, die extrem feinen Kontaktstifte im CF-Kartenschacht verbogen haben. Das ist in Heimarbeit nicht mehr zu reparieren.

Denken Sie daran, Ihre Speicherkarten regelmäßig zu formatieren, durch häufiges Löschen und Wiederbespielen - und durch Hilfsprogramme des Computers, die eigene Dateien auf dem Speichermedium anlegen - kann die Dateistruktur auf der Karte instabil werden kann. Deshalb lieber vorsorglich formatieren, bevor man Bilddaten verliert.

Aber Achtung, eine Speicherkarte sollte niemals im Computer formatiert werden. Das kann zur Folge haben, dass sie in der Kamera nicht mehr lesbar ist.

Filter

Kaum ein Thema ist so emotional besetzt wie das Thema Vorsatzfilter und Digitalkameras. Der größte Streitpunkt sind dabei die UV-Filter.

UV-Filter

Diese Filter, zu analogen Zeiten im Gebirge unerlässlich, um den Blaustich der Bilder zu verhindern, sind im Zeitalter der Digital-

Kreisförmiges Lens Flare an einem 14-mm-Ultraweitwinkel. Prinzipiell können diese Reflexionen mit nahezu jedem Objektiv auftreten.

kameras aus optischen Gründen entbehrlich, da sie einen entsprechenden Filter bereits im IR-Filter vor dem Sensor integriert haben. Trotzdem werden UV-Filter in Mengen verkauft und vor die Objektive geschraubt. Der einzige Grund dafür besteht in einem Schutz der Frontlinse des Objektivs vor Kratzern.

Objektivfrontlinsen sind vergütet und normalerweise aus recht hartem Material. Solange Sie die Gegenlichtblende auf dem Objektiv haben, was sich grundsätzlich empfiehlt, kann kaum etwas – mit Ausnahme Ihres eigenen Putztuchs – die Frontlinse verkratzen. Stürzen Sie, wird bei nackter Frontlinse zuerst die Sonnenblende den Stoß abfangen und dann das Filtergewinde.

Anschließend ist die Linse dran. Stürzen Sie mit einem Schutzfilter, bekommt der UV-Filter den zweiten Stoß ab – und wenn er splittert, klatschen die Scherben gegen die Frontlinse. Nicht das, was man unter einem Kratzerschutz versteht.

Wenn Sie der Meinung sind, UV-Filter müssten sein, nehmen Sie die besten, die Sie bekommen können. Billige Filter beeinträchtigen die Bildqualität, führen zu Spiegelungen zwischen Filter und Frontlinse und verkratzen selbst sehr schnell. Die nachfolgend aufgeführten Filter erzeugen Effekte, die so in der EBV (elektronischen Bildverarbeitung) nicht zu erzeugen sind. Sie sind sinnvolles Zubehör, wenn der entsprechende Effekt beabsichtigt ist.

Lens Flare

Lens Flares sind Reflexe innerhalb der Linse, die von starken Lichtquellen hervorgerufen werden. Anfällig für Lens Flares sind vor allem Weitwinkelobjektive. Mit entsprechend extremen Lichtquellen kann man aber bei fast jedem Objektiv Lens Flares produzieren. In einem HDR haben sie natürlich nichts zu suchen. Prüfen Sie Ihre Objektive auf Lens Flares und informieren Sie sich darüber, wie Sie sie vermeiden können.

Polfilter und Grauverlaufsfilter

Ein Filter, der in keiner Fototasche fehlen sollte, ist der Polfilter. Es gibt zirkulare Polarisationsfilter und lineare Polarisationsfilter. Beide filtern je nach Stellung des Filters einen gewissen Anteil des Lichts aus und lassen nur Licht einer Polarisation durch.

Zirkulare Polarisationsfilter sind ebenfalls lineare Polfilter, die nur anschließend eine Schicht haben, die das linear polarisierte Licht wieder in zirkular polarisiertes Licht umwandeln. Linear polarisiertes Licht kommt nämlich unter Umständen nicht durch den halbdurchlässigen Hauptspiegel, sodass der Phasen-AF außer Funktion gesetzt werden kann. Dieses Problem betrifft den Kontrastautofokus jedoch gar nicht, und auch beim Phasen-AF sind Störungen eher selten.

Wenn Sie einen neuen Filter kaufen, sollten Sie zu einem zirkularen greifen, haben Sie aber aus analogen Zeiten noch einen passenden linearen Polfilter, spricht auch nichts dagegen, diesen zu verwenden. Fokus- und Belichtungskontrolle sind durch die Digitaltechnik sehr einfach, sodass die seltenen Fehlfunktionen problemlos rechtzeitig erkannt werden können.

Polfilter können Landschaftsaufnahmen deutlich verändern. Der knackig blaue Polfilterhimmel ist bekannt, er entsteht dadurch, dass die Reflexionen an Luftpartikeln, die den Himmel milchig machen, unterdrückt werden. Das funktioniert je nach Tageszeit und Himmel in unterschiedlichem Umfang:

Zur Mittagszeit ist der Effekt am Horizont am größten. Steht die Sonne tief, ist der Effekt in Richtung Süden oder Norden am stärksten – im rechten Winkel zur Sonne. Stark dunstiger Himmel kann durch den Polfilter nicht gerettet werden. Das Licht ist dann zu diffus. Auch blaue Reflexionen des Himmels an Blatt- und Wasseroberflächen können mit dem Polfilter eliminiert werden, was in dunklerem Wasser und grüneren Pflanzen resultiert.

Besonders interessant sind Regenbogen. Regenbogen sind vollständig polarisiertes Licht. Mittels eines Polfilters können Regenbogen vollständig zum Verschwinden gebracht werden – oder eben dadurch hervorgehoben werden, dass die jeweils andere Polarisationsebene ausgefiltert wird. Da der Regenbogen aber immer entgegen der Sonne entsteht, ist der „Hervorhebungseffekt"

Auf der Abbildung sieht man vorn eine Nahlinse, dahinter einen Orange- und einen Grauverlaufsfilter. Links im Bild befinden sich Adapterringe, mit denen man Filter an Objektive schrauben kann, deren Durchmesser von dem des Filters abweichen.

Regenbogen mit Polfilter (links) und ohne. Eine Verfälschung kommt natürlich dadurch zustande, dass die Belichtungsmessung einen Mittelwert zwischen beiden Bildhälften gewählt hat und so der Polfilterteil unter- und der Rest überbelichtet ist.

gering, weil das Streulicht im Hintergrund nur zu einem geringen Teil ausgefiltert wird. Bei 90 Grad zur Sonne, wenn der Polfilter seine maximale Wirksamkeit entfaltet, gibt es leider keine Regenbogen.

Wenig Glück hat man bei Metallflächen, diese polarisieren das Licht nicht. Lichtreflexe auf Chrom wird man also über Polfilter nicht los. Besonders frappierend ist das bei Hochhausfassaden mit Wärmeschutzverglasung. Diese Gläser sind oft metallbedampft und polarisieren das reflektierte Licht ebenfalls nicht. Erkennbar ist das meistens an dem goldenen oder bräunlichen Ton der Scheiben.

Zirkulare Polfilter zu stapeln ist wenig sinnvoll. Jeder Polfilter verursacht bis zu zwei Blenden Lichtverlust, und durch ein Stapeln der Filter wird der Himmel nicht mehr blauer, das ganze Bild wird lediglich dunkler. Wenn Sie zu viel Licht haben, um Ihre gewünschte Belichtungszeit realisieren zu können, sind Graufilter deutlich besser geeignet. Allerdings hat der Stapel aus einem zirkularen und einem linearen Polfilter durchaus auch seine Reize.

Es gibt in verschiedener Bildbearbeitungssoftware digitale Filter, die einen Polfilter simulieren sollen. Dabei wird aber lediglich die Sättigung bestimmter Farben erhöht. Spiegelungen unterdrücken kann ein solcher digitaler Filter nicht.

Gadgets für die Fototasche

Zweckmäßig ist zunächst einmal eine kleine Taschenlampe für Nachtaufnahmen. Falls Sie schon mal versucht haben, einen heruntergefallenen Objektivdeckel in stockfinsterer Nacht zu finden, wissen Sie, wozu. Zudem ist das Ablesen der Entfernungsskala an Objektiven mit etwas Licht deutlich einfacher. Einige Kameras haben zudem keine Display- oder Druckknopfbeleuchtung. Erstellen Sie Nacht-HDRs, ist es gut, wenn Sie sehen können, welchen Knopf Sie drücken, um möglichst wenig an der Kamera zu manipulieren.

Ein Stapel Visitenkarten und gegebenenfalls die Handwerkskarte sollten selbstverständlich sein. Wenn man mit Nodalpunktadapter unterwegs ist, sind natürlich auch eine Tabelle der Nodalpunkte und dazu ein kleiner Zettel mit den wichtigsten Schärfentiefewerten und Hyperfokaldistanzen nützlich.

Bei längeren Reisen ist ein Imagetank - eine Festplatte mit CF-Lesegerät - eine Überlegung wert. Verlassen Sie sich aber nicht darauf, es wurde ein Fall bekannt, bei dem zwei Conceptronic-Fotospeicher unabhängig voneinander innerhalb von fünf Wochen ihren Geist aufgaben - was in Datenverlust endete.

Displayschutzfolien werden von vielen Fotografen als völlig überflüssiger Schnickschnack abgelehnt. Sie sind jedoch weniger wegen einer zweifelhaften Schutzwirkung beliebt als vielmehr als Hilfsmittel, um die Displays zu entspiegeln und damit die Ablesbarkeit zu verbessern. Man kann für wenig Geld eine entsprechende Handyfolie verwenden und selbst passend zuschneiden.

Klimatische Extreme

Die meisten Kameras sind weder staub- noch wasserdicht. Meistens liegt der Einsatzbereich nur zwischen 0 und 40 °C. Die Luftfeuchte sollte zwischen 30 und 90 % liegen.

Kälte

Der limitierende Faktor bei der Temperatur sind die Akkus. Bei -25 °C können die Elektrolyte der Akkus einfrieren - dann ist es vorbei. Lithium-Ionen-Akkus verlieren bereits unter 10 °C an Leistung, der ideale Arbeitstemperaturbereich liegt zwischen 10 und 28 °C. Bestens gelagert werden Akkus mit 50 % Ladung im Kühlschrank. Ein durchschnittlicher Kameraakku bringt bei -20 °C zwar noch 80 % der Kapazität, aber das heißt nicht, dass deshalb auch die benötigten Ströme geliefert werden. Achten Sie also darauf, immer einen zweiten Akku in der Hosentasche zu haben - dort ist es am wärmsten -, und wechseln Sie den Akku bei ersten Anzeichen, dass er schwächer wird, aus. Wenn das Thermometer deutlich unter -20 °C sinkt, sollten Sie sich um eine Kameraheizung bemühen. Bei derart niedrigen Temperaturen drohen Kälterisse in der Elektronik. Lassen Sie deshalb in bitterkalten Nächten die Kamera nicht im Auto liegen.

Hitze

Auch Hitze macht zuerst den Akkus zu schaffen. Kameras sind schwarz und können deshalb in der Sonne schnell mal auf 70 °C aufheizen. Solange die Kamera nicht „durchglüht“, ist das unproblematisch, achten Sie aber darauf, sie nicht längere Zeit in praller Sonne liegen zu lassen. Die Elektronik dankt es Ihnen mit längerer Lebensdauer. Wenn Sie die Kamera im Sommer im

Auto liegen lassen müssen, decken Sie sie mit einer Decke ab oder stecken sie in den Kofferraum – was sowieso auch aus anderen Gründen eine gute Idee ist.

Manche Kameras haben einen Temperatursensor eingebaut, der Alarm schlägt, wenn der Sensor zu heiß wird. Das geschieht nicht im normalen Betrieb, sondern nur dann, wenn die interne Kühlung der Kamera nicht ausreicht oder ganz ausfällt. Wenn Sie die Kamera in glühender Hitze einsetzen müssen und keine Möglichkeit haben, für Kühlung zu sorgen, sollten Sie wenigstens ein Telezoom dranmontieren und öfter mal etwas Luft ins Gehäuse pumpen.

Luftfeuchtigkeit

Ein weiteres Problem ist die Luftfeuchtigkeit. In einem Tropenhaus herrschen 100 % Luftfeuchtigkeit und über 30 °C – außen sind es dagegen vielleicht 10 °C mit 60 % Luftfeuchte. Sobald Sie also das Tropenhaus betreten, schlägt sich an allen glatten Flächen der Kamera Wasser nieder. Kritisch ist das vor allem bei Sucher und Objektiv – auch weil mit so einer Art Weichzeichner entstandene Fotos nur begrenzten Wert haben. Sie können nun mit Papiertaschentüchern, der Krawatte, dem Unterhemd oder Optikputztüchern verzweifelt dem Übel zu Leibe rücken, aber im Endeffekt müssen Sie einfach warten, bis die Kamera die korrekte Temperatur angenommen hat.

Tiefgefrorene Kamera wieder auftauen

Kondenswasser kann auch außerhalb des Tropenhauses zu Problemen führen. Wenn Sie im Winter die Kamera über Nacht im Auto lassen, kann die Kamera auf -15 °C durchfrieren. Bringen Sie das Gerät dann in einen warmen Raum (21 °C, 70 % Luftfeuchte), findet sofort ein Luftaustausch innerhalb der Kamera statt. Die gesamten Innenteile, vom Sensor angefangen bis zum letzten ASIC, sind noch tiefgefroren. Daran schlägt sich binnen Sekundenbruchteilen die Luftfeuchte in Form von Reif nieder. Die daraus resultierenden Effekte reichen von erhöhtem Rauschen bis zum Totalausfall der Kamera.

Wenn Sie also eine tiefgefrorene Kamera auftauen müssen, nehmen Sie einen ZipLoc, packen die Kamera noch im Freien ein und stecken sie eine halbe Stunde unter Ihren

DIE KAMERA AKKLIMATISIEREN

Damit Sie nun nicht sorgenvoll an Ihrer tropfenden Kamera herumputzen müssen, hier der Tipp: Kaufen Sie im Haushaltswarenladen Ihres Vertrauens ZipLoc-Gefrierbeutel, die 3-Liter-Beutel reichen für kleinere Kameras mit Kit-Objektiv, wenn Sie vorher die Gegenlichtblende abnehmen. Packen Sie, bevor Sie das Tropenhaus betreten, Ihre Kamera ein, saugen Sie die Luft heraus, und dann können Sie im Tropenhaus gemütlich warten, bis sich Ihre Kamera akklimatisiert hat. Auspacken und losfotografieren. Seien Sie aber nicht ungeduldig, die Akklimatisierung kann durchaus eine Viertelstunde dauern, abhängig davon, wie kalt die Kamera vorher war.

Pullover. Zur Sicherheit sollten Sie vorher noch den Akku herausnehmen und extra auftauen.

Reinigen der Kamera

Sowohl analoge als auch digitale Kameras mit Wechselobjektiven sind permanentem Staub in der Luft ausgesetzt. Während es bei normalen Bildern möglich ist, Dreck auf den Bildern per EBV (elektronischer Bildverarbeitung) zu entfernen, ist dies bei HDR-Bildern fast nicht möglich. Bei analogen Filmen wird durch den Filmtransport der Staub innerhalb der Kamera buchstäblich umgewälzt, und beim Sensor kann der Staub bei jedem Bild an einer anderen Stelle sitzen. Woher die Flecken auf den Bildern auch kommen – sie müssen beseitigt werden. Dies geht aber nicht auf dem RAW-Bild, sondern nur im fertigen HDR – oder auf den LDR-Bildern. Und dann ist das Kind bereits in den Brunnen gefallen. Sorgen Sie also dafür, dass Ihre Kamera peinlichst sauber ist, und überprüfen Sie den Sensor.

Wenn Sie die Innenreinigung nicht dem Fachhändler oder Kamerahersteller überlassen wollen, verwenden Sie einen kleinen Blasebalg, den es im Zubehörhandel gibt. Beachten Sie aber, dass Sie damit nur den losen Staub bekämpfen können. Gegen klebende Pollen und fettigen Ruß hilft der Püsterich nicht.

Profis verwenden zur Innenreinigung der Kamera Scotch-Tape, aber nicht etwa, um den Sensor damit zu malträtieren. Das Scotch-Tape wird auf die schwarzen Innenseiten des Spiegelkastens aufgelegt und wieder abgezogen. Dabei sollte man vorsichtig zu Werke gehen und das Tape keinesfalls anreiben. Bewährt hat sich auch eine Reinigungsmasse namens RODICO, die wie Fensterkitt aussieht. Es ist verblüffend, was man damit an Abrieb und Feinstaub aus der Kamera holen kann. RODICO, das aus dem Uhrmacherbereich stammt, wird dabei vorne auf einen kleinen Holzstab gedrückt, und mit diesem wird dann das Gehäuse ausgetupft.

Eine Lösung für das Staubproblem innerhalb der Kamera sind spezielle Tonerstaubsauger aus der Kopiererwartung. Diese Geräte haben eine reduzierte Saugleistung und als Ansaugöffnung einen flexiblen Gummischlauch. Bastellösungen mit dem heimischen Staubsauger und einem Silikonschlauch sind eher nicht zu empfehlen. Abgesehen davon, dass die Geräte meistens veritable Staubschleudern sind, brauchen Sie sich mit dem Saugrüssel nur einmal am Spiegel festzusaugen, und die Kamera ist reif für den Service.

Wirklich problematisch ist auch der Dunst unserer Zivilisation – Zigarettenqualm zum Beispiel. Dieser Dunst enthält Kohlenwasserstoffe, die sich wie eine Art Ölfilm auf das Innere der Kamera und damit auch auf den Sensor legen. Da hilft kein Pusten und kein Staubschutzfilter – da hilft nur Putzen.

Je nach Einsatzfrequenz sollten Sie im Durchschnitt einmal pro Jahr Ihrer Kamera eine Innenreinigung gönnen, entweder beim Hersteller bzw. in der Fachwerkstatt oder – falls Sie sich hundertprozentig fit dafür fühlen – bei sich zu Hause.

Auch bei der Außenreinigung gilt: Verwenden Sie keine Druckluftsprays. Sie pusten damit den Dreck nur in die letzten Ritzen und im Zweifelsfall samt dem Butan-Treibmittel ins Innere der Kamera.

Um eine Verschmutzung des Sensors zu diagnostizieren, stellen Sie Blende 22 ein, fokussieren auf unendlich und fotografieren ein weißes Blatt Papier direkt vor dem Objektiv. Anschließend erhöhen Sie in der Bildbearbeitung den Kontrast auf das Maximum.

Sollten Sie Staub auf dem Sensor haben, kann das so aussehen:

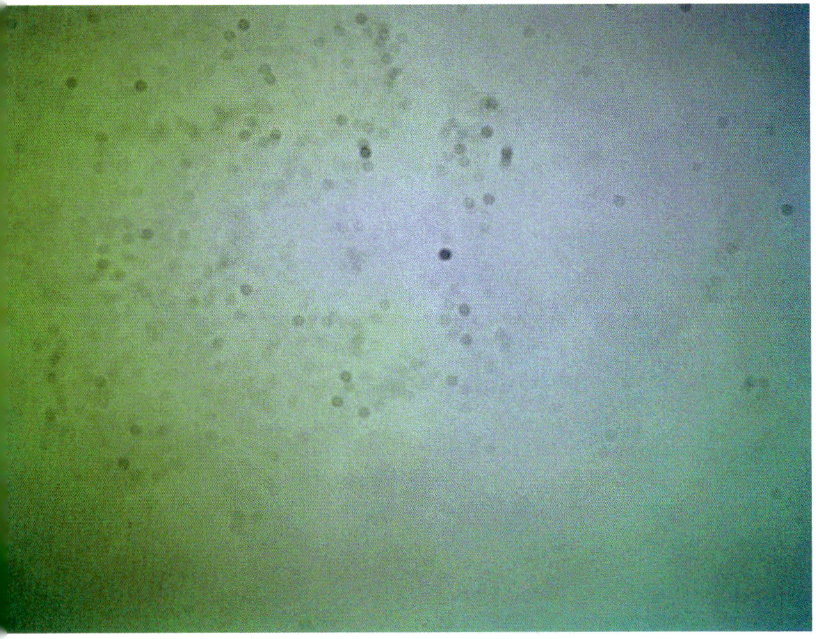

Kamera nach drei Jahren ohne Reinigung.

Der Staub befindet sich natürlich nicht auf dem Sensor, sondern je nach Kamerasystem entweder auf der runden Scheibe des Staubschutzes (SSWF), der sich vor dem Sensor und dem Tiefpassfilter befindet, oder auf dem Tiefpassfilter selbst.
Wie kommt nun der Dreck auf den Staubfilter? Einmal natürlich beim Objektivwechsel, aber selbst wenn Sie Ihr Zoom beim Kauf einmal anmontieren und dann nie mehr abnehmen, pusten Sie bei jedem Zoomvorgang Luft ins Gehäuse. Große Zoomobjektive wirken dabei wie Luftpumpen, die einen erheblichen Wind machen können. Die beim Zoomen angesaugte Luft wird beim „Auszoomen" samt dem darin enthaltenen Staub quer durch den Kamerabody geblasen. Die Entlüftung findet dabei meistens über den Kartenschacht statt.
Für eine Reinigung des Sensors gibt es mehrere Dutzend wunderbare Mittelchen im Fotohandel. Das verbreitetste und auch das

VORSICHT IM UMGANG MIT METHANOL

Sowohl Eclipse als auch Methylalkohol (Methanol) sind stark giftig. Methanol wird im Körper zu Ameisensäure und Formaldehyd umgewandelt. Formaldehyd trifft vor allem das Auge, nach einigen Tagen kommt es zur Trübung der Sehschärfe. Daneben schädigt Formaldehyd auch innere Organe wie Leber, Herz und Nieren. Mengen ab 5 g Methanol können durch den narkotisierenden Effekt tödlich sein. Eine Aufnahme von Methanol ist über die Haut, über die Atemwege oder oral möglich. Symptome einer Methanol-Vergiftung sind Bauchkrämpfe, Schwindel, Kopfschmerzen, Übelkeit und Schwächeanfälle, später treten Sehstörungen, Atemnot und Bewusstlosigkeit auf.
Therapie einer Methanol-Vergiftung ist die Gabe von Ethanol. Ethanol verhindert die Umwandlung von Methanol in Formaldehyd, da die Leber vorrangig mit dem Abbau des Ethanols beschäftigt ist. Dadurch kann das Methanol über die Niere ausgeschieden werden. Das Ethanol muss über mehrere Tage in ausreichender Menge verabreicht werden, idealerweise soll während dieser Zeit der Blutalkoholspiegel bei 1 Promille bleiben. Das Mittel der Wahl ist hier die regelmäßige und ausreichende Gabe von hochwertigen, 40%igen Alkoholika.
Die toxische Wirkung der Ameisensäure kann durch hohe Dosen Folsäure oder Natron (z. B. Bullrich-Salz) ausgeglichen werden. Beim Auftreten von Vergiftungssymptomen sollten Sie unbedingt einen Arzt konsultieren und auf die Methanol-Aufnahme hinweisen. Dass alle Methanol-Produkte außerhalb der Reichweite von Kindern aufbewahrt werden müssen, ist selbstverständlich.

Sensorreinigung durch den Hersteller bei einer Kamera ohne Staubschutz mit Sensorlupe, Holzspatel mit Linsenpapier und einer Reinigungslösung aus 60 % Isopropanol und 40 % Wundbenzin.

einzige, das viele Hersteller empfehlen, sind „Sensor Swabs" mit einem Reinigungsmittel namens Eclipse. Dabei handelt es sich um ein Pad an einem Stiel genau in der Größe des Sensors, das mit der Flüssigkeit (reinem Methylalkohol) getränkt wird. Dann fährt man einmal über den Sensor und wirft das Swab anschließend weg. Für eine Reinigung benötigt man meistens drei Swabs. (Für einen Reinigungsprozess wie die oben notwendige Generalsanierung reicht das jedoch nicht. In dem Fall müssen Sie mit mindestens einem Dutzend Swabs kalkulieren.)
Neu ist eine Reinigungsflüssigkeit namens Eclipse E2T, die speziell für antistatisch beschichtete „Sensoren" entwickelt wurde.
Billiger geht es mit „PecPads", die man um einen flachen Holzspatel wickelt und mit Methylalkohol aus der Apotheke beträufelt. Nicht zu viel, sonst läuft der Alkohol hinter den Tiefpassfilter. Auch hier gilt: ein Wisch und weg damit. Die PecPads haben den großen Vorteil, dass man sie auch um kleinere Holzspatel wickeln und damit den Sensor punktgenauer säubern kann als mit den Swabs – vor allem in den Ecken ist die Reinigung mit den PecPads exakter.
Als Alternative zu reinem Methanol können Sie auch Ethanol verwenden. Ethanol bekommen Sie in einer 90-%-Lösung in der Apotheke. Der auch bisweilen erhältliche 96%ige Alkohol empfiehlt sich nicht – er verdunstet zu schnell. 70%iger Alkohol dagegen enthält zu viel Wasser.
Wenn eine Reinigung des SSWF/Tiefpassfilters fällig ist, müssen Sie den Dreck erst gründlich mit Alkohol einweichen und dann wegwischen – und eventuell hinterher den losen Dreck, der sich während der Zeit der Reinigung in die Kamera verirrt hat, noch mit einem sauberen Mikrofasertuch aufnehmen. Alles andere ist zum Scheitern verurteilt, und wenn Sie es gar mit einer Trockenreinigung versuchen, verschmieren Sie

den Dreck nur. Im Kameragehäuse sammelt sich nämlich nicht nur trockener Staub, es finden sich auch Kohlenwasserstoffe aus der Luft. Das klingt harmlos, aber Kohlenwasserstoffniederschläge sind eine ausgesprochen schmierige Angelegenheit - Kohlenwasserstoffe sind zum Beispiel Benzol, Paraffin, Toluol, Propan, Butan, Octan etc.
Verwenden Sie, wenn Sie unbedingt in die Kamera pusten wollen, unter keinen Umständen Druckluftgeräte oder Druckluftsprays. Letztere enthalten fast alle Propan oder Butan, und das hat in der Kamera nichts verloren. Bei Kompressoren aus dem Baumarkt ist die Druckluft fast immer ölhaltig, teilweise auch wasserhaltig. (Wenn Sie Zahnarzt oder Taucher sind, sieht das etwas anders aus. Die Druckluft aus dem Gebläse des Zahnarztes ist unbedenklich - genauso wie auch die Druckluft aus den Tauchkompressoren.)
Um den Sensor einer DSLR zu reinigen, müssen Sie den Verschluss öffnen und den Spiegel hochklappen. Die Kameras haben für diesen Zweck einen eigenen Reinigungsmodus, der genau dies macht. Das Offenhalten des Verschlusses benötigt aber Strom, deshalb sollte man darauf achten, den Reinigungsmodus nur mit frisch aufgeladenen Akkus zu aktivieren. Schließt der Verschluss, während man noch mit dem Werkzeug am Sensor tätig ist, ist der Verschluss meistens so beschädigt, dass die Kamera zum Hersteller in die Reparatur muss.
Berücksichtigen Sie, dass Sie, um den Erfolg der Reinigung abschätzen zu können, auch ein paar Kontrollbilder machen müssen. Selbst mit einer speziellen Sensorlupe werden Sie nicht sämtlichen Dreck auf dem Sensor erkennen können.

Die Kamera ist nass

Wenn Feuchtigkeit in die Kamera gelangt ist, entfernen Sie sofort die Akkus, öffnen sämtliche Klappen und lassen die Kamera bei Zimmertemperatur austrocknen. Haben Sie einen Ventilator, stellen Sie ihn davor auf.

Es gibt noch allerlei andere erfolgreiche Methoden, um eine durchnässte Kamera zu trocknen. So können Sie sie drei Tage bei 0,5 Bar in den Vakuumschrank stellen oder mit größeren Mengen Silicagel in einen Exsikkator. Da die dazu notwendigen Gerätschaften aber eher wenig verbreitet sind, ist der Ventilator das Mittel der Wahl.

Hat die Kamera ein Bad im Meer genommen, müssen Sie unbedingt das Salz aus der Kamera spülen: also immer zuerst den Akku herausnehmen, dann spülen und dann trocknen.

Diese Hinweise sollten Sie nicht zum Leichtsinn verleiten. Es ist möglich, dass Sie mit den Tipps Ihre Kamera retten können, das Risiko, dass eine untergetauchte DSLR hinterher einen Totalschaden hat, ist aber ebenfalls groß.

Reinigen der Optiken

Kommen Sie nicht auf die Idee, ein Objektiv von innen putzen zu wollen. Wenn Sie im Inneren des Objektivs Dreck feststellen, der sich auf das Bild auswirkt, ist das ein Fall für den Service. Das Gehäuse der Objektive können Sie mit einem feuchten Lappen reinigen, die abgedichteten Pro-Objektive auch mit einem nassen Lappen. Das Problem ist immer die Frontlinse. Diese ist zwar hartvergütet, aber trotzdem empfindlich.

> **Erste Regel**: Übertreiben Sie es nicht mit der Putzerei. Jeder Reinigungsvorgang ist eine Gefahr für die Linse, versuchen Sie erst mal, den Staub wegzupusten.
>
> **Zweite Regel**: Niemals trocken reinigen! Egal wie weich das Papier, das Tuch oder was auch immer ist, wenn Sie damit trocken über die Linse wischen, verreiben Sie den Staub, der auf der Linse liegt. Dieser Staub kann von Rußpartikeln über kosmischen Staub und Saharasand bis zu Metallspänen alles enthalten, was eine Optik ruinieren kann.
>
> **Dritte Regel**: Lassen Sie die Finger von Linsenreinigungslösungen und anderen Lösungsmitteln. Sie wissen nicht, was in dem Fläschchen wirklich drin ist, und der Produzent des Fläschchens weiß nicht, was auf Ihrer Frontlinse drauf ist.

Wenn Sie wollen, kaufen Sie sich Linsenreinigungspapier, das ist sehr weiches Papier, das auch als Brillenputzpapier verkauft wird. Besorgen Sie sich ein kleines Fläschchen destilliertes Wasser, feuchten Sie das Brillenputzpapier damit an, wischen Sie einmal über die Linse und werfen Sie das Papier hinterher weg. Allerdings gibt es einige Optiker, die zu diesem Thema eine andere Meinung haben.

Oder Sie holen sich Mikrofasertücher, die Sie regelmäßig waschen und am besten in einem kleinen Plastiktütchen in der Fototasche aufbewahren, damit sie nicht selbsttätig die Fototasche von innen reinigen. Es gibt allerdings auch eine große Fotografengemeinde, die alles nimmt, was sie gerade finden kann und was gerade zur Hand ist: T-Shirt, Papiertaschentücher oder Baumwollhemden. Linse anhauchen, drüberwischen, fertig.

Hoya schreibt zwar, es gäbe keinen Dreck auf der Linse, der nicht vor Aqua destillata und einem weichen Tuch kapituliere, aber hin und wieder gibt es doch ölige oder fettige Flecken, die die Website von Hoya noch nicht kennen. Dagegen hilft dann der Hama Lenspen – oder etwas Seifenwasser auf einem Taschentuch. Keinesfalls die Frontlinse mit größeren Mengen Spülwasser behandeln. Das Spülwasser ist schneller als gedacht auf der anderen Seite der Linse!

Reinigen Sie Objektivgehäuse nicht mit entfettenden Mitteln. Die Gummidichtungen am Tubus brauchen einen gewissen Gleitfilm, sonst laufen sie nicht mehr sauber. Wenn Sie aus Versehen doch den Tubus entfettet haben, helfen kleine Mengen Silikon- oder Teflonspray auf einem Taschentuch, mit dem man den Tubus einreibt.

INDEX

INDEX

Q

R

INDEX

Bildnachweis

Kapitel 1
Franzis, Reinhard Wagner

Kapitel 2
Franzis, Reinhard Wagner

Kapitel 3
Reinhard Wagner, Alexander Wagner, Ulrich Dorn

Kapitel 4
Reinhard Wagner

Kapitel 5
Reinhard Wagner, Susanne Wagner, Zörk

Kapitel 6
Reinhard Wagner

Kapitel 7
Reinhard Wagner

Kapitel 8
Reinhard Wagner

Kapitel 9
Reinhard Wagner, NOVOFLEX, SanDisk
Christian Haasz

pixxsel